UNA PSÍQUICA AL RESCATE

Veintiséis mujeres habían sido violadas brutalmente. Grupos de policías estaban frustrados en sus esfuerzos por encontrar al criminal, quien invariablemente usaba una máscara de esquiar azul.

El oficial de policía Gary Robinson había sido enviado en busca de la ayuda de Sylvia Browne.

"¡Lo puedo ver!" exclamó ella. "Es fornido, de pelo obscuro . . . su apellido comienza con una S. La próxima vez va a ocurrir en Redwood City. Quiere violar a alguien ahí, pero ustedes lo van a detener a tiempo".

Dos semanas más tarde, la policía arrestaba a un hombre de apellido Sánchez cuando entraba en una casa de Redwood City en donde vivía una mujer sola. Usaba una máscara de esquiar. Ahora se encuentra en prisión cumpliendo una condena de cadena perpetua, gracias a Sylvia Browne.

"ENCANTADOR . . . VERDADERAMENTE DIGNO DE LEERSE". —*Booklist*

Aventuras de una
PSIQUICA

OTROS TÍTULOS EN ESPAÑOL DE HAY HOUSE

VIVE TU VIDA — Carlos Warter, M.D., Ph.D.

FENG SHUI PARA OCCIDENTE — Terah Kathryn Collins

de Louise L. Hay:

RESPUESTAS

GRATITUD

EL MUNDO TE ESTÁ ESPERANDO

VIVIR

USTED PUEDE SANAR SU VIDA

EL PODER ESTÁ DENTRO DE TI

MEDITACIONES PARA SANAR TU VIDA

PENSAMENTOS DEL CORAZÓN

SANA TU CUERPO

SANA TU CUERPO A–Z

❧

(760) 431-7695
(760) 431-6948 (fax)
Por favor consulte la página Internet de Hay House:
www.hayhouse.com

Aventuras de una

PSIQUICA

La vida fascinante e inspiradora de una de las
clarividentes más exitosas de América

Sylvia Browne

y Antoinette May

Hay House, Inc.
Carlsbad, California • Sydney, Australia

Publicado y distribuido en los Estados Unidos por:
Hay House, Inc., P.O. Box 5100, Carlsbad, CA 92018-5100
(760) 431-7695 • (760) 431-6948 (fax)

Editado por: Jill Kramer • Diseño: Wendy Lutge

Título original: ADVENTURES OF A PSYCHIC. Traducción: Yazmín Venegas Peralta

Originalmente publicado en pasta dura como My Guide, Myself.

Previamente publicado por Signet Books, una imprenta de New American Library, Una división de Penguin Books USA Inc. First Signet printing, Agosto 1991.

ISBN 1-56170 800-3
Impreso en Canadá

5/01

CONTENIDO

PREFACIO

Tenía muchas razones para querer escribir este libro, pero dos de mis principales metas merecen una mención especial. Primero que todo, quería dar a la gente el conocimiento de lo que es realmente un psíquico. En mi caso, el ser psíquica viene de un patrón familiar que incluye a mi abuela, Ada Coil, a un tío y a mi hijo menor, Christopher Dufresne. El aspecto genético es importante pero no es la medida más exacta de lo que significa realmente ser psíquico. La verdadera esencia gira alrededor de nuestras pruebas y tribulaciones, nuestras angustias y luchas y el temple de nuestras almas para constituirnos en un vehículo de Dios.

Segundo, esta es una historia acerca de una mujer. Una que tal vez es (¿acaso es esto un delito?) demasiado generosa, demasiado ingenua, demasiado comprensiva y demasiado desinteresada. Aun así, esta mujer es muy inteligente, casi un tipo de sabia, tanto como la vida de la gente, la verdad y la espiritualidad estén relacionadas.

Los psíquicos son en realidad simples seres humanos con un don, el cual no sirve muy bien a nivel personal. He encontrado, mientras me hago mayor, que este don no ha sido en mi beneficio en forma alguna. Es algo que se tiene que dar a otros. Si los psíquicos pudieran beneficiarse de su don, podrían ganar el premio mayor de la lotería y nunca hacer lo que se supone que deben hacer, ayudar a otros.

Mi vida es una lucha por sobrevivir, como la mayoría de la gente. Hay amores que no fueron correspondidos, retos que hubo que enfrentar, decepciones en manos de amigos y gente que me ha herido. Pienso que mi historia es la historia de cada hombre y de cada mujer. Espero que sea una historia de valor porque ciertamente he tenido que ser valiente, fuerte y algunas veces muy en el fondo de mi corazón, temerosa, solitaria e infantil.

La mía es una historia de fe, la fe de una mujer en su Dios y en su Diosa. Vine aquí como precursora de la primera ola del llamado Camino Gnóstico, la forma más antigua del hombre en búsqueda de la verdad y de su propia espiritualidad. A dónde va de aquí Novus Spiritus (mi Iglesia Espiritual), sólo Dios lo sabe. En cuanto a mí, siempre estaré ayudando a la gente, voy a seguir guiándola tal y como Dios lo quiera. Si tengo que hacer mi trabajo montada en un burro, lo voy a hacer. Mi contrato con Dios tiene que cumplirse.

Ustedes notarán que este libro está escrito con sentido del humor. Verán que la amistad entre Antoinette y yo data de más de 20 años. Verán el amor y el respeto que nos tenemos; verán que hay muchas cosas que aún nos toman por sorpresa, —no sólo a ustedes, sino también a mí—. Acompáñenme en esta odisea; acompáñenme en este viaje. Entiendan y traten de ver más allá de la palabra escrita, lleguen al corazón de la mujer, al corazón de una persona, quien posiblemente es demasiado ingenua, demasiado comprensiva y demasiado generosa, pero que ciertamente tiene muchas agallas.

Para todos ustedes que trabajan muy duro en pequeños rincones obscuros, recuérdenme algunas veces, acuérdense de esta muchacha de Missouri. No necesariamente "la hice bien", pero de verdad me entregué completamente. Pienso que Dios simplemente quiere que nos entreguemos, que hagamos nuestro mejor esfuerzo. De modo que este es un libro que habla de la amistad; es un libro sobre fidelidad, dolor, emoción y retos. Es la historia de cada uno. ¿Cambiaría algo de esto? Tengo que pensarlo mucho, pero creo que no. Alguien me dijo que yo soy una "catarsis kármica" para cada persona, lo cual parece cierto. Sé que todos aprendemos experimentando y viendo cómo se desenvuelve una vida; espero que ustedes disfruten la mía y puedan aprender más rápido de lo que yo lo hice.

Dios les ama y yo también. . . .

— Sylvia Browne

INTRODUCCION

Conocí a Sylvia Browne —y a su espíritu guía, Francine— en una sesión de espiritismo en la sala de mi casa. Un grupo pequeño de investigación se reunía semanalmente en los 1970s, una extensión de una clase de parapsicología que estaba enseñando en un colegio comunitario cercano.

Todos nosotros —psicólogos, abogados, corredores de bienes raíces, escritores, editores, maestros y vendedores— estabamos fascinados ante las posibilidades de esta "nueva" ciencia. Estabamos ansiosos por aprender más acerca de otro mundo paranormal y al mismo tiempo, aprender más acerca de nosotros mismos.

Experimentábamos con una variedad de pruebas PES y técnicas de meditación; regresábamos a nuestras vidas pasadas, fotografiábamos nuestras auras con cámaras Kirlian y observábamos a dobladores de cucharas, curanderos y comunicadores. Algunas de las cosas que veíamos y hacíamos eran impresionantes, algunas sobrepasaban la credulidad.

En el otoño de 1975, poco después de la publicación de un artículo que había escrito para la revista *Psychic*, recibí una llamada telefónica. "Los médium acerca de los cuales escribiste eran interesantes", dijo la mujer, una extraña, "pero yo conozco a alguien con un don mayor. Cuando la conozcas —cuando veas lo que es capaz de hacer— querrás escribir sobre ella".

Quizá la persona que llamó, también era un poco psíquica.

Nuestro grupo estaba emocionado ante la perspectiva de una sesión espiritista. Pocos habían asistido a una. Ninguno de nosotros había oído de Sylvia y no teníamos idea de lo que podíamos esperar. Imaginando a un tipo de Madame Lazonga con capa y turbante, no estabamos preparados para la mujer vivaz, con los pies en la tierra que apareció con su esposo de aquel entonces, Dal.

Dal explicó que Sylvia abandonaría su cuerpo mientras Francine, su espíritu guía, entraba en él. "Es Francine, no Sylvia, quien estará contestando a sus preguntas".

"He pasado tanto tiempo fuera de mi cuerpo esperando a Francine para hablar a través de ella, que empecé a pensar que tal vez pudiera impedir el proceso de envejecimiento", admitió Sylvia.

"¿Ha sido así?" todos quisiéramos saber.

"Para nada".

Silvia se recostó en el sofá, con un cojín debajo de su cabeza. "Es necesario mantenerse en silencio mientras ella se interna, pero después pueden hacer el ruido que gusten", nos explicó Dal.

Nos sentamos en silencio, expectantes, esperando a que algo ocurriera. Al principio no pasó nada. Yo estudié a la mujer que estaba en el sofá. Se encontraba completamente inmóvil. Mientras la veía, me pareció que lentamente, casi en forma imperceptible, los rasgos de Sylvia comenzaron a cambiar. Su cara parecía más ancha, más plana, los grandes ojos obscuros menos prominentes, los párpados ahora parecían medio cerrados.

"Aquí está Francine con nosotros ahora; ella está dentro de Sylvia", anunció Dal. "Pueden preguntar lo que deseen".

Mientras los otros vacilaban, yo me fui al grano, justo acababa de terminar un libro y tenía curiosidad por saber cuál sería mi siguiente proyecto.

"Será otro libro", me dijo Francine en una manera precisa, casi ceremoniosa, que más tarde aprendí era característica de ella. "Estarás trabajando en eso muy pronto. Vas a tomar la contraportada de un libro —algo que ya has escrito— pero incluirás algo nuevo. Lo que fue la contraportada será la portada. Algo que no utilizaste antes será parte del nuevo libro" (y eso fue exactamente lo que pasó).

De repente surgieron muchas preguntas. Cada uno quería saber algo sobre su salud, dinero, profesión, relaciones personales —sobre todo relaciones—.

"¿Voy a lograr llevarme bien algún día con mi madre?" preguntó una mujer de mediana edad.

"No, tu madre siempre será difícil", replicó Francine." Se trata de una mujer muy crítica, te da muchos mensajes confusos. Nada que hagas la va a satisfacer".

" ¡¿Por qué estás hablando acerca de mi madre?!" exclamó otra mujer.

"No, es la mía", dijo alguien más.

"Se parece más a la mía", insistió otra voz.

Muy pronto todos estabamos riendo ante el reconocimiento de un problema común compartido por muchos, pero la mujer en el sofá permanecía impasible. Francine no se rió; ni, por supuesto, Sylvia.

Cuando las risas finalmente cesaron, el espíritu guía continuó. "Lo mejor para ti es tener en cuenta que la tolerancia ante las demandas imposibles de tu madre te permitirán encaminarte hacia tu propia perfección".

Más tarde, cuando la sesión espiritista terminó y Sylvia reapareció, le dije lo que había ocurrido. "Me lo perdí todo", lamentó. "Tuvo que haber sido divertido, pero la verdad es que por la descripción se parece más a mi madre".

Esa noche fue el comienzo de una amistad duradera. La combinación única de humor, fuerza, coraje y perspicacia de Silvia ha enriquecido mi vida de muchas maneras —tal como la sabiduría de Francine—. He pasado un buen número de largas noches en casas embrujadas, viendo como ella literalmente llama a la muerte; he observado su trabajo con doctores y con la policía. Al mismo tiempo, la naturaleza de mi propio trabajo me ha puesto en contacto con un número de psíquicos que poseen el don.

No hay nadie en quien confíe y a quien respete más que a Sylvia Browne. Su historia de triunfo sobre la adversidad es verdaderamente inspiradora. La sabiduría que ella ha recibido de Francine tiene significado y orden dentro de lo que parece un caos de vida. El camino de Francine es tanto de compasión como de trascendencia última. Cualquiera puede seguir este camino; cualquiera puede beneficiarse de él.

— Antoinette May

CAPÍTULO UNO

La gente está hablando

La audiencia completa está inquieta, ansiosa. No se trata de cualquier programa de TV. Esta gente busca más que entretenimiento. Quiere respuestas.

La emoción es palpable mientras las luces se encienden y la música aumenta de volumen. La audiencia en el estudio estalla en aplausos mientras que la entusiasta presentadora, Ross McGowan anuncia, "Hoy tenemos con nosotros a una psíquica conocida internacionalmente, a nuestra propia Sylvia Browne".

El escenario giratorio se mueve ante una señal, deteniéndose con un repentino movimiento brusco para mostrar a una mujer cuya apariencia nos recuerda a una diosa griega, con cálidos ojos cafés que parecen dominar todo su rostro. Estallan los aplausos espontáneos. En mercadotecnia, Sylvia Browne está considerada como "muy buena en TV" porque el nivel de audiencia invariablemente se eleva cuando ella aparece.

Ann Fraser, la atractiva rubia co-presentadora del programa da unos pasos hacia atrás. Mirando a la audiencia excitada pregunta, "¿Hay alguien aquí que no crea en los psíquicos?"

Un hombre alto, de piel morena alza la mano en actitud de desafío. "Hay una clase de granja a la que estás entrando", le dice Sylvia. "Tienes dos hijos, pero has criado a otros dos al mismo tiempo". Su sonrisa se hace amplia ante la mirada familiar de asombro. Entonces ella agrega, "Debes revisar la transmisión de tu auto y ver a un doctor para esa rodilla izquierda".

El hombre se le queda mirando; sorpresa y confusión aparecen en su rostro.

"¿Algo de esto te resulta familiar?" le pregunta Ann Fraser. "Me hubiera gustado que fuera otra persona. Esto es como de miedo", responde el hombre. "¿Qué quieres decir con 'como de miedo'?" insiste Ann. El hombre habla tan bajo que tienen que pedirle que suba la voz. "Anoche me acabo de enterar que he heredado una granja. Esta mañana llevé mi auto al taller y me dijeron que la transmisión estaba descompuesta. Me lastimé la rodilla en estos día a consecuencia de una vieja herida de fútbol. Tengo dos hijos y otros dos muchachos, bueno, preferiría no hablar acerca de ellos".

Y el espectáculo continúa tanto para los televidentes en casa como para la audiencia en el estudio. La gente agita la mano pidiendo el micrófono, ansiosa por hablar sobre sus complicadas vidas amorosas, sus enfermedades raras, sus finanzas, sus familias neuróticas. La cara movible de Sylvia juega a martirio, sus ojos se mueven en forma cómica. Su presencia es amplia y maternal, su estilo rápido y con frecuencia profano. Aun los escépticos se sienten atraídos hacia su calidez y compasión.

Una señora mayor de pelo cano se pone de pie, sus brazos casi abrazan su pecho. "Algunas cosas que usted dice me parecen muy generales", dice la mujer en tono acusante. "Cuando usted le dice a alguien que se va a cambiar ¿no podría esto aplicarse a alguien en California?"

"Posiblemente", concede Sylvia. "Pero supongamos que se lo digo a usted. 'Usted se cambió el mes pasado a una casa de estuco blanca con las orillas de madera azules'. ¿Eso es general? Por supuesto que no. General es, 'Te estás cambiando de la obscuridad a la luz' ".

A la mujer se le cae la quijada. "Usted, usted tiene razón", tartamudea. "Yo me acabo de cambiar, ésa es mi casa".

"Fue un buen cambio", le asegura Sylvia. "Usted va a ser muy feliz ahí".

"Una cosa si se puede decir", concede la mujer, "esto es un gran espectáculo".

"Si", Sylvia se muestra de acuerdo. "Hay un poco de diversión en lo que hago, pero la mayoría de mi trabajo es de entrada por salida, algo así como "sane rápido y hágalo bien". Yo soy una psíquica de servicio rápido. Servicio rápido quiere decir que usted viene, obtiene lo que necesita para sanar y después se retira. Una situación semejante a una batalla campal. La vida es una clase de batalla campal".

La audiencia emite expresiones de asombro mientras el programa continúa. La información que Sylvia divulga puede ser verificada al instante. Pero eso no es lo grandioso, el trabajo real viene cuando ella va al futuro premonitoriamente y habla acerca de cosas que están más allá de la conciencia presente. Algunos de los temas hacen que la gente sacuda la cabeza con incredulidad. "¿Yo? ¡Otro bebé! voy a cumplir 45 en Diciembre. ¡Para nada!" O, "¿Irme a vivir a Minnesota? Tiene que tratarse de una broma. ¡Ni aunque me ofrecieran un trabajo excelente!". Esto podrá comprobarse más tarde, algunas veces mucho más tarde. Sylvia recibirá una llamada diciéndole, "Recuérdeme. Yo fui aquella persona a quien usted le dijo . . . bueno, sólo quiero comentarle que. . . . "

El programa local de TV de la cadena CBS se llama con acierto *La gente está hablando*. La gente está hablando de Sylvia Browne. Pero para ser más precisos, vienen a hablar de sí mismos, —de sus esperanzas, de sus temores, algunas veces incluso de sus secretos—. No es nada nuevo, las preguntas hechas a esta vidente moderna son idénticas a aquellas hechas ante los oráculos de Delfos hace miles de años. Lo único que ha cambiado es el sistema de entrega.

Una guapa pelirroja se levanta entre la audiencia, agitando su mano ansiosa por hablar con Sylvia. "Me gustaría preguntar algo para mi amiga y para mí", dice. "Mi amiga tiene 30 y quiere casarse. Yo soy un poco más joven y por ahora sería feliz con una relación que tuviera significado. ¿Usted ve a alguien venir a nuestras vidas?"

"Sí", contesta Sylvia enfáticamente, "pero tú vas a casarte primero".

"¡Oh! ¿Yo primero? Acaso se trata del hombre que conocí en el crucero —el rubio, un poco más alto que yo—?"

"No, alguien más. Un hombre alto y guapo".

"Mmmm, me parece muy bien". La joven se sienta sonriendo feliz.

"A mí también me parece muy bien", dice Sylvia mientras sus ojos adquieren un brillo malicioso y se tornan color jerez cálido.

La joven se pone de pie nuevamente. "Mi amiga . . . "

"Sí, querida, ella también se va a casar, pero no durante los próximos cinco años".

Una mujer mayor levanta su mano con timidez y entonces, alentada por Sylvia, comienza lentamente, con precaución. "Perdí un bebé hace tres años", declara. "Fue una muerte de cuna. ¿Por qué tuvo que ocurrir eso?"

"Porque no era el momento adecuado para ninguno de los dos. ¿Quienes somos nosotros para cuestionar eso? La entidad vino brevemente para ayudarte con tu perfección espiritual, alguien que estaba muy cerca de ti antes. Ustedes dos hicieron un acuerdo para estar juntos sólo por un tiempo breve".

"Pero yo quiero otro hijo. ¿Podré algún día . . . ?"

"¿Qué día es hoy?"

"Piensa que yo podría . . . quizá . . . "

"Es lo que le estoy diciendo. Usted ya está ahí".

La mujer virtualmente se contrae con visible emoción. La audiencia completa aplaude salvajemente. Cuando el ruido baja, Sylvia le informa, "Será otro varón".

Ann Fraser mira a Sylvia con sorpresa. "Ella nunca dijo que el bebé era un varón".

Sylvia se ríe. "Ella no tiene que, recuerda, soy una psíquica".

Sylvia usa la misma taquigrafía telepática en la siguiente pregunta. "Estuve en un accidente muy grave el año pasado . . . " comienza un hombre rechoncho de baja estatura. Todos en el estudio guardan silencio anticipando algún problema médico, pero Sylvia que lo sabe todo lo interrumpe antes de que siquiera plantee su pregunta. "Sí, usted saldrá bien de todo eso", predice. El hombre hace una pausa con sorpresa y antes de que pueda articular palabra Sylvia lo alienta. "Su demanda legal. Le va a ir muy bien. No cambie abogados. El que usted eligió, el alto y calvo, es muy bueno. Quédese con él".

El estilo de Sylvia es frecuentemente seco, divertido, a veces similar a la actuación de un cómico, pero en el fondo todo lo que hay es calidez y compasión que atrae lo mismo a creyentes que a escépticos. Sylvia siempre se refiere a cosas específicas y lanza las respuestas en forma directa. Ahora recorre con la mirada el estudio y sus ojos se detienen en una mujer que se encuentra sentada en el pasillo cerca de la parte trasera. "Usted está preocupada, no es así? Acerca de algo que puede incluso parecer un chantaje", le dice. No pague. Nada de lo que ha pasado es como le parece a usted ahora. El está jugando con su miedo. Llámelo y se le caerá todo el negocio". La cara de la mujer se ilumina. Es obvio su alivio. "Gracias", murmura.

Estas son las respuestas sencillas, felices. Es más difícil manejar las traumáticas, especialmente en televisión. Con frecuencia los mensajes de Sylvia son expresados con cuidado. "Veo dos embarazos este año" le dice a una mujer joven quien espera concebir un bebé. "No se sienta mal por el primero. El segundo será una niña, nacerá a principios de la próxima primavera". La palabra aborto nunca se menciona.

Algunas veces Sylvia es más directa. "Ese coche deportivo rojo, nuevo, con el que anda loca —deshágase de él inmediatamente ", le advierte a una trigueña.

Eventualmente surgen preguntas relacionadas con su persona. "Me parece que usted cree en la reencarnación", se aventura a decirle un hombre.

"No creo", contesta. "Sé que el trabajo de Dios se basa en la igualdad de oportunidades. Usted piensa que solamente nos daría una oportunidad?"

"¿Desde cuándo piensa usted así?"

"Siempre, me parece. Cuando tenía tres años, insistía en que mi padre probara mi comida antes de empezar. Me dicen que me sentaba pacientemente a verlo masticar mis alimentos. Si no pasaba nada, entonces yo comía, siempre he tenido buen apetito. Debió haber sido difícil para mi esperar, pero lo hacía. Aparentemente guardaba un fuerte recuerdo de haber sido envenenada en mi vida pasada y no quería cometer el mismo error otra vez. Quizá desde entonces sentía que tenía muchas cosas que hacer en esta vida".

"La mayoría de los niños nacen recordando su vida pasada, considera Sylvia, pero no pueden compartir esa información con otros por la falta de vocabulario. Con impaciencia y escepticismo los padres arreglan el problema, de modo que desafortunadamente mucha información valiosa se pierde para siempre, mientras crecemos tendemos a olvidar".

"¿Cómo es ser un psíquico?" pregunta un joven desde atrás del estudio.

"¿Cómo es no ser un psíquico?" pregunta Sylvia a su vez encogiéndose de hombros. "Siempre he sabido cosas sin que nadie me las diga. Cuando apenas tenía cinco años, mi papá me llevó a una farmacia y me sentó enfrente de algunos libros de fotos, mientras él se dirigía a otra sección de la tienda. De pronto, tuve una visión muy clara de mi padre hablando por teléfono. Igualmente pude ver a la persona con la que conversaba —una rubia muy guapa a la que jamás había visto—. ¡Pobre de mi papá! Cuando llegamos a la casa se lo dije a toda la familia. El silencio fue ensordecedor —al menos mientras yo estuve presente—. Al día siguiente mi papá se encaminaba a la puerta con su caña de pescar. ¡Qué mala era! 'El no va en realidad a pescar', le dije a mi mamá. 'Se va de paseo con su novia'. Aquella tarde mi abuela, quien también tenía el don, me dio una larga lección sobre etiqueta psíquica".

Este fue solamente el principio de un drama que se desenvolvió rápidamente, como algunas de las admiradoras en esta audiencia ya lo saben. "¿Qué hay acerca de su espíritu guía?" alguien pregunta. Se trata de una mujer de aspecto estudiantil que se encuentra en una esquina. "¿Qué hay de Francine?"

Incluso los que ya están acostumbrados se inclinan hacia adelante expectantes. Para ellos, es una historia familiar pero fascinante. "Tenía ocho años cuando Francine apareció ante mí por primera vez", explica Sylvia. "No puedo recordar desde cuando oía mensajes que otros no podían oír, pero siempre lejanos, casi como suaves susurros que podían ser ignorados. Francine fue algo completamente distinto. Una noche estaba recostada en mi cama jugando con una lámpara cuando de repente vi a esa mujer indígena.

" 'No tengas miedo, Sylvia, vengo de parte de Dios', dijo. ¡No tengas miedo! Ella estaba tan cerca, tan real, como, como Ann Fraser", Sylvia insiste, señalando a la mujer sentada a su lado. "Y ahí estaba ella de pie justo en medio de mi recámara. Salté y corrí hacia afuera gritando. Afortunadamente —¿es realmente esto una fortuna u oportunidad?— mi abuela psíquica siempre estaba con nosotros, ella era muy dada a no darle importancia a las cosas. Y eso me lo reafirmaba. Me explicó que todos tenemos espíritus guías los cuales nos son asignados para ayudarnos. La única diferencia era que ella y yo podíamos ver a los nuestros".

La guía de Sylvia es una india sudamericana cuyo nombre en vida era Iena. "Eso parecía muy raro para alguien de ocho años", recuerda Sylvia. "A mí me gustaba el nombre de Francine, de modo que volví a bautizar a mi nueva amiga. A ella no le importó; de hecho, parecía saber exactamente el tipo de cosas que me gustaban. Le perdí el miedo completamente cuando me enseñó a jugar '¿Qué están diciendo en el piso de abajo?' Ya pueden imaginarse la agitación que ese juego ocasionaba, pero era una agitación agradable. Francine, como mi abuela, era y sigue siendo la quintaesencia de la etiqueta psíquica. Al principio me parecía muy vieja —tenía alrededor de 30 años—, y así permanece".

"Al principio fue muy difícil acostumbrarse a los patrones de pensamiento de Francine", dice Sylvia. "Ella es muy literal comparada con nosotros, en ocasiones todavía llega a sorprenderme. Por ejemplo, si le preguntara, '¿Puedes describirte a ti misma?' Francine simplemente responde, 'Sí' y eso es todo. En respuesta a la pregunta de alguien acerca de los días festivos que se acercan, solamente dice algo como, "Te veo yendo a la parte alta del país para enganchar animales'. Nosotros lo interpretamos como un viaje de pesca en las montañas".

Ross McGowan le pregunta a Sylvia. "¿No sientes algunas veces que lo que le dices a las personas les roba su libre voluntad?"

Sylvia sacude la cabeza. "Absolutamente no. Si yo lo sé, se supone que se los debo decir a ustedes. Creo que lo que yo recibo viene de Dios, tal y como me lo dijo Francine hace mucho tiempo". Ríe bondadosamente.

"¡Odio pensar que es algo que viene de mi!"

Las especificaciones son esenciales, cree ella. "De esto es de lo que se trata el ser médium. No sería una profesional si le dijera a la gente todas esas cosas bobas como que van a pasar de la obscuridad a la luz, ¡Cualquiera puede decir algo como eso! ¿Pero qué es lo bueno de ello? Tú no puedes ayudar a alguien sin darle información específica. Francine viene cuando me encuentro en estado de trance y le dice a la gente cosas sobre su alma y su misión en la vida, sus temas y sus patrones. Yo me quedo con lo presente, con la telenovela áspera de la vida".

Sylvia está en condiciones de ponerse a tono como un plano con cada uno de sus clientes. Aunque prefiere hacer predicciones una por una, ha adquirido reputación a nivel nacional por sus predicciones de interés general. "No es en realidad distinto", dice a la audiencia, "Simplemente me siento y me hago preguntas a mi misma. ¿Qué hay acerca de la economía? ¿Qué sobre la salud del presidente? ¿Qué sobre los terremotos? ¿Qué hay sobre de . . . "

¿Qué hay sobre mis calificaciones?" grita un niño pequeño.

"Estás atrasado en algo y no es Educación Física . . . " le advierte Sylvia.

Aunque ella tiene poco interés en los deportes, siempre está en demanda para predecir ganadores. Su índice de aciertos es asombroso. "No recuerdo haber estado siquiera pendiente del Super Tazón hasta que la gente comenzó a preguntarme sobre él", admite. "Ahora he seleccionado a los últimos cinco ganadores en forma consecutiva. Hace pocos años, anuncié que los Raiders de Oakland se cambiarían. Más tarde lo hicieron. La gente estaba furiosa. Tenían que haber visto las cartas que recibí. Parecería que lo hubiera hecho yo sola". Levanta los hombros en un gesto familiar de resignación.

"¿Pero cómo lo hace?" pregunta Ann Fraser.

"No lo sé", confiesa Sylvia. "De veras no lo sé. Sólo me abro y llega. No lo analizo. Como una vez que le dije a una mujer que iba a iniciar un criadero de gusanos. Sí, ¡tal como lo oyen! Si lo hubiera pensado jamás se lo hubiera dicho, pero no lo pensé, sólo abrí la boca y salió, exactamente como yo lo estaba recibiendo. La mujer no estaba sorprendida para nada. 'Ajá' dijo, 'siempre pensé que sería una manera interesante de ganarse la vida' ".

Un hombre mayor levanta su mano para hacer la última pregunta. "¿Qué nos puede decir sobre usted, Sylvia? ¿Qué hay en su futuro?"

Sylvia sacude la cabeza, el cabello rubio brilla bajo las luces de la TV. "Nunca sé. El don no es otorgado para la propia médium. Si yo no estuviera haciendo lo correcto, se acabaría todo. La gente me pregunta si nunca me aburro de contestar la misma pregunta. La respuesta es no, definitivamente no. Si es importante para ustedes, es importante para mi. la gente es divertida, de todos modos. Una vez le dije a un hombre que iba a iniciar un nuevo trabajo el 5 de abril y me llamó indignado para decirme que estuve totalmente equivocada, había sido el 6 de abril".

"¿Pero nunca ha visto nada para usted misma?" insiste el hombre.

"Muy raras veces", contesta firmemente. "Y estoy contenta de que así sea". Por un instante la cara de Sylvia se muestra sombría mientras sus pensamientos se van involuntariamente a una trágica relación amorosa de hace mucho tiempo. Había tenido una advertencia.

La señal de Ross indica que es momento de ir a comerciales. Una breve despedida y el espectáculo se termina. Sylvia sonríe nuevamente a la audiencia mientras la pista giratoria se desliza hacia las sombras.

ᘓᕁᘐ ᘓᕁᘐ ᘓᕁᘐ

CAPÍTULO DOS

La amiga de Francine

Era cerca de la medianoche y Sylvia Browne iba en camino a la sesión espiritista. Mientras su auto seguía la flecha, el camino sinuoso que serpenteaba la ruta a lo largo de los riscos de la costa, sonrió con una mueca.

La ficción se esforzaba por rivalizar con la verdad, ¿o era al revés? Era una noche proverbial, obscura y tormentosa. A pocas millas al norte, 12 personas la esperaban en una casa de campo de más de cien años de antigüedad. Ella sería la número 13. Había entre ellos ciertos miembros de la prensa de San Francisco quienes creían que la casa estaba embrujada. ¡Que sensacional —incluso terrorífico— parecía todo! Para Sylvia, ninguno de los dos. ¿Ficción-verdad? ¿Verdad-Ficción?

La lluvia golpeaba furiosamente el parabrisas. Afortunadamente para la presencia del hombre que se encontraba manejando al lado de Sylvia, ella se recargo hacia atrás, cerró sus ojos y sus pensamientos comenzaron a vagabundear.

Había sido un día exhausto, comenzó con una llamada angustiosa temprano por la mañana. Un niño se había perdido. La perspicacia psíquica de Sylvia apenas había permitido al Departamento de Policía de San José resolver felizmente el misterio, cuando otro caso se había desarrollado, el cuerpo no identificado de una adolescente.

Con renuencia, Sylvia se había enfocado en la tragedia. En su mente "vio" a una hermosa rubia tirada medio vestida y sangrando a la orilla de una autopista muy transitada. "Anderson", Le había dicho Sylvia al oficial de policía. "Su apellido es Anderson. Su primer nombre comienza con C—Carol, quizá, no Carey o Carolyn—. No estoy segura. Pero ella conocía al asesino; lo había subido a su automóvil. El estaba furioso, celoso. Eso es todo lo que estoy recibiendo", se disculpó. Había sido suficiente. El caso ya estaba en vías de solucionarse.

Después, habían seguido las lecturas regulares. Ocho clientes ese día en su oficina de la Fundación Nirvana. Algunas respuestas habían sido agradables —como el paradero de un anillo considerado reliquia familiar—. Otras habían sido divertidas —la fiebre de un muchacho astuto, pero menos que intelectual, explicada por una llave de agua caliente—. Algo de enseñanza privada después de la escuela le ayudaría. Sylvia suspiró mientras pensaba en otro cliente, una mujer con una enfermedad terminal. ¿Qué se le podía ofrecer a ella además de honestidad, compasión y fe en la continuidad del espíritu humano?

La expedición caza-fantasmas que había llevado a Silvia a este viaje desolado a la costa del norte de California se convirtió en una perspectiva aguda. Había habido mucho parloteo recientemente sobre fantasmas, muchos encabezados macabros en la prensa, proliferación de películas de terror, tanto humorísticas como macabras. Nadie podía negar que la sola mención de la palabra ejercía una fascinación.

Sylvia estaba al tanto de que esta empresa podía ser un poco más que un juego de salón y sin embargo siempre existía el riesgo de que hubiera cierta substancia en el extraño grupo de circunstancias que habían resultado en su llamado. Esperaba que la sesión espiritista fuera productiva. Con frecuencia ellos evocaban revelaciones sorprendentes, pero, se recordaba ella misma qué tan seguido hacían de las reuniones fastidiosas pérdidas de tiempo. Sonrió, recordando las numerosas noches en que sus audio cassettes habían provocado ronquidos mortales en testigos que habían esperado exhaustos hasta cerca del amanecer a que pasara algo.

A reserva de lo que pudiera ocurrir esa noche, la realidad insoslayable de la vida y la anomalía de la muerte eran muy claras para Sylvia. Hacía mucho tiempo que había descubierto que la gente no muere para nada. Sólo muere para uno. Esta es la parte triste, la parte difícil, una dura lección que aprendió cuando era muy pequeña.

Hoy Sylvia Browne puede decir verdaderamente que su mejor y más cercana amiga ha estado "muerta" por mucho tiempo. No siempre fue tan sencillo.

∞

¿Acaso la verdad de hoy en día descansa escondida en las antiguas tradiciones de los viejos? Quizá. Sylvia Celeste Shoemaker nació el 29 de octubre de 1936 en Kansas City, Missouri, a las 2 de la tarde en punto. Su llegada fue como la de cualquier otro bebé, excepto que ella nació con una membrana sobre su cabeza.

El hecho de que un infante salga del vientre materno con la cabeza envuelta en la membrana interna del feto, ha significado por siglos el nacimiento de un niño con "visión", es decir, con esa vista interna, con el conocimiento interior que distingue a los psíquicos de los demás.

Bill Shoemaker, el padre de Sylvia, quien estuvo presente durante el nacimiento, ya tenía una suegra psíquica con quien contender. Ahora, aquí estaba otra psíquica en la familia. Cuando le quitaron la membrana, quedó al descubierto otro augurio misterioso. En la frente de esta bebé, en el centro, justo en medio de sus dos enormes ojos cafés, había una pequeña gota de sangre. Parecía, ante los ojos de todo el mundo, el misterioso tercer ojo —la orbe vista por el profeta—.

Sylvia ha llegado a creer que todos somos psíquicos, sólo que la mayoría de nosotros no estamos conscientes de nuestras propias habilidades extra sensoriales. Es posible que la presencia de una membrana fetal pueda ser un recordatorio para aquellos cuya vida requerirá un mayor uso de su don. Para Sylvia, la antigua señal fue profética. Ella no parece saber lo que significa no ser una psíquica.

Las "señales" aparecieron muy temprano. Parecía que ella estaba siendo preparada para el extraordinario camino que tenía por delante. Sylvia sabía quién estaba en la puerta —aun antes de que la visita tocara—. Después, cuando tenía tres años, el papá de Bill murió repentinamente de un infarto. Bill se enteró de la tragedia en el trabajo y fue a la casa a informarle a su esposa, Celeste. Cuando llegó, encontró a Sylvia parada en la entrada. "El abuelo está muerto", anunció antes de que el padre hubiera articulado palabra.

Un pronunciamiento mucho más feliz fue la predicción de Sylvia de que iba a tener una hermanita. "Ella vendrá dentro de tres años. Cuando yo tenga seis." Sylvia escuchaba una y otra vez estas historias en las reuniones familiares, pero sólo podía sonreír ante el continuo sentimiento de asombro y maravilla. ¿Qué podían esperar de una niña que desarrollaba un músculo psíquico?

Un evento mucho más importante ocurrió cuando Sylvia tenía cuatro años. Una mañana, oyendo cuando su padre, quien era cartero, se marchaba muy temprano para su ruta de correo, Sylvia corrió al cuarto de sus padres y se metió en la cama junto a su mamá. De pronto, al dar una mirada distraída hacia arriba, el techo se abrió ante sus ojos. Muy en lo alto distinguió un alba gloriosa, con rayos rojizos, dorados, rosas y morados sobre el amanecer sombrío. Volando a través de este gran panorama distinguió una bandada de pájaros formando una V. Luego escuchó claramente una voz que decía, "*Sylvia, nunca serás libre como los pájaros que ves*".

"¿Oíste eso?" le preguntó asombrada a su madre. "¿Qué le pasó al techo? ¿Viste esos pájaros?"

Celeste Shoemaker no había visto nada. Como hija de una médium, había crecido en un hogar donde las visiones eran comunes. Aunque en lo personal no era psíquica, los fenómenos paranormales no eran nada nuevo para ella. La actitud de Celeste hacia lo "extraño" de Sylvia, que cada día iba en aumento, era de cierta manera una molestia. Ella no daba la bienvenida a mayor excentricidad en su vida y no haría nada por alentarla en su hija.

El techo se veía exactamente como siempre, Celeste le aseguró a Sylvia, e intentó desviar la atención de la niña hablando del desayuno.

Pero Sylvia nunca olvidó esa experiencia. Años después, recordando aquel movimiento libre de los pájaros, le fue revelada la completa realización del mensaje. La palabra *libertad* tiene muchos significados para la gente, pero los psíquicos son los primeros en estar de acuerdo en que, efectivamente, ellos mismos tienen muy poca libertad.

Sylvia cree que la gente que elige ser psíquica debe compartir su don —a cualquier costo para su propia comodidad o tranquilidad mental—. Para algunos, quizá, una larga vida de dedicación es fácil, pero para ella no lo ha sido. Con frecuencia el sufrimiento ha sido intenso —particularmente cuando el "don" ha entrado en conflicto con sus propios deseos—.

❧

El conocimiento no deseado comenzó cuando Sylvia tenía cinco años. La familia se había reunido en domingo. Sylvia estaba sentada junto a su padre escuchando sin entusiasmo la charla de los adultos. Echando una mirada ausente a su bisabuela Hattie, quien se encontraba sentada frente a ella, se horrorizó al ver que la cara de la mujer comenzaba a derretirse lentamente. Sus rasgos se fueron desvaneciendo como si se tratara de una figura de cera, resbalándose lentamente hasta desaparecer la cara, sólo un esqueleto.

Gritando de terror, la niña se volteó sólo para enfrentarse con la cara de su otra bisabuela, Sarah. Ella también parecía estar derritiéndose, no tan rápidamente, pero derritiéndose sin embargo. Frenética, Sylvia jaló a su padre del brazo, rogándole que se la llevara a casa. Afuera, intentó explicarle las cosas horribles que había presenciado. "Vi sus caras desapareciendo", sollozó la pequeña. El no podía entenderla.

Diez días más tarde, Hattie Braun murió. Cuatro días después, la siguió Sarah Shoemark. Sylvia comenzó a ver otros rostros que se derretían y cada visión era invariablemente seguida por la muerte. Su miedo y confusión la llevaban a sentimientos de culpa. ¿Era ella responsable en cierta forma? Sylvia se sentía miserable. Una y otra vez trató de explicar lo que ocurría a sus padres demasiado ocupados en sus propios asuntos para reconocer la atrocidad que la niña estaba experimentando.

Bill Shoemaker era ambicioso, determinado a salir adelante. También era una persona encantadora quien encontró sin mucha dificultad el equilibrio entre su naturaleza de galán y las responsabilidades de una familia convencional. A Celeste le tocó el desafío de vivir con un esposo Don Juan siete años menor que ella, pero estaba decidida a esperar que cambiara. "Algún día Bill crecerá", suspiraba con frecuencia. Mientras tanto, su sistema para confrontar los problemas era el pretender que no existían.

Sylvia recordaría vívidamente la respuesta de su madre ante cualquier cosa que significara una amenaza. Celeste simplemente se disculpaba a sí misma y se sumergía en un largo baño de tina. Era una señal familiar de que se había aislado de la realidad y no debía ser molestada. Durante aquellos traumáticos días de caras derretidas, Celeste tomó muchos baños de tina mientras Bill se consolaba a sí mismo paseando con un desfile de mujeres guapas.

Hasta que un día la abuela materna de Sylvia, Ada Coil, vino en su auxilio. Sentándose a un lado de la niña atemorizada, quien estaba creciendo cada día más y más introvertida, la atrajo hacia ella y la sentó en sus piernas para consolarla. Cuando las lagrimas habían cesado, Ada comenzó a interrogar a su nieta con mucho tacto.

Una vez más, Sylvia intentó describir lo que había visto, las caras como de cera, derritiéndose lentamente hacia abajo hasta dejar solamente el esqueleto. "¿Los estoy matando yo abuelita?" preguntó la niña en un susurro.

"No, mi niña, es su tiempo de partir. Tú no tienes nada que ver con eso", le aseguro la anciana.

"¿Pero entonces, *es* real?"

"Muy real".

"¿Tú también vez caras derretidas?" Preguntó Sylvia, inclinándose hacia la mujer en actitud de complicidad.

"No las caras, pero otras cosas. Veo muchas cosas que otros no pueden ver, tal y como tú. Se debe a que nosotras somos psíquicas".

A los cinco años de edad Sylvia no quería ser una psíquica. ¡No era divertido para nada! Pacientemente, Ada le explicó que el don de ser videntes era de ellas, les gustara o no. Era una clase de fideicomiso para ser usado en beneficio de otros.

"Pero yo no quiero ver caras derritiéndose; tengo miedo de los esqueletos", dijo Sylvia, comenzando a llorar nuevamente.

"Entonces pídele a Dios que no te las muestre", le aconsejó. "Reza para liberarte de aquello que no puedas manejar".

La pequeña Sylvia hizo muchas oraciones. Las odiosas visiones nunca han regresado.

❧

Alta, majestuosa y dominante, Ada Coil fue una verdadera mentora, proporcionando tanto consuelo práctico para este mundo como un hilo mágico para guiar a Sylvia a través del obscuro laberinto del otro mundo. Alemana de la noble familia Rhine de Von Banica, había tomado el nombre Coil de su esposo irlandés. Era una luterana devota, pero practicaba siempre el pragmatismo.

La familia Shoemaker estaba dividida, Bill era judío y Celeste episcopal. La armonía no era la característica más notable de la casa. Algo tenía que hacerse con relación a su hija. Era claro que Sylvia necesitaba estabilidad y dirección. La idea de un convento había surgido como una solución perfecta. De modo que ante la urgencia de la abuela, los Shoemaker se convirtieron en una familia católica marchando juntos a la pila del bautismo y eso fue exactamente lo que pasó.

Sylvia se adaptó rápidamente a las enseñanzas católicas. Estaba particularmente impresionada con las monjas y se esforzaba por imitarlas. Muy pronto había un altar provisional en su recámara y durante días, la niña insistía en usar un vestido largo negro con una servilleta de té blanca prendida. Nadie se sorprendió cuando anunció que quería ser monja.

Como la abuela Ada, las monjas le parecían a Sylvia como islas de fuerza y claridad en un mundo cada vez más complejo. Brillante, ansiosa tanto por aprender como por agradar, Sylvia encontró fácil esa escuela, aunque otras cosas no lo eran. El aumento de sus habilidades psíquicas constituía una carga de la cual nunca podría liberarse, separándola de amigos lo mismo que de sus padres. Más que nada, la niña quería ser "normal".

Había comenzado a ver hacia "adentro" de su cabeza, con frecuencia experimentaba un misterioso montaje de espíritus y mortales, dos vibraciones distintas moviéndose en forma simultánea. Siempre estaba preguntándole a la gente —a cualquiera que estuviera cerca en ese momento— "¿Viste eso?" la respuesta siempre era negativa.

Que alivio fue para ella el hecho de que la abuela Ada le proporcionara validez inesperada. Fue un domingo después de la cena. La familia estaba reunida en la sala de los Shoemaker y comenzaron a hablar sobre los parientes que habían muerto. Sylvia estaba sentada en el suelo mirando a Ada cuando lentamente comenzó a tomar forma la figura de un hombre, de pie, a los hombros de la abuela. Al principio fue apenas como un contorno diáfano, pero después se hizo más y más definido hasta ser perfectamente visible como Ada.

"¿Quién es ese hombre que está detrás de ti, abuelita?" preguntó la niña.

"Sylvia queriendo llamar la atención" fue el consenso del grupo, con excepción de Ada quien dándolo por hecho preguntó, "¿Cómo es?"

"Es alto con el pelo café rojizo. Tiene una cara agradable con lentes pequeños de alambre".

"¿Algo más?"

"Bueno, trae un cordón alrededor de su cuello con un cuerno".

"¿Un cuerno?"

"Sí, el escucha el pecho de la gente con eso".

"¿Podría ser Jim?" se aventuró a decir Celeste.

"Por supuesto, debe ser", acordó Ada. "Estás viendo a tu tío Jim", le explicó a Sylvia. "Murió de una epidemia de gripa que hubo en 1917. Se la contagió uno de sus pacientes".

Esa experiencia fue placentera, Sylvia sentada en las piernas de Ada escuchando todas las cosas que el tío Jim había hecho de niño. Sin embargo, la mayoría del tiempo Sylvia estaba muy sola. Sabía, sin que nadie le dijera, que ninguno de sus amigos experimentaba las luchas que frecuentemente la acosaban; apenas podía definirlas por sí sola. Cuando estaba entre mucha gente, la pequeña sufría ataques de severo agotamiento que frecuentemente la llevaban a la depresión. Tuvieron que pasar muchos años antes de que ella aprendiera a "apagar" el molesto ruido de aquellos espíritus a su alrededor.

Pero esas ocasiones no siempre eran angustiosas o negativas. Una vez, mientras se encontraba en el cine con su papá, Sylvia comenzó a asfixiarse. Tanto ella como Bill estaban disfrutando inmensamente la comedia y la niña de siete años de edad trató de superar la sensación, pero su intensidad aumentó. Un fuerte mareo la invadió. El pánico era abrumador. *¿Me estoy muriendo?* preguntó sin reflexionar. "No", replicó una voz en su interior, "alguien más".

Frenéticamente la niña aterrorizada trató de mantener la calma, intentó resistir las olas de pánico nauseabundo. *¿De dónde me viene esto?* se preguntó a sí misma.

A manera de respuesta, una imagen se iluminó ante los ojos de su mente, clara y definida como una de las de la pantalla —su hermanita bebé jadeaba por falta de aire—. "Tenemos que irnos", le susurró Sylvia a su papá. "Algo terrible le está pasando a Sharon. No puede respirar. Se está poniendo morada".

"Eso es ridículo", la reprendió. "Acabamos de dejar a Sharon hace una hora, Ella esta bien".

Pero Sylvia, ahora visiblemente desesperada, insistió. La vida de Sharon dependía de que Bill le creyera. "Papito, tenemos que irnos a casa *ahora*", dijo con un grito.

"Más vale que sepas de lo que estás hablando", le dijo Bill irritado, mientras los dos se levantaban y caminaban entre los asientos a obscuras, tropezando con los pies de los espectadores.

El trayecto a casa fue una agonía para Sylvia, quien ahora experimentaba todos los síntomas de Sharon. "Apúrate, papá, apúrate", le suplicaba. Sus pulmones parecían a punto de estallar con el esfuerzo que tenía que hacer para lograr respirar. En verdad que su hermana se debía estar muriendo, jadeaba frenéticamente. Pareció una eternidad hasta que la niña asustada distinguió su casa a la distancia.

En el momento en que el auto entraba a la cochera, Celeste corría hacia fuera sollozando. El teléfono estaba descompuesto. Sharon se había puesto desesperadamente enferma con lo que se había convertido en una doble neumonía. Bill llegó justo a tiempo para correr con la bebé al hospital.

El agradecimiento de los padres por lo que consideraban un aparente milagro, se ensombreció con la excentricidad de Sylvia, misma que ante los ojos de Bill y Celeste aumentaba cada día. Ella no era una niña fácil de entender. Sus vidas estaban suficientemente complicadas sin la aberración de la "extraña" criatura quien se sintonizaba físicamente con cada secreto de familia e insistía en señalar fantasmas.

La doble visión de Sylvia se había convertido en una molestia. La dimensión del otro mundo que se había introducido espontáneamente en sus vidas era una distracción nocturna. "Es como un desfile de gente caminando de ida y vuelta en mi cuarto", intentó explicar la pequeña. "Denle a la niña una linterna", aconsejó la abuela.

Una noche, a los pocos meses del incidente de la enfermedad de Sharon, Sylvia estaba alumbrando la pared con su linterna, de repente, la luz comenzó a extenderse hasta que iluminó la habitación entera. Apareció una mujer alta, de pelo obscuro. Sonrió y dijo , "Querida Sylvia, no tengas miedo, vengo de parte de Dios".

Las palabras indicaban todavía otro "regalo" psíquico. A la edad de ocho, Sylvia se había convertido en clarioyente. Ahora, además de ver cosas que los otros no podían ver, Sylvia escuchaba voces que otros no podían oír.

Es verdad que —como en la visión del vuelo libre de las aves— había habido sensaciones auditivas casi como pensamientos dichos en secreto. Pero estas palabras fueron dichas clara y directamente a los oídos de Sylvia. No tengas miedo, ¡de verdad! La criatura salió disparada, chillando del cuarto.

Ada Coil puso sus brazos alrededor de la niña. "Se trata solamente de un mal sueño", le explicó a Celeste y a Bill, quienes atendían a su hija con desconcertante consternación. Gentilmente, llevó a Sylvia al cuarto de huéspedes en el segundo piso.

Entre sollozos que gradualmente se convirtieron en hipo, la niña asustada explicó lo que había ocurrido. "Oh, ¿eso es todo? Yo he oído voces toda mi vida", le aseguró Ada. "Tu acabas de entrar en contacto con tu espíritu guía, alguien que es como un ángel de la guarda, una persona que está aquí para ayudarte. Tienes que estar feliz, no asustada. La mayoría de la gente nunca conoce a su guía".

La querida abuela, el pilar de la familia de Sylvia, ¡de su mundo entero! Si *ella* oía voces, entonces tal vez estaba bien. Sylvia dejó de llorar y comenzó a escuchar. La aparición de un espíritu guía fue el principio de lo que se convertiría en la relación más fuerte y duradera de su vida. Aunque en aquellos días tempranos, la amistad no era algo fácil. Con frecuencia, cuando el ahora familiar zumbido de alta intensidad comenzaba, indicando el comienzo de un mensaje, la niña era presa del pánico y se paralizaba de terror. Al mismo tiempo, estaba llena de curiosidad y de una sensación de que ése era su destino.

A sylvia le tomó nucho tiempo el acostumbrarse a Iena, su espíritu guía—. El puro nombre ya era un poco desagradable. En ese tiempo, Francine era el nombre favorito de Sylvia (Ay mami, si tan sólo me hubieras puesto el nombre de Francine en lugar del antiguo y tonto nombre de Sylvia), de modo que por eso la niña decidió bautizar por segunda vez a su nueva compañera. "Muchos niños inventan amigos", Celeste y Bill, aún con cierta resistencia, se consolaban mutuamente al principio, pero con el paso del tiempo y ante las predicciones de Francine, que resultaban ciertas, muy a su pesar comenzaron a revisas sus opiniones.

Sylvia no encontró ningún conflicto entre la presencia creciente de Francine y las enseñanzas de las monjas. ¿Acaso no siempre estaban hablando de ángeles guardianes y mensajes de Dios? Quizá ella no era tan diferente, después de todo. Ese pensamiento le dio a Sylvia cierto alivio ante el aumento del caos en su familia.

La fortuna de Bill iba en aumento. De cartero, había progresado a vendedor de una joyería, después a empleado de una importante compañía aérea de paquetería, en donde eventualmente ascendió a vicepresidente. Al mismo tiempo era sexualmente agresivo —de humor cálido, fogoso, galán—. Bill no tenía ninguna dificultad para encontrar parejas. Una y otra vez, los Shoemaker se balanceaban al borde del divorcio.

Durante un breve período de unidad Bill y Celeste rogaron y pidieron prestado para lograr la posesión de una mansión victoriana de tres pisos. La compra significaba la promesa de un futuro de opulencia y solidaridad. La solidaridad, sin embargo, nunca se materializó.

Después de resistir las numerosas mudanzas ligadas al éxito financiero de su padre y a sus debilidades amorosas, Sylvia percibía el nuevo hogar como un baluarte. Le encantaba y sabía en su corazón que la casa la amaba a ella también. Corriendo de una habitación a otra, hizo un hermoso inventario: una impresionante entrada con enormes pilares de madera de nogal y elegantes escaleras, una sala acogedora acentuada por una chimenea de mosaico, un elegante comedor con vitrales en las ventanas, una enorme cocina hogareña con su alacena, cuatro enormes recámaras y finalmente el prometedor misterio de un ático por explorar.

Los Shoemaker se cambiaron ahí —Bill, Celeste, Sylvia y Sharon—. Felizmente para Sylvia, la abuela Ada vino también y junto con ella "Brother". Sylvia adoraba a su tío, un inválido con parálisis cerebral. A pesar de su defecto de nacimiento acompañado por una forma de vértigo que provocaba que su cabeza se fuera de lado, Brother poseía una mente brillante y una disposición suave y dulce. La abuela cuidaba de él en forma amorosa y protectora; Sylvia lo mantenía entretenido con su cuchicheo vivaz. En una ocasión, Brother logró salvar la vida de su sobrina.

Sylvia estaba sentada en el jardín de enfrente cuando, sin razón aparente, tuvo una repentina sensación de ansiedad. Hoy, la psíquica reconoce los sentimientos viscerales como un peligro inminente. Se paro inmóvil, desconcertada, sin saber qué iba a ocurrir.

"¡Corre!" gritó una voz. Mirando hacia arriba, Sylvia vio a Brother salir de la casa caminando mucho más rápido de lo que cualquiera hubiera imaginado. "¡Corre, corre, corre!" le gritaba a su sobrina. Sylvia se congeló. ¿Correr a dónde? ¿Qué estaba pasando? Se sentó sin ningún movimiento, literalmente paralizada por el miedo. Enseguida vio lo que Brother había visto. Una figura salida de una pesadilla. Corriendo hacia ella se encontraba una mujer muy alta con el pelo revuelto y ojos negros salvajes. Su cara, tan pálida que parecía un rayo blanco, se contraía en una expresión de odio. Para la niña aterrorizada parecía como si el tiempo se hubiera detenido. Esa criatura horrible se encaminaba pesadamente hacia ella con movimientos lentos pero inexorables.

"¡Corre, Sylvia, corre!"

De algún modo, nunca supo como, Sylvia logró apartarse del camino justo cuando el pequeño y frágil Brother se interponía y recibía el impacto de la locura frenética de la mujer. Lo derribó al piso y estaba golpeándolo ferozmente cuando aparecieron dos enfermeras detrás de ella ante los gritos aterrados de Sylvia y lograron detener a la mujer. Era tan fuerte que requirió el esfuerzo de las dos mujeres para poder levantarla y llevársela forcejeando.

Más tarde, se supo que la atacante era una enferma mental, hija de un vecino millonario, que la mantenía en casa bajo la protección incuestionable de dos enfermeras psiquiátricas, en lugar de internarla en una institución.

❦

Agradable como era la casa, la escena familiar no era suficiente para Bill. O quizá era demasiado. Cualquiera que fuera la causa, no había pasado mucho tiempo desde que se cambiaron cuando ya se había involucrado en otro romance, éste más significativo. Incluso llegó a comprometerse. Bill permanecía casado mientras le ponía a su amante un cómodo departamento convenientemente localizado a seis cuadras de la casa.

A pesar de todas las distracciones, permanecía como un padre devoto. Bill mimaba a Sylvia pero establecía estándares altos para ella. "Muéstrales lo que puedes hacer", era su dicho favorito. Por miedo de que, como su madre, pudiera perder la atención de este hombre mercúrico, Sylvia determinó no contradecirlo. ¿Qué si por casualidad hacía algo que molestara a su padre y lo alejaba para siempre? Nunca debería hacer nada que provocara la discordia; su tarea era precisamente la de agradar a todos. La responsabilidad era agobiante.

Pero la aceptación creciente de su don psíquico la compensaba y poco a poco la vivacidad natural de Sylvia regresaba. Grandes cosas se esperaban de esta niña rápida e ingeniosa. Esta era la época de las imitaciones de Shirley Temple y Sylvia parecía muy natural. Tomaba clases de danza, pero mientras la familia miraba la fila de niñas pequeñas en sus leotardos golpeando el piso obedientemente al ritmo de *Anchors Aweigh,* les resultaba obvio que al margen de sus habilidades, el único talento del que su hija carecía era el de la coordinación.

Su fuerza y determinación nunca estuvieron en duda. "Espera a verme bailar *Singing in the Rain,* papi", prometía. El día de su primer recital, mientras corría ávidamente en el escenario, atacándolo virtualmente, se le atoró la sombrilla en uno de los accesorios de la escenografía. La jaló y se le volteó al revés, pero la niña siguió sin ninguna preocupación, agarrando valientemente la sombrilla hecha pedazos mientras luchaba por mantener el paso. *Dark Eyes,* el número final, fue lo mejor. Mientras bailaba el círculo gitano, Sylvia fue todo un éxito cuando se tropezó con un bote de fuego. Mirando hacia abajo consternada, se dio cuenta de lo que había hecho, pero rápidamente forzó una sonrisa decidida y se regresó a bailar junto al fuego, esperando que su aire de alegre abandono convenciera a la audiencia de que todo era parte del espectáculo. Su recuerdo de aquella ocasión es el de haber estado buscando ansiosamente a su padre entre la multitud y descubrirlo con la cabeza entre las manos.

La vida entera de Sylvia se convirtió en una actuación, de dedicación. Estaba determinada a complacer, entretener y tranquilizar. Sus esfuerzos y la auto disciplina que tuvo que aprender sirvieron como una clase de acondicionador. Tal y como si fuera una atleta joven entrenada para la competencia grande.

Una noche muy tarde, mientras se encontraba recostada sin sueño, Sylvia fue sobresaltada por la visión de dos máscaras superpuestas en la pared frente a ella —las máscaras de la tragicomedia griega—. Su significado fue explicado por Francine, quien le dijo, "Silvya, ésta es tu vida".

Las palabras fueron proféticas. La muerte y sus muchas implicaciones —reencarnación, médium, documentación de supervivencia del alma—, son parte de su vida diaria. Y también la comedia. Cualquiera que haya visto a Sylvia Browne en escena o en televisión ha presenciado a una gran comediante en acción. El humor es la cucharada de azúcar que nos permite reír en la misteriosa obscuridad de la vida y la muerte. Sin este y sin su consecuencia cómica, el psíquico carece de humanidad.

Con el paso del tiempo, Francine se hizo más visible. Tiene una figura imponente, es una mujer indígena de 5'6", esbelta con pelo negro largo y ojos cafés almendrados. Habla en forma sencilla y precisa, expresando mucho con pocas palabras. Su mensaje ha sido siempre el de tolerancia, compasión y perdón, su enfoque es tanto modesto como práctico.

Al comienzo, hablaba con Sylvia acerca de cosas que un niño podía responder. Por ejemplo al principio la pequeña estaba básicamente interesada en juegos. Era divertido para Sylvia repetir a la familia conversaciones que ella no podía haber escuchado ni por casualidad. La reacción de sorpresa era una validez instantánea y reforzaba la confianza de la joven médium.

Mientras su amistad crecía, Sylvia le hizo a Francine preguntas acerca de ella misma. Iena/Francine había nacido en Colombia en los años 1500. Se identificaba a sí misma como una Azteca/Inca, un término que más tarde confundiría a muchos. Francine explicó que aunque Hunayna Capac, la gobernante Inca, era dominante, la influencia de Montezuma, muy lejos al norte, se dejaba sentir sobre su gente. Había mucha comunicación entre las dos culturas —una combinación que apenas ahora está siendo verificada por arqueólogos—.

Sylvia estaba fascinada con la niñez de Francine, su entrenamiento como maestra y sus esponsales a la edad de 16 años con un joven platero. Cuando Francine tenía 18, ya estaba casada y antes del primer año de matrimonio había nacido su hija. Con frecuencia, Sylvia imaginaba el gran mercado al aire libre adyacente a los extensos terrenos del emperador, a donde Francine iba seguido con su pequeña hija a vender los objetos hechos por su esposo. Fue aquí que un mensajero de una villa de los alrededores vino un día a advertir sobre unos extranjeros que habían invadido sus tierras. No fue mucho tiempo después que los españoles llegaron a saquear la ciudad. Cientos de indígenas murieron asesinados y Francine entre ellos. Fue traspasada por una lanza mientras intentaba proteger a su pequeña hija.

Esta fue, le dijo Francine a Sylvia, su única vida en la tierra. Aunque ella tenía como única meta el ayudar a la gente, no tenía el deseo de regresar a la tierra como una mortal. Desde 1520 hasta el nacimiento de Sylvia en 1936, Francine fue entrenada para convertirse en una "guía comunicadora", lo cual le permitiría perfeccionarse rápidamente sin encarnar en la tierra. Sylvia y Francine se conocieron poco después de que Silvia cruzó el túnel para llegar al vientre de su madre. Eran dos personalidades muy diferentes compartiendo una misión importante.

A pesar de sus poderes, Sylvia no tiene memoria de nada de esto, Fue necesario que Francine le explicara todo. Una guía se parece mucho a un ser humano, la única diferencia es que el o ella reside en otra dimensión. El trabajo de un guía es el de ayudar a un individuo determinado a través de la presente encarnación. La mayoría de los seres en la tierra han sido o serán guías espirituales de alguien.

El propósito del espíritu guía es el de investigar, sugerir, animar y alentar a la persona a quien va a estar guiando a lo largo de su vida. En la mayoría de los casos, los guías operan en el subconsciente individual, apareciendo como "la voz de la conciencia". Ellos ilustrarán lecciones y hablarán acerca de lo que el individuo necesita aprender, pero nunca interferirán con elecciones. Son extremadamente cuidadosos de no impedir ninguna oportunidad de que una persona aprenda una lección en la vida. Si el sujeto es llevado hacia un evento que le enseñará una inapreciable pero difícil lección, el guía puede indicar una ruta alterna. La decisión permanece en el individuo; si esa decisión involucra dolor y lucha, el guía no lo prevendrá.

De acuerdo con Francine, los espíritus guía pueden usar una variedad de métodos para comunicarse. Transmiten conocimiento a través de los sueños, o como un relámpago en los ojos de la mente, incluso ocasionalmente como una voz. Es una tarea frustrante, le dijo Francine a Sylvia, porque poca gente toma el tiempo para escuchar con atención.

Mientras Sylvia estaba creciendo, Francine fue una consejera y compañera constante, con cuidado y paciencia le fue impartiendo la sabiduría que se convertiría en la filosofía de la médium. "Algún día serás una gran psíquica", le informaba Francine. "Ayudarás a mucha gente y te pedirán que hables ante grandes grupos de personas".

Recordando su fallida carrera como bailarina, Sylvia estaba más que complacida ante esta perspectiva. Buscando consuelo en su abuela, suplicaba, "¿No tengo que hacer eso si no quiero, verdad?"

Ada le daba palmaditas a la pequeña reasegurándole. "Por supuesto que no, pero cuando llegue el momento y estés lista, estarás en condiciones de hacerlo".

La tímida niña se convertiría en una mujer audaz y espiritual. Pronto llegaría el momento en que Sylvia buscaría su propia vida.

El espíritu le advertiría, pero la mujer no escucharía el mensaje.

෨ ෨ ෨

CAPÍTULO TRES
Una psíquica enamorada

Joe estudiaba a Sylvia atentamente, admirando a la mujer, recordando a la niña. En muchas maneras ellos eran muy parecidos. Ella siempre sería especial. La calidez, el humor, el entusiasmo y sí, el atractivo sexual.

Era obvio para este visitante de otro estado que realizaba un recorrido por las impresionantes oficinas de la Fundación Nirvana, que Sylvia Shoemaker estaba muy lejos de Kansas City. "¿Cómo fue el crecer con Sylvia?" le preguntó uno de los miembros del personal.

Joe hizo una pausa, retrocediendo el tiempo con sus pensamientos; era una amistad que había comenzado cuando ellos eran niños, hacía más de 40 años. "No gran cosa", replicó por fin, "aunque nosotros siempre parecíamos estar esperándola para que nos dijera lo que iba a ocurrir".

Sylvia sonrío, recordando tales tiempos. Joe volteó hacia ella. "Tienes todavía aquella dama hablándote al oído, diciéndote cosas?"

Sí, Francine todavía está a mi alrededor. No pienso que se va a ir hasta que yo me vaya.

El la miró, buscando rastros de la amiga impetuosa pero vulnerable que él recordaba. "¿Eres feliz en California? ¿Te tratan bien aquí?"

"Sí, sí, soy realmente muy feliz", le aseguró.

"Tu sabes que siempre puedes venir a casa. Nosotros cuidamos de lo nuestro en Missouri", le recordó el.

"¿Protegerme como la idiota del pueblo? Eso es consolador", bromeó ella, divertida, pero con la calidez de los recuerdos del pasado. Parecía en retrospectiva que la Kansas City de su niñez se había quedado suspendida en el tiempo. Las familias estaban en el mismo lugar, los vecindarios permanecían sin cambio. Todos conocían a todos, todos sabían todo acerca de todos, pero más que nada, lo daban todo por hecho. Sin darse cuenta en el momento, Sylvia había sido proveída del albergue perfecto, el albergue dolorosamente necesitado por una psíquica. Ella había hecho su primera lectura psíquica a la edad de ocho años. Ocurrió espontáneamente cuando una amiga llamada Mary Margaret se había quejado. "¿Qué debo hacer con mi madre? Se está volviendo muy irritable".

"No sé que hacer sobre eso, pero *puedo* ver a tu madre caer y romperse el brazo". Aunque Sylvia siempre había sabido cosas, ésta fue la primera vez que alguien había buscado información directamente. Su respuesta descuidada a la pregunta de Mary Margaret había revelado de alguna manera su perspicacia psíquica. Ella podía en realidad oír una pregunta y tener la respuesta. "¡Tu mamá se va a romper el brazo!" repitió, asombrada de sí misma. "Tu padre —también lo puedo ver—. El va a perder su trabajo".

Mary Margaret aceptó las noticias como un hecho, no tan sorprendida como Sylvia. Dado que ella sabía desde pequeña que sus amigos eran un poco diferentes, este nuevo desarrollo no pareció particularmente notable. "¿Y qué hay sobre mi?" preguntó. "¿Algo malo me va a pasar a mi también?"

"No, bueno, un poco malo. Te vas a resbalar y a caer en la nieve. No tengas miedo. No te vas a romper nada".

Mary Margaret movió la cabeza, después se puso a charlar acerca de otras cosas. Era la misma Mary Margaret —por aquel entonces llamada Maggi— a quien Sylvia escucharía por casualidad diez años más tarde intentando explicar su rareza a dos muchachos de un colegio cercano. "Sylvia puede parecer un poco diferente —algunas veces ella sabe con anticipación lo que va a pasar— pero es realmente divertida. Es como cualquier otra persona, excepto por eso".

La actitud de "Sylvia es una de nosotros" de sus amigos, posiblemente promovida por su propia exuberancia sencilla y humor, ha acompañado a la psíquica toda su vida. Los conflictos y retos que han rodeado a Sylvia son numerosos y variados. Pero en esta área, ella ha permanecido verdaderamente afortunada. Creció con el mismo grupo de niños y niñas, fue a la escuela con ellos por 12 años y continuó con muchos de ellos hasta el Colegio Santa Teresa. Aunque sus dones psíquicos y presiones pudieron haberla aislado, la afección, el apoyo y la aceptación casual de amigos de toda la vida formaron un escudo protector para su vulnerabilidad.

"¿Y qué hay sobre ti Joe?" preguntó Sylvia, mientras sus ojos regresaban al hombre que todavía la miraba pensativo. "He escuchado que te has casado cuatro veces. "¿Cuál esposa ha sido tu favorita".

"Eso es fácil. La primera".

Los ojos de Sylvia se llenaron de lágrimas mientras pensaba en el matrimonio de tantos años atrás, *su* matrimonio. Había cumplido 16 cuando su padre anunció que por fin había conocido a la mujer sin la que no podía vivir. Amenazas de tormenta de divorcio e intentos llenos de lágrimas de reconciliación fueron todo lo que ella había conocido de sus padres. Ahora, Celeste y Bill realmente tenían algo por quien pelear, sus hijos. El haber sido puestos en medio de una batalla sobre la custodia resultó una agonía para una niña cuya juventud entera había estado dedicada a complacer a todos. ¿Cómo podía ser posible pensar siquiera en escoger vivir con uno de los padres a expensas del otro? Sylvia estuvo literalmente enferma del coraje y del miedo que absorbió físicamente de ambos padres.

En este período de su vida, Sharon era una niña tímida e introvertida quien se colgaba de su madre en busca de apoyo. Ella viviría con Celeste, por supuesto. ¿Pero qué iba a pasar con Sylvia? Explorando psíquicamente, se veía a sí misma siendo enviada a vivir con su madre también. El sentir el dolor de Bill, su soledad y desolación, era agobiante.

Después, mientras se encontraba sentada en la clase de álgebra, la respuesta llegó a su mente. Joe Tschirhart. Si se casaba con el, la decisión acerca de con cuál de los padres viviría sería sometida a discusión. Por supuesto, su otro novio, Warren Becker, se molestaría, pero el golpe que recibirían Bill y Celeste sería mucho mayor.

Joe fue fácil de convencer. ¿Cómo podría resistirse cuando Sylvia le explicó que él era el único que podía ayudarla en esta terrible situación? Además, el tenía la esperanza de casarse con ella de todos modos, algún día. Esa noche, Sylvia localizó su acta de nacimiento y la alteró de modo que demostrara que tenía 18 años. Al día siguiente, a la salida de la escuela, los dos adolescentes tomaron un camión que los ayudó a cruzar los límites del estado, hasta la otra Kansas City.

La atrocidad de todo esto hundió a Sylvia mientras se encontraba parada frente al juez de paz. Al firmar ¿había realmente ofrecido su vida completa al joven que se encontraba junto a ella? Era una muchacha católica; el matrimonio era para siempre. Una ola gigantesca de melancolía cayó sobre ella ante el pensamiento de lo que había hecho. Se acababa de pronunciar como esposa y todo lo que quería era seguir siendo la niña chiquita de sus padres.

"¿Qué vamos a hacer con nuestra luna de miel?" preguntó Joe, examinando a su esposa, quien había seleccionado para la ocasión una falda de peto blanca con calcetines y zapatos cerrados. "Es viernes y tenemos dos días antes de regresar a la escuela".

"No pienso que a mis padres les gustaría la idea", contestó Sylvia con recato. "Vamos a mantenerlo en secreto por un tiempo".

Joe no estuvo totalmente en desacuerdo. El también tenía que enfrentarse a sus propios padres. Estuvo de acuerdo y llevó a Sylvia de regreso a casa, dándole un rápido pero ardiente beso antes de dejarla en la puerta.

Celeste estaba esperando en la sala, sus ojos fijos en el reloj. ¿Dónde has estado?" fue la primera pregunta. ¿Qué es ese bulto debajo de tu vestido?" fue la segunda.

Sylvia agachó la cabeza hacia el bulto revelador. ¿Por qué había sido tan poco cuidadosa? Por supuesto, algo tenía que decirles a sus padres; ese era el punto del matrimonio a escondidas. Pero no ahora. No estaba lista. ¿Estaría lista alguna vez? El matrimonio secreto que parecía ser una solución atrevida y grandiosa era obviamente un desastre. Silvia se sintió enferma y con remordimientos. Su mano extraviada en frente del overol, tratando de jalarlo hacia abajo. "Oh, nomás una licencia", murmuró.

"¡Licencia! ¿Licencia de qué, por el amor de Dios?" gritó Celeste mientras Sylvia corría escaleras arriba sollozando. La señora shoemaker se retiró con urgencia sin precedente a su baño mientras Bill tocaba la puerta de su hija exigiendo entrar.

"No puedes entrar, papá, soy una mujer casada. Ahora soy responsable de mi propia vida", anunció Sylvia con voz temblorosa.

No todavía. Para el alivio inmenso, pero secreto de Sylvia, Bill había anulado el matrimonio en un tiempo récord. Desafortunadamente, no hubo nada que pudiera hacer para prevenir la publicación del anuncio de la boda en las estadísticas del periódico.

El castigo acordado por los padres de ambos fue que Joe y Sylvia se abstuvieran de convivir socialmente. El romance había terminado antes de comenzar.

La abuela Ada vino al rescate como lo había hecho muchas veces antes. "¿Qué vamos a hacer con Sylvia?" le preguntó Celeste en tono exigente.

"¿Qué vamos a hacer *contigo?*" había sido la respuesta. Como resultado de la firme pero discreta mediación, se alcanzó una promesa una vez más y la vida continuó para los Shoemaker.

Después de unos cuantos meses, apareció Joe Behm y llenó el vacío en las afecciones de Sylvia. Este Joe era un poco mayor. Había completado su educación formal, tenía un buen trabajo con una compañía de transporte y se sentía listo para el matrimonio. Sylvia también estaba madurando; su fuga y sus repercusiones habían sido un curso intensivo en la realidad. Joe hablaba de una granja y de seis niños. Para Sylvia, con su creciente necesidad de seguridad, sonaba maravilloso. Pero había un inconveniente mayor. Joe era un hombre joven muy posesivo y quería a Sylvia para él solo.

Sylvia estaba atormentada. Amaba a Joe —o creía amarlo— y fantaseaba acerca de la vida que podían tener juntos. También estaban sus sueños de convertirse en maestra, quizá incluso una monja maestra, que databan desde la niñez. Sin embargo ella había comenzado a reconsiderar. ¿El tener niños propios sería más satisfactorio? Se hacía esta pregunta una y otra vez.

Muchos de los amigos de Sylvia planeaban casarse poco después de terminar la prepa. Había un sentido seductor de independencia acerca de la idea de tener su propia casa, su propia familia. Sylvia veía el matrimonio como algo sencillo y romántico, ignorando fácilmente la tumultuosa relación de sus padres. La idea de una vida tranquila, sin complicaciones al lado de un hombre joven quien la adoraba resultaba muy atractiva.

Por una vez, ni la abuela ni Francine fueron de ayuda. Francine a pesar de su vida en la tierra como una mujer indígena, era asombrosamente liberada. Por todos sus poderes sobrenaturales, se rehusó a tomar en serio las presiones de una era que introducía la sala de estar y se deleitaba con *I Love Lucy*.

Para los estándares alejados del mundo de Francine, la década de niñez centrada y familia orientada que marcó la transición de Sylvia de niña a mujer fue meramente una aberración temporal.

La abuela Ada así lo esperaba también, pero sin el concepto del tiempo de un espíritu descarnado. Los años fueron años para ella —no instantes—, como lo eran para Francine. De algún modo, Ada se dio cuenta, Sylvia debía conciliarse con este mundo, sin embargo el destino que percibía para su nieta estaba muy lejos de la locura por la domesticidad que imperaba en el país.

Ada había visto a las mujeres funcionar brillantemente durante las dos guerras mundiales; recordaba la independencia de la Nueva Mujer de los años 1920s y las fuertes mujeres dominantes llamadas desde aquel día por la Gran Depresión. Ahora, examinando a las mujeres jóvenes de los 1950s con sus cinturas ceñidas, sus faldas voluminosas y múltiples enaguas, se daba cuenta que la mayoría de ellas consideraban su carrera como un mero pasatiempo listo para ser abandonado en cuanto llegara el hombre adecuado. Aunque Joe había llegado un poco temprano, ¿quien podía decir que este joven serio no era el ideal para Sylvia? "Espera", era todo lo que Ada podía decir. "Cuando llegue el momento, sabrás lo qué debes hacer".

Al acercarse el final de sus años de preparatoria, Sylvia se dio cuenta que su adorada abuela tenía sus propios problemas y eran serios. Una condición crítica en su corazón. Un ataque, decían los doctores, sería definitivamente fatal. Ada había escuchado tranquilamente el diagnóstico, aceptando con ecuanimidad la sentencia de muerte implícita en la advertencia. Para ella, la muerte tal y como la conocemos era simplemente "ir a casa". "¿Por qué todos temían eso?" Su única preocupación era Brother. "No puedo irme de este mundo sin él", le dijo a Sylvia. "Nadie puede jamás entenderlo y cuidarlo en la forma en la que yo lo hago".

"Pero tú no vas a ir a ningún lado abuela", insistió Sylvia, esperando desesperadamente que la sola intensidad de su deseo pudiera de alguna manera convertir las palabras en realidad.

Tenía 18 y estaba en el primer año de colegio cuando llegó la llamada. Ada había sido hospitalizada. "Tu abuela quiere que tú tengas esto", le dijo una enfermera, dándole un crucifijo negro. Ada fue encerrada en una cámara de oxígeno, sus ojos permanecían cerrados.

"Abuelita, te tienes que poner bien. Te quiero mucho", le dijo Sylvia arrodillada junto a su cuerpo frágil.

Ada no contestó, pero sus ojos azules se abrieron brevemente. "Sigue adelante, Sylvia". Las palabras nunca fueron dichas, pero la muchacha llorosa las escucho tan claramente como si hubieran sido pronunciadas.

Sylvia estuvo sentada por horas junto a su abuela dormida. Era de noche cuando regresó a casa. Había luz en el cuarto de Brother. Jalando una silla junto a su cama, Sylvia se hundió agotada. Tomando el crucifijo de su bolsa se lo ofreció. "En realidad esto debe ser tuyo".

Brother sacudió la cabeza. "Tu quédate con el, Syl. No creo que yo lo necesito ahora". Los dos, cada uno buscando consuelo y encontrando algo de alivio en su pena compartida, rezaron el Rosario juntos tal y como lo hacían muchas veces mientras Sylvia estaba creciendo.

Al día siguiente Sylvia regresó al hospital y comenzó una vigilia que duraría varios días. Estaba sentada sola junto a Ada cuando murió. Celeste se encontraba en casa en uno de sus baños de tina. Dos días más tarde, regresando de los servicios fúnebres, Sylvia se detuvo en la puerta del cuarto de Brother. "La abuela se veía hermosa". Comenzó a decir, después paró. Su tío comenzó a convulsionarse.

Brother fue llevado de emergencia al hospital. Murió dos horas más tarde. La autopsia reportó "causas desconocidas". Igualmente desconcertante fue encontrar esa noche montones de ropa nítidamente doblada en el cuarto de Brother —él nunca había doblado una prenda en toda su vida—. Todos sus asuntos en orden, papeles cuidadosamente arreglados junto a la ropa. Brother había muerto incluso antes de que Ada estuviera bajo tierra.

En los días que siguieron, Joe Behm estuvo constantemente al lado de Sylvia, ofreciéndole amor y apoyo. "¿Por qué no abandonar el colegio ahora? ¿Cuál es el problema? De todas maneras nos vamos a casar cuando te gradúes", le decía con impaciencia. Bill, admirando el progreso del muchacho en la línea de transporte, estaba de acuerdo. "No necesitas el colegio para ser una esposa y una madre", le dijo a su hija. Celeste estaba aturdida. "Has lo que más desees, querida", fue su único consejo.

Francine permanecía inflexible. "Necesitarás este entrenamiento", insistía. "Necesitarás la educación del colegio para el trabajo que desempeñarás. La enseñanza será parte de él".

Joe continuaba adelante con sus esfuerzos de persuadir a Sylvia para que abandonara los estudios, pero mientras pasaban los meses, un mundo nuevo y excitante se abría ante ella, ejerciendo un poderoso reclamo de su entrega. A pesar de sus innumerables problemas de salud, Sylvia disfrutaba del colegio cada día más y muy pronto no oiría más la idea de abandonarlo. Ella realizaba estudios superiores en educación y literatura con una asignatura secundaria en teología. Su viejo deseo de enseñar había regresado con mayor intensidad, sin embargo, una parte de ella todavía deseaba ardientemente la seguridad que creía podía venir sólo del matrimonio. Ahora, parecía que, aunque ella hubiera intentado con éxito hacer un exorcismo al lado paranormal de su vida, todavía viviría en dos mundos. Uno era la vida del colegio —largas noches hablando sobre filosofía y metafísica; Huxley, Kafka, Camus, Sartre, Bertrand Russell y Alan Watts. El otro mundo era el "real" inhabitado por Joe y la vida de hogar, sólida, que visualizaba a su lado. Joe era un hombre con el que se podía estar a gusto. Adoraba a Sylvia y la aceptaba sin críticas. Al recordar su fortaleza durante los meses desolados que siguieron a la muerte de Ada, Sylvia sintió profundamente que Joe sería un buen esposo y padre. Mientras la graduación se acercaba, aumentaba la presión para tomar una decisión. "Ese joven no te esperará siempre", le advertía Bill. "Es muy buen muchacho como para dejarlo perder", le decían sus amigas. Sumado a esto estaba el anhelo que Sylvia leía en los ojos de Joe. Podía sentir el dolor que su renuencia le causaba. Para una mujer joven cuya vida completa había estado basada en el deseo de complacer a otros, esta era la peor parte.

Finalmente, en su último año, Sylvia acordó casarse. Habiendo tomado por fin una decisión, sentía un inmenso alivio. Si era o no la correcta poco importaba; se le había quitado un gran peso de encima. Ahora, se permitiría sumergirse dentro de un frenesí de preparaciones para una boda de junio. Joe dio el anticipo para la compra de una casa y la pareja se encontraba en el proceso de elegir los muebles cuando, una vez más, la suerte intervino.

Los negocios, no la filosofía, eran el fuerte de Joe. Aunque sólo unos cuantos años mayor que los amigos del colegio de Sylvia, a veces se sentía fuera de lugar y rara vez asistía a las fiestas que ella daba casi cada semana. Sylvia siempre se ha preguntado qué tan diferente hubiera sido su vida de no haberse presentado aquella noche fría de invierno cuando alguien nuevo entró en su vida.

"Quiero que conozcas a mi salvador", Anunció Maggie dramáticamente. "Estaba estancada en la nieve y entonces . . . "

Sylvia no escuchó el resto. Se encontraba con la mirada fija en los ojos más verdes e irresistibles que había visto jamás. Su sonrisa, la fuerza de su magnetismo casi animal literalmente la dejó sin aliento. "¡*Tragedia, Sylvia!*" Las palabras fueron claras y agudas, una clase de telegrama psíquico de Francine, quien había permanecido en el fondo durante los pasados dos años. Era la primera vez en meses que se había comunicado. "*Este es el comienzo de la etapa mas difícil de tu vida*".

El mensaje era alarmante, pero Sylvia tenía 19 años y miraba a los ojos de su primer amor verdadero, un extraño moreno, alto.

"Yo soy la anfitriona que tiene más que ofrecer. Se presentó sola con la soltura natural en ella, pero que disimulaba su vulnerabilidad.

"Eso lo puedo ver".

El giró su cuerpo largo con una agilidad llena de gracia que a Sylvia le hizo pensar en una pantera. Lo encontró inmensamente atractivo. Todo en el era atractivo —incluso la nariz quebrada a Sylvia le pareció muy masculina—. Toda la noche Sylvia pudo sentir sus ojos puestos en ella hasta que finalmente no pudo aguantar más la tensión creciente. ¿Por qué se me queda viendo fijamente", le preguntó.

"Porque sólo tengo ojos para usted".

Para una adolescente romántica, fue como un diálogo de película; aquí, obviamente atraído por ella, estaba un hombre tan atractivo como una estrella de cine. Se sentía mareada de la emoción. Era un momento sacado de una novela romántica que jamás había leído y ahora le estaba pasando a ella. Mientras la fiesta se acercaba a su final y los invitados se juntaban para despedirse, el extraño arrolló a Sylvia entre sus brazos para darle un beso suave y prolongado. En tono de burla alguien al despedirse interrumpió abruptamente. ¿Quién es este hombre mayor que se ha entrometido en una fiesta privada y está pasando tiempo con una de las chicas más populares de la escuela?

Se trataba de otro Joe, Joseph Stemkowski, pero Sylvia rápidamente lo nombro "Ski". Esa noche, casi al momento de su encuentro, su compromiso con Joe Behm terminó. Sylvia se lo diría por la mañana. Para ella, repentinamente, apasionadamente consciente de la realidad del amor, fue como si sus cuatro años de relación nunca hubieran existido.

Ski era ligeramente misterioso, nuevo en la ciudad; había llegado de New Jersey para estudiar ingeniería aérea. Deslumbrada por su físico y su encanto, arrastrada por la fuerza de su atracción mutua, Sylvia pasaba el mayor tiempo posible con él. Se le veía más feliz que nunca, pero también desconcertante. Escondida detrás de la emoción estaba una actitud regañona que algunas veces no tenía razón de ser. Eran tal para cual, en Ski, Sylvia había encontrado la otra mitad de sí misma. Estaba extasiada, no obstante un poco más allá de la luz había sombras. Aun cuando lo intentaba, Sylvia no podía ni disiparlas ni penetrarlas.

Liberada de las críticas impuestas por Joe Behm, reanudó sus lecturas. Recibía toda clase de información para otros, pero nada para ella misma. "¿Qué quieres decir con *tragedia?*" le preguntó a Francine una y otra vez. "Si es algo que debo saber, dímelo", le suplicaba. Pero después de su primera advertencia Francine permaneció curiosamente callada con relación al asunto de Ski.

Después, una tarde, Sylvia se encontró con otro estudiante de ingeniería, un amigo de Ski. Charlaron amigablemente acerca de trivialidades, mientras Sylvia se debatía acerca de interrogarlo. Si algo estaba mal, ¿quería realmente saberlo? Por fin, se esforzó por buscar las respuestas que había eludido físicamente. "Ski es maravilloso, pero, ¿por qué siento que hay algo terriblemente malo?"

El desvió la mirada, con desconcierto, evitando sus ojos. "¿No eres tú la que se supone que lo sabe todo? ¿No tienes a esa señora en tu cabeza que te dice cosas?"

"No sobre mi. Nunca he obtenido ninguna ayuda de ella para mi vida personal, nada acerca del futuro", explicó Sylvia. "Nunca me importó mucho hasta ahora. Francine siempre dice que cuando el momento llegue sabré lo que necesite saber. Ahora ella no dice nada y siento que hay algo que necesito descubrir".

"Bueno, sí hay", admitió después de una larga pausa. "Ski está casado. El tiene una esposa en New Jersey. Una mujer y dos hijos".

En un instante, el mundo se tornó obscuro y sucio. Repentinamente Sylvia tomó conciencia de la suciedad por todos lados. Papeles arrugados volando por la calle, banquetas llenas de basura. El sol se había desvanecido para ella. *Voy a tener que vivir mi vida entera a media luz,* pensó. Una muchacha católica, un hombre casado; era imposible. Manejó directamente a la escuela de aviación determinada a confrontar a Ski. Quizá se trataba de un error, Sylvia razonaba, pero sabía que no lo era. Ski lo supo en cuanto la vio. "Era sólo cuestión de tiempo hasta que lo supieras", le dijo lentamente.

"¿Por qué no me lo dijiste tú?"

"No quería perderte".

Sylvia agachó la cabeza. Repentinamente, la imagen de una mujer de pelo obscuro con dos niños pequeños apareció ante ella.

El intentó explicarle. "Era muy joven, un marinero lejos de casa por primera vez. Ella se embarazó. Me tuve que casar y realmente intenté que las cosas funcionaran. Nunca fue así. Por eso me vine a Kansas City a estudiar. Pensé que la distancia me daría alguna perspectiva. Nunca soñé que pudiera conocer a alguien como tú. Dios lo sabe. Nunca tuve la intención de que esto pasara".

Sylvia sintió una ola de dolor y culpa mientras pensaba en Joe Behm. Este terrible vacío debió ser lo que el experimentó. Qué niña insensible había sido. La vida en esa perpetua sombra, privada para siempre de la calidez que significaba Ski, parecía un castigo a su insensatez, a su crueldad. ¿Pero cómo sobreviviría?

"¿Me verás esta noche —una última noche—?" le suplico Ski.

Sylvia agachó la cabeza, sin poder hablar. Pasaron dos semanas, cada noche, "la última". Los dos estaban más enamorados que nunca, una clase de amor frenético, devorador. Después, una tarde, un mensajero vino a la clase de francés de Sylvia. El Padre Nadeux quiere verla inmediatamente en su oficina.

Sylvia había tomado clases de teología y de matrimonio cristiano con el padre dominico. Una vez, en forma traviesa, ella había escrito con garabatos, "No dejes que esto te lleve a concepciones falsas", en un libro de texto escrito por el profesor —sabiendo todo el tiempo que él la estaba viendo—. El padre Nadeux se había divertido en lugar de enojarse. Desde entonces, Sylvia siempre había sido especial para aquel padre gordito y bondadoso quien siempre la alentaba y estimulaba. Mientras entraba a su estudio de techo alto, mentalmente revisaba su conducta escolar. Desde que Ski había entrado en su vida, las travesuras que habían marcado su carrera en el colegio habían cesado. ¿Qué podía haber hecho esta vez?

El Padre Nadeux no la tuvo mucho tiempo en suspenso. Apenas se estaba sentando frente a él cuando ya había comenzado a hablar. "Tengo una carta de una señora Stemkowski. Alguien le ha informado que su esposo está involucrado con una de nuestras alumnas. ¿Tienes alguna idea de quien pueda ser?"

"Soy yo, Padre".

El sacerdote se volteó inmediatamente, mirando ausente a través de la ventana el verdor de la primavera —retoños de flores y arbustos por todos lados—, "¿Lo amas?"

"Más que a nada en el mundo".

Suspirando se volteó hacia ella. "Eso lo hace más difícil. Tú sabes, por supuesto, lo que tienes que hacer".

"Padre, no puedo renunciar a él, lo he intentado, pero no puedo".

"Tienes que hacerlo, Sylvia. Eso lo sabes". El sacerdote la conocía bien. "Yo sé que encontrarás la fuerza necesaria".

Sus palabras sonaban como un eco extraño. Sylvia podía escucha a la abuela Ada poco antes de su muerte decir, "Dentro de tu debilidad, descansa tu fuerza durmiendo". ¿Qué significaba eso? Abuela, gritó en su interior, ¿Dónde estás? ¡Explícamelo! ¡Ayúdame!

Sylvia abandonó la oficina sin decir una palabra. En algún lugar las monjas cantaban, "Señor ten misericordia, Señor ten misericordia". ¿Qué podían saber ellas? Pensó con amargura. Ninguna de ellas podía jamás haber tenido a alguien como Ski en su vida, alguien tan guapo y con gran sentido del humor, tan tierno y poético. Amarlo era una adicción. El la había hecho sentir como una mujer, la más hermosa y deseable de las mujeres en el mundo. ¿Cómo podía renunciar a eso? ¿Acaso alguien podía estar tan herido como ella y no morir?

"Por cada herida hay una razón —una razón para crecer y comprender—". Las palabras llegaron en un instante, provenían de Francine, pero ¿qué tan buenas podían ser? La vida de Francine en la tierra había terminado, su propia vida apenas comenzaba. Los años por venir le parecían a Sylvia un erial vacío.

Sacudió la mano sobre su hombro derecho en un gesto usado desde que era niña para sacudirse a Francine. "Estoy cansada de las trivialidades de tu mundo espiritual. Vete a hablarle a alguien más".

"No me van a oír"

"Porque no están locos".

"No comiences con esa noción de 'loca" otra vez".

"¿Conoces a alguna persona que en su sano juicio hable con espíritus?"

"Siempre preguntas eso cuando estás sobre excitada".

"¡Sobre excitada! ¡Me quiero morir!"

"No te vas a morir", le dijo Francine y después se quedó en silencio. El diálogo interno había terminado.

Más tarde en casa, Sylvia llamó a Ski. Le dijo lo de la carta y describió la conversación con el Padre Nadeux.

"Tengo que verte", le suplicó él.

"No, no más. Nunca más", se obligó a decir y luego colgó el auricular antes de que él pudiera protestar.

Sylvia se rehusó a tomar llamadas de Ski, temiendo el efecto de su voz en su dudosa resolución. Al tercer día, una monja la mandó llamar a la clase. "Tú sabes que esto es en contra del reglamento", le recordó a Sylvia, "pero dado que tu primo está en camino a Corea y sólo va a estar en la ciudad por unas horas, decidí hacer a un lado las reglas". Ski se encontraba parado detrás de la monja en la entrada, la cara pálida, los ojos hundidos.

"Nadie me va a creer esto", le dijo Sylvia cuando la monja se alejó. "Ella es a la que llamamos la dama de hierro. Debes haberla seducido con tus encantos".

"Quizá pudo sentir lo desesperado que estoy. Tenía que verte. Las clases han terminado. Tengo que decidir lo que voy a hacer —quedarme o regresar—".

"Tu conoces la respuesta", le dijo ella, empujándolo con todas sus fuerzas y echándose a correr de regreso a su salón de clase.

Hubo una última llamada de Ski. Celeste había contestado el teléfono. Después de escucharlo le paso el auricular a Sylvia. "Creo que te interesa tomar esta llamada", le dijo. La noche siguiente Sylvia llevó a Ski a la estación de autobuses. "Cuando esta vida se acabe, me voy a reunir contigo en la segunda estrella a la derecha", le dijo él, mientras se bajaba del automóvil.

"Es una cita", le contestó Sylvia tratando de sonreír.

"Quizá si esta reconciliación no funciona, yo podría. . . . "

Ella agitó la cabeza. Las falsas promesas caían sobre ellos como globos perforados. Eso no servía. Habían estado cinco meses juntos. Sylvia sabía que era todo lo que ellos iban a tener. Quizá Ski también lo sabía y quizá en algún otro nivel él sabía todavía más.

Justo antes de abordar el autobús, se volteó hacia ella y le dijo, "Escríbeles a los Brown".

"¿Cómo?" exclamó con sorpresa. "¿A cuáles Brown? ¿Qué quieres decir?"

"No lo sé", contestó, mirándola con desconcierto. "Me vino a la cabeza de repente, debe ser de alguna canción o algo". Después subió al autobús. El último pasajero en abordar.

El camión inició la marcha y lentamente comenzó a moverse hacia adelante. Ski estaba tratando de abrir la ventana pero parecía atorada. Sylvia corriendo desesperada a un lado del autobús. Finalmente, Ski logró abrir la ventana y ella alargó los brazos para tocar su rostro. Ski le besó las palmas; ella pudo sentir sus lagrimas.

Era el mes de junio, Sylvia tenía 19. En una semana se iba a graduar del colegio, pero su mundo había terminado.

Crea un vacío e invariablemente algo lo llena. Como si la partida de Ski no hubiera sido suficiente, Sylvia siempre parecía estar buscando aumentar su dolor. Quizá era una deseo secreto de castigarse, la necesidad de flagelarse aún más por sus pecados reales o imaginarios. O posiblemente se trataba de un deseo perverso de avivar las sensaciones adormecidas. Cualquiera que haya sido la causa latente, la auto-crítica de Sylvia tomó la forma de miedo. Las clases del colegio sobre psicología anormal habían abierto la caja de Pandora de las dudas. De acuerdo con los libros de texto, había siete niveles de comportamiento anormal. Sylvia tenía por lo menos cuatro. Su mente ágil brincó a la peor conclusión posible.

Era esquizofrénica. Después de todo, aquellos con ese desorden oían voces y veían visiones. Estaba poseída con recuerdos de la vecina loca que trató de matarla cuando era niña. Una y otra vez veía la golpiza de Brother, un cuerpo ensangrentado. ¿Cómo una maniática en potencia podía siquiera considerar trabajar con niños?

Antes, divertida con Joe y su constante plática acerca del matrimonio y más tarde con su apasionado romance con Ski, Sylvia había estado en condiciones de alejar aquellos pensamientos horribles de su mente, Ahora, con su vida entera enfocada en el aprendizaje, las dudas virtualmente la paralizaban.

La enseñanza siempre había sido algo natural en Sylvia. Desde su infancia, sus juguetes favoritos eran gises y pizarrones. El jugar a la escuelita era un bello recuerdo. Disfrutaba "enseñando" a cualquiera que pudiera acorralar. Cuando había entrado al colegio, nunca había tenido dudas acerca de lo que estudiaría. En cuanto a su vida paranormal, la abuela Ada la había alentado. "Serás una maestra muy fina, Sylvia, una inspiración", le dijo muchas veces. Desafortunadamente, cuando Sylvia había alcanzado su clase de psicología anormal, Ada se había ido.

"¿Cómo puedo enseñar a niños si tal vez estoy loca?" le preguntaba casi frenéticamente a cualquiera que la escuchara. Nadie la tomaba en serio. "Por supuesto que no estás loca", respondían invariablemente sus amigas, sorprendidas de que incluso ella considerara esa posibilidad. Después habían cambiado el tema por el de sus vidas amorosas. "¿Qué dice Francine acerca de Dave?", le preguntaban, o "Hay este muchacho nuevo que. . . . " Celeste y Bill, ocupados como siempre con su propio drama, lo negaban ausentemente, asegurándole a Sylvia que estaba completamente sana de la mente y sugiriéndole que se olvidara de enseñar por un año y se dedicara a pasarla bien. Después, ellos regresaban a sus riñas.

Finalmente Sylvia llevó el problema a su doctor familiar y después a su sacerdote. ¿Qué había sobre los niños, sus alumnos. Acaso podía ella lastimarlos en alguna forma? Ambos hombres estaban convencidos de que esto no era posible; sin embargo, ante su insistencia, la refirieron a un psiquiatra. Este especialista interrogó a Sylvia extensamente y la sometió a una serie de pruebas. Por fin, respondió, "Veo a una mujer joven que tiene una gran devoción por su familia y un gran deseo de agradar. ¿Eso es malo? Difícilmente, siempre y cuando ella no se olvide de agradarse a sí misma".

Sylvia suspiró con exasperación y alivio cuando el doctor concluyó, "Usted es normal, pero algo paranormal está ocurriendo". Ella sabía eso.

Una vez más, Francine no salió en su ayuda, rehusándose a hablar siquiera sobre la salud mental de Sylvia. "Por supuesto, debes enseñar. Será una parte muy importante de tu entrenamiento". Fue todo lo que ella diría. Con frecuencia, cuando Sylvia sacaba a flote el asunto de su salud mental, Francine desaparecía, como si se molestara.

Finalmente, con inquietud considerable, Sylvia hizo arreglos para una entrevista con la Hermana Regina Mary, directora de una pequeña escuela parroquial. En menos de una hora ella salió con la promesa de un contrato. Sylvia sería la única maestra laica en una facultad compuesta por puras monjas.

En septiembre de 1956, un mes antes de cumplir 20 años, Sylvia inició su carrera docente. Era su primer trabajo como maestra o como lo que fuera, ella jamás había trabajado antes y estaba aterrada. "¿Les voy a caer bien a los niños?" le preguntaba a Francine una vez más mientras manejaba a la escuela el primer día.

"Por supuesto que sí", el espíritu replicaba en su estilo formal. "¿Qué no has pasado años preparándote para esto?"

El recordatorio fue de cierta ayuda. Sylvia estaba comenzado a temer que todos sus esfuerzos del pasado hubieran estado mal encaminados. Se había vestido con cuidado esa mañana, descartando varias opciones antes de seleccionar un traje de lana con una falda pegada y un saco Chanel suelto. Silvia había alcanzado su estatura completa de 5'7" y era suficientemente delgada para haber sido modelo si lo hubiera deseado. Después de la partida de Ski, se había cortado la larga melena pelirroja que el tanto había admirado en un gesto de independencia. Al salirse del auto, con su caballete de lectura y su portafolios vacío, nerviosamente se arregló su peinado de cola de pato. Dentro de la escuela, 55 estudiantes la esperaban. El impacto a primera vista fue palpable mientras entraba al salón asignado y cuidadosamente acomodaba su caballete, agradecida por tener algo detrás de que esconderse.

"Voy a ser su maestra durante este año", anunció, y después se volteó al pizarrón para escribir su nombre en letras de molde grandes. "Sylvia Shoemaker". Un niño en la fila de enfrente se río disimuladamente. Sylvia volteó. "¿Y ahora que pasa, de qué te ríes?

"De nada"

"De verdad me gustaría saberlo", insistió.

El pequeño se rió nuevamente, mirando alrededor, buscando apoyo en sus amigos. "Es que me pregunto si su padre hace zapatos (Shoemaker significa fabricante de zapatos en inglés)".

Sylvia suspiró y luego preguntó, ¿"Cuál es tu nombre?"

"Ronald Necessary".

Contuvo un suspiro de alivio pensando que Dios estaba realmente con ella en eso. "No, Ronald, mi padre no hace zapatos", contestó, "pero veremos antes de que termine el año qué tan necesario eres en esta clase". Los otros niños se rieron a carcajadas. Un punto a favor de Shoemaker y cero para el peleón de la clase.

Además de sus esfuerzos tradicionales de enseñanza, algunas veces Sylvia sostenía el cesto de basura para que los niños lanzaran la basura y ocasionalmente les jalaba los dientes. Los enseñó a cerrar sus ojos y a visualizar lo que ellos quisieran ser y diariamente les decía cuánto los amaba.

Ninguno de los niños jamás parecía pensar que era extraño que su maestra supiera que estaban enojados, tristes porque no habían desayunado o habían presenciado un argumento violento en casa u oído por casualidad a una hermana mayor anunciar entre lágrimas que estaba embarazada. Nadie dijo jamás "¿Cómo lo sabe? Cuando la maestra los llevaba a un lado para tranquilizarlos con una pequeña charla. Simplemente daban por hecho que la Señorita Shoemaker lo sabía todo.

Un viernes ya muy tarde, en noviembre, Sylvia estaba sentada en su escritorio corrigiendo trabajos. Con un suspiro de felicidad, puso el último papel a un lado y se recargó en el respaldo revisando todo el salón. La clase localizada en el sótano del edificio era la menos deseable de la escuela, pero era *su* salón y a ella le encantaba. Además, ella lo había puesto tan brillante y acogedor, adornado con calabazas y hojas de otoño, que difícilmente alguien podía darse cuenta que no tenía ventanas. La confianza de Sylvia iba en aumento. Algo del brillo de la maestra de charol, comenzaba a salir y el entusiasmo había perdurado.

"¿Qué piensas abuela?" preguntó en voz alta. No hubo respuesta, pero Sylvia sintió que la envolvía un calor tibio. Con gran felicidad recogió sus cosas y con cuidado cerró la puerta con llave al salir. Esa noche saldría con su amiga, Maggie; iban a cenar y al cine.

A la mañana siguiente sonó el teléfono. Era la Hermana Regina Mary. Sylvia contuvo el aliento llena de miedo. La directora de la escuela nunca llamaba los fines de semana. Tenía que haber hecho algo terrible, ¿pero qué?

"¿Está todo bien?", preguntó con esfuerzo.

"Bueno, sí y no", contestó la monja.

Es mi forma de enseñar, pensó Sylvia, sintiendo como regresaban sus temores antiguos. Unas pocas semanas de estudiar pedagogía sencillamente no la habían preparado para la responsabilidad de una clase completa. ¿Cómo podía haber imaginado que todo estaba saliendo tan fácil?

"Dígame de que se trata", le dijo tímidamente.

"No sé como empezar . . ."

"Por favor Hermana", le pidió Sylvia.

"Espero que no piense que estoy loca", dijo la Hermana Regina Mary en tono de disculpa, "pero acaba de pasar una cosa muy extraña".

"¿No me lo va a decir, Hermana?"

Como pudo, la mujer comenzó a explicar. "Llegué a la escuela esta mañana para terminar algunos reportes. Naturalmente, la escuela estaba desierta. Me encontraba en mi oficina trabajando cuando de pronto escuché un ruido abajo. Sabía que yo era la única que estaba ahí y no podía imaginar siquiera que alguien hubiera podido entrar sin que sonara la alarma".

Aliviada, Sylvia no pudo evitar sonreír mientras pensaba en la escuela, una verdadera fortaleza. La monja continuó, "Mientras más escuchaba, más me parecía que alguien estaba caminando, de modo que tomé mi crucifijo y me aventuré a la planta baja".

Sylvia sonrió nuevamente. "La planta baja" era un eufemismo para describir un sótano lleno de tubería con un gran horno. "La puerta estaba abierta, lo cual era muy extraño porque se espera que todas las maestras cierren con llave sus salones antes de retirarse".

"Oh, sí lo hice, lo hice, recuerdo haber cerrado con seguro", interrumpió Sylvia.

"Sí, yo sé que usted lo hizo", dijo la Hermana Regina. "Siempre reviso todo antes de irme. Su salón estaba propiamente cerrado anoche, pero apenas hace unos minutos la puerta estaba completamente abierta y en medio del salón había una anciana".

"¿Qué estaba haciendo ahí?" preguntó Sylvia, intrigada.

"Nada, sólo mirando alrededor. Le pregunté si podía ayudarla y me dijo, 'No, nada más dígale a Sylvia que quiero que sepa que pienso que lo está haciendo muy bien. Sólo pase por aquí para dar una mirada a su salón' ".

"¿Le preguntó su nombre?" dijo Sylvia suavemente.

"Sí, pero todo lo que ella dijo fue, 'Olvídelo, ella lo va a saber'. Tuve que subir a contestar el teléfono y cuando regresé, se había ido. No hay forma de que pudiera haber entrado o salido sin que yo la viera o sin que sonara la alarma. No me importa decírtelo Sylvia, sólo que no sé que hacer con esto".

"¿Cómo era la mujer?" preguntó Sylvia, sintiendo un estremecimiento.

"Medía como 5'7", con el pelo totalmente blanco, peinado al estilo

Gibson Girl. Llevaba puesto un vestido azul marino y olía a lavanda. La esencia permanecía en el salón después de que ella se fue. La conoces?"

"Sí".

"¿Qué significa esto Sylvia? ¿Quién era?" la directora había adoptado un tono severo.

"Mi abuela".

"¿Pero cómo entró y salió?"

"Fue fácil para ella".

"¿Qué quieres decir?"

"Ella está muerta".

"Ya veo". Abruptamente la monja cambió la conversación a cosas más triviales de la escuela y después colgó rápidamente. Nunca más se habló del incidente.

La visita de la abuela Ada fue un punto crucial en la vida profesional de Sylvia. Fue la afirmación de que ella estaba, de verdad, en el lugar adecuado, en el momento preciso y haciendo lo correcto. Nunca más volvería a dudar de su cordura.

❧ ❧ ❧

CAPÍTULO CUATRO
Dolores de crecimiento

Sylvia se reía muy fuerte y lloraba. Lloraba muy fuerte y se reía. Decidida a olvidar a Ski, desbordó su energía en la enseñanza, en fiestas, en lecturas. Nada le ayudaba. No era suficiente. Nada era suficiente.

Un día una monja, una de sus colegas en la escuela, le pidió una lectura. Esto no era nada nuevo. Inadvertidamente Sylvia había revelado su don en la preparatoria cuando, psíquicamente consciente de que una maestra estaba afligida por la pérdida financiera de su familia, se le había acercado para tranquilizarla. La palabra comenzó a correrse entre las hermanas hasta que eventualmente todas ellas la buscaban.

Pero esta vez se trataba de algo diferente. La monja, quien se le acercó indecisa andaba en sus 50s. "¿Me podrías decir cómo hubiera sido mi vida si no me hubiera convertido en una monja?" le preguntó. "Había un hombre. Lo amaba mucho, pero . . . "

Con los ojos de la mente, Sylvia obtuvo una imagen clara de un hombre muy guapo y fuerte de alrededor de 20 años. "El también te amaba, pero había mucha presión por parte de tu familia. Tu simplemente no estuviste en condiciones de enfrentarlos".

La monja agachó la cabeza. "Así es. En aquel tiempo, sentí que no había nada que pudiera hacer, pero ahora, algunas veces pienso en él y me pregunto . . . "

Sylvia la abrazó espontáneamente. "Por supuesto que sí, pero temo que no puedo decirte nada acerca de cómo hubiera sido tu vida. Lo que yo leo son planos. El tuyo era el de ser una monja y estás siguiendo esos trazos. No hay nada más que leer. La vida que estás llevando es la única que siempre tuviste la intención de llevar".

Después de que la hermana se había ido, Sylvia se sentó por largo rato especulando con su propio plano. Por un corto período de tiempo Ski había sido su vida entera. Lo amaba ahora más que nunca pero había aceptado el hecho de que nunca podría ser suyo. Sylvia llevaba luto por su amante como si se hubiera muerto; en realidad, él estaba muerto para ella. Adoraba dar clases y ahora se sentía orgullosa de saber que era buena maestra, pero no era suficiente, no importaba qué tanto de sí misma dedicara a su carrera, nunca sería suficiente. Permanecía un enorme vacío. Su vida carecía de propósito.

Esa noche Sylvia llamó a su sacerdote, el Padre O'Cannon, e hizo una cita. Los dos hablaron por horas. "Quizá la razón de que, conociendo el amor de Ski y sin embargo fuiste lo suficientemente fuerte para renunciar a el, es porque tenías la intención de convertirte en monja", le sugirió.

Sylvia, recordando su fascinación infantil por la vida religiosa escuchaba atentamente. A través de todos sus años pasados la iglesia había sido un refugio proporcionándole consuelo y retiro del constante caos de su casa. Pocas semanas después, sin hablar de sus planes con nadie. Sylvia se reunió con el Padre O'Cannon y le pidió ingresar a la orden Franciscana.

Las formalidades durarían seis meses, se le informó. Sylvia continuaría su vida sin ningún cambio. "Es la única manera en la que puedes estar verdaderamente segura que la vida del convento es para ti", le había asegurado el sacerdote. Desde la partida de Ski, Sylvia había salido con un sinnúmero de muchachos y finalmente con uno especial, John Elwood.

John era como un oso de peluche grandote y gentil quien se asignó a sí mismo la tarea de sanar el corazón roto de Sylvia. Una noche, mientras tomaban te, el sacó a colación el tema de Ski. "Sé lo que pasó", le dijo "y me he hecho el propósito de saber más acerca de ti".

"¿Por qué?" le preguntó ella, mientras sus grandes ojos cafés estudiaban su rostro.

"Porque me importa", contestó, encontrando su mirada. Fue ella quien desvió sus ojos.

"No importa, cielo, yo estoy aquí para ayudarte a superarlo", le aseguró John. Al fondo, tocaba un disco. Billie Holiday estaba cantando, "Y quizá algún día un bebé subirá sobre tus rodillas . . . " Sus manos alcanzaron las de ella y la atrajo hacia él.

Estuvieron así durante lo que parecieron horas. Ella se sentía tranquila y consolada, tal y como un bebé. Era maravilloso. Finalmente, John rompió el silencio. "La única cosa es que no sé si estoy listo para ese trance de cosas que tu haces".

"Ay, caramba", dijo ella y comenzó a retirarse, recordando a Joe Behm. A Sylvia le gustaba hacer lecturas y no pensaba renunciar a ellas otra vez.

"No me importa la cuestión psíquica. Se trata de Francine. No creo que me gusta la idea de que dejes tu cuerpo y otra persona se meta en él y hable a través de ti. ¿Cómo voy a saber quién es quien?"

Aliviada, Sylvia se rió. "Lo sabrías. Está bien, Francine es muy diferente de mí, muy independiente. Los hombres no son tan importantes para ella".

"Ah, una de esas lesbianas. Un espíritu lesbiano, es intrigante".

"No, no es así, ella está mucho más allá de eso. Hay una entidad masculina en su vida, pero ella tiene su propia personalidad —si es que puedes decir eso acerca de un espíritu—".

"Pero de todas maneras no me gusta la idea de que nomás venga y se posesione de ti".

"Eso sólo pasó una vez", le explicó Sylvia, "El departamento de psicología de la Universidad de Kansas City estaba ofreciendo una clase especial de hipnotismo. Yo me inscribí por curiosidad. Durante una demostración, caí en trance y Francine tomó control. Fue su manera de mostrarme de lo que se trataba un trance. Nunca ha vuelto a ocurrir. Lo último que ella quiere es dominarme y nunca, nunca, haría trucos con nadie".

Los temores de John se calmaron y los dos establecieron una relación sencilla y placentera. Algo del dolor conectado con Ski se había reducido a un torpe malestar que algunas veces podía ser olvidado. A Sylvia le encantaba ser maestra y en pocos meses se convertiría en monja. Mientras tanto, John era una agradable compañía. A pesar de su manera sencilla, el nuevo amigo de Sylvia era muy sofisticado e intelectual. Ella lo encontró muy diferente de Ski o de los muchachos de Rockhurst con los que había salido por años y eso aumentaba su encanto. Graduado de Princeton, John estaba terminando su período en el ejército, ocupado solamente con papeleo. Provenía de una familia rica e imaginaba un futuro deslumbrante que no incluía Kansas City.

Su romance tenía un cierto encanto agridulce, como el de "dos barcos que se cruzan en la noche", es decir, individuos que raramente están en el mismo lugar al mismo tiempo y es que aunque diferentes, reían y coqueteaban mucho, Sylvia se rehusaba a tomar algo de eso en serio. Se sorprendió, por tanto, ante la obvia tristeza de John cuando terminó su servicio militar y se preparaba para regresar a Peru, Indiana. "¿Me vas a escribir, verdad?" le pidió el. "No vas a hacer nada absurdo como comprometerte con alguien más, ¿verdad? ¿Me vas a dejar venir a visitarte para Thanksgiving?"

"Sí. No. Sí", le contestó ella, todavía riendo, pero un poco desconcertada ante su inesperado ardor.

John se fue y Sylvia se encontró a sí misma extrañándolo mucho más de lo que había anticipado. Esperaba con ansias sus cartas y las contestaba inmediatamente. Algunas veces pensaba en la clase de vida que podrían tener juntos. Un hombre que la amaba. Niños propios —eran definitivamente consideraciones válidas que merecían ser sopesadas en contra de las ventajas de la vida del convento—. Más que nada, Sylvia quería estabilidad y seguridad. ¿Matrimonio o convento? Una vez más surgía en su vida la dolorosa incertidumbre; la necesidad de decidir de una vez y por todas cobraba importancia mientras se acercaba su cumpleaños número 21.

Unas semanas antes, Sylvia se había enterado psíquicamente de que sus padres estaban planeando una fiesta sorpresa. Ella se propuso evitarlo haciendo planes para ese mismo viernes por la noche, pero cuando llegó ese día y regresó de la escuela, la casa estaba callada. Finalmente sin poder contener el suspenso le preguntó a Celeste, "¿Qué pasó con mi fiesta?"

Su madre se quedó boquiabierta, medio molesta, medio asombrada, tal y como reaccionada muchas veces durante los años pasados. "¿Es que no podemos mantener nada en secreto? Tuvimos que posponerla hasta mañana por la noche".

Con incertidumbre, llamó a su amiga Maggie. "¿Qué podríamos hacer esta noche?"

"Yo tengo una cita", le dijo Maggie. "Jerry finalmente me pidió que saliéramos juntos".

"¿Jerry, el policía? ¿De quien has andado atrás por meses?"

"El mismo. Qué tal que le llamo y le pregunto si tiene un amigo".

"¿Una cita a ciegas? No lo creo. Ando saliendo con John y además, soy casi una monja".

Las dos se rieron, dándose cuenta que tan desaforadas se oían. "De verdad que me encantaría que vinieras", insistió Maggie. "Estoy terriblemente nerviosa y el tenerte ahí realmente me ayudaría. Vamos a estar juntas e incluso si no te gusta el amigo por lo menos podemos divertirnos saliendo a algún lado. ¿No quieres quedarte en casa en tu cumpleaños, verdad?"

Sylvia no quería y Maggie le llamó a los pocos minutos para anunciarle que Jerry, de verdad, tenía un amigo. Los dos oficiales tenían la noche libre a partir de las nueve; Sylvia, sintiéndose todavía aprehensiva, fue con Maggie a encontrarlos en la estación de policía.

Gary Dufresne tenía rasgos agudos suavizados, en opinión de Sylvia, por unos ojos azules intensos. No estaba mal en realidad para una cita a ciegas, concluyó. "Soy Sylvia Shoemaker", se presentó, agregando ante su silencio, "Soy maestra de una escuela primaria".

Maggie había olvidado las presentaciones, también había olvidado su promesa de permanecer juntas. "Jerry y yo nos vamos en su auto y nos podemos encontrar en algún sitio", anunció.

Gary sonrió por fin, una sonrisa bastante agradable, pensó Sylvia. El la tomó del brazo mientras caminaban hacia su auto. Ella se sentó muy lejos, de pronto, recordando las repetidas advertencias de su padre de que los policías "no eran buenos". Te pueden violar y nadie puede hacer nada. Como si leyera sus pensamientos, Gary dio la vuelta en un callejón obscuro y se estacionó.

Sylvia se puso tensa, su mano asió la manija de la puerta, pero Gary simplemente se salió del auto, camino alrededor y le abrió la puerta. Juntos, se encaminaron por el callejón hacia lo que parecía ser la entrada trasera de un bar, primero Sylvia.

Que alivio encontrar a Maggie y Jerry ya sentados en el bar. Hubo un poco de conversación trivial y después un momento de calma, Gary rompió el silencio. "Ahora, señorita Sylvia Shoemaker, maestra de escuela primaria, si estuviéramos solos me gustaría preguntarte acerca de ti".

Sylvia vaciló, pero no Maggi, quien explicó, "Es parte judía y católica y puede decirle a la gente su futuro".

Una vidente ¿ajá? Dijo Gary. Miró a Sylvia especulativamente y después agregó. "Nunca he puesto mucha atención en los católicos, ni en los judíos tampoco".

Repentinamente Sylvia se alejó de la conversación, fue algo breve, una asociación sencilla y recorrió con la mirada el lugar. Era corriente y estaba descuidado. Sintió una ola de miseria y soledad, Sylvia estaba recogiendo vibraciones otra vez y eran terribles. El siguiente incidente no contribuyó para nada a aliviar su depresión.

Hubo una conmoción al fondo del cuarto. Gary se paró de un salto y corrió hacía el sitio del escándalo. Alguien se había caído de una caseta de teléfono. Al aproximarse, el hombre que estaba en el suelo agarró a Gary de los pies pero éste inmediatamente le apuntó con su pistola. "Levántese y lárguese de aquí", le ordenó. Sin titubear el hombre se paro y salió disparado del bar.

"¿Siempre cargas una pistola, aun cuando no estás trabajando? Le preguntó Sylvia.

"Siempre".

"¿Por qué la sacaste justo ahora?"

"Para asustarlo". El tono de impaciencia de Gary indicaba que no quería seguir hablando de eso. Sylvia se sintió aliviada momentos después cuando él sugirió que se fueran. Las dos parejas se separaron. Sylvia y Gary regresaron al auto en silencio. "¿A dónde?" preguntó él. "Llévame a la estación; mi auto está cerca de ahí".

"¿No andas mucho por ahí verdad?"

"No, no se supone que deba andar por ahí".

Ninguno de los dos dijo nada más hasta que llegaron y el quitó los seguros. "Qué tal si salimos alguna de estas noches?"

"Claro", contesto Sylvia aunque no tenía ninguna intención de volver a verlo. Se sorprendió ante esta sugerencia, parecía obvio que ella no era su tipo. Lo único que ella deseaba era terminar esa noche lo más rápido posible. Explicaciones o argumentos la hubieran prolongado.

"Quizá es la forma de ser de los policías, impredecibles", sugirió Maggi al día siguiente, agregando, "¿Y qué piensas de Jerry?"

"No importa", contestó Sylvia. "El no es para ti".

"Ahora te oyes como mi madre".

Sylvia se encogió de hombros. "Lo siento", le dijo. "Tengo que decirte lo que veo. Jerry está bien, pero sólo estará por un corto período de tiempo en tu vida. Hay alguien más, todavía no lo has conocido". Ella fue más allá al describir a un hombre pelirrojo con cabello abundante con quien eventualmente se casaría. "Está en el ejército. Lo vas a conocer dentro de un año; seis meses después te vas a casar".

"¿Y qué hay sobre ti?" la retó Maggie.

"Si sólo lo supiera. Mientras más enseño, mientras más me mantengo rodeada de niños más me gusta la idea de tener los míos propios. Pero después pienso en la iglesia, en la paz, la maravillosa tranquilidad que ofrece. ¿Quién puede decir algo sobre el matrimonio? ¿Y si termino como mi madre?"

"Pienso que Francine bien podría ayudarte un poco con esto"

"Ella no es una ayuda para nada. Lo mejor que puedo obtener de ella es el saber que mi destino ya está trazado en un plano y sólo tengo que seguirlo. "¿Qué tan bueno es un mensaje como ese?"

Mientras Sylvia se rompía la cabeza sobre su futuro, las cartas de John seguían llegando con regularidad. También había llamadas de teléfono frecuentes. Sylvia encontraba su voz profunda muy tranquilizante, tan relajante, reflexionaba, como los cantos Gregorianos.

Se acercaba octubre. Era la noche de Halloween y Sylvia estaba lista para algo emocionante. Cuando el teléfono sonó, era Gary, invitándola a salir a cenar tarde esa noche.

"¿Por qué no?" Se sorprendió ella misma al responder con tanta naturalidad, pero tuvo que colgar porque los niños comenzaron a llegar por dulces. Unos minutos después ella lo llamó. "Lo lamento mucho, pero mi tía que está de visita se acaba de romper una pierna. Tengo que llevarla al hospital".

"Qué pena", dijo él. "Realmente tenía muchas ganas de verte".

"Lo siento", dijo Sylvia, "quizá en otra ocasión". Pero deseó que nunca hubiera otra ocasión. Esa noche fue con Maggie a ver una película de terror. "Gary llamó poco después de que se fueron", les informó la mamá de Maggie cuando regresaron. "No tenía idea que le habías mentido Sylvia. Naturalmente, cuando me preguntó dónde estaban ustedes, se lo dije. La verdad, pienso que deberían hacer algo mejor en lugar de contarle esas ridículas historias a un policía".

"Nunca le miento a nadie. Odio las mentiras. Fue estúpido de mi parte y nunca lo volveré a hacer", dijo Sylvia y estaba decidida a hacerlo.

El incidente no fue el final de Gary. Para su sorpresa, llamaba una y otra vez. La cuarta vez ella accedió pero insistió en que Maggi los acompañara. El pequeño disgusto de Gary fue un insulto apenas disimulado y esta vez Sylvia estaba segura que sería la última vez que lo vería.

La noche anterior a Thanksgiving llegó John. El habló con Sylvia sobre su futuro en la iglesia —ella no vio razón para mencionarle a Gary—. John tenía suficiente preocupación con su idea de ser monja.

Sylvia escuchaba con interés mientras John le hablaba de su regreso a la vida civil. "Mi madre me persuadió de que pasara el invierno con ella. He estado lejos mucho tiempo y con la ausencia de mi padre, ella está muy sola", le explicó John. A finales de primavera se iría a vivir a

Chicago para iniciar su carrera como ejecutivo de la compañía aseguradora de la familia.

"Chicago es un lugar muy excitante; incluso han escrito una canción sobre la ciudad", le recordó a ella antes de irse al siguiente domingo. Sylvia le prometió pasar la Navidad con él y su familia en Indiana.

ᏔᎧᏩ

Cuando el joven oficial de policía pasó inesperadamente a su casa después del trabajo, Sylvia se dio cuenta de que Gary no era el tipo que se desalentaba fácilmente. Aunque exasperada al principio, comenzó a esperar sus visitas cuando descubrió que debajo de su exterior lacónico y su personalidad seca, sin mucho sentido del humor, había una mente muy ágil. Gary y sus amigos eran mayores, tenían más mundo que los hombres que había conocido. Su mundo de policías y ladrones era nuevo y emocionante para ella. Cuando dos semanas enteras se pasaron con apenas algunos pensamientos fugases para Ski, Sylvia comenzó a tener esperanzas de superar su dolor.

Los días volaban, la Navidad se aproximaba y con ello su promesa de viajar a Indiana. Sylvia, viajando sola por vez primera, sentía un rubor anticipado mientras abordaba el tren. Todavía era la época de los autos lustrosos con madera y porteros en uniformes blancos almidonados. A pesar de cierta inquietud acerca de la familia de John, se sentía muy sofisticada en su traje nuevo. En una de las pocas intuiciones significativas que Sylvia llegó a tener sobre su persona, recibió una clara imagen de una madre protectora y dos hermanas excéntricas.

El tren llegó a Peru, Indiana, al obscurecer. El pueblo, cobijado por la nieve recién caída, parecía como una villa de cuento. John estaba esperando, rubicundo, sonriente, grande y cálido. "Apúrate, mamá nos está esperando para cenar", le dijo después de un caluroso abrazo. Se oía bastante animado.

Manejaron hacia los suburbios. "Esa es la casa de Cole Porter", le dijo John señalando la mansión, "y ésta es mi casa". Manejó a través de la reja de Hierro que flanqueaba la entrada de la igualmente impresionante mansión contigua. Mientras se acercaban, Sylvia miraba con asombro la magnífica fachada que se erguía ante ella. "¡Parece como *Dragonwick*!" exclamó, recordando una película gótica que había visto cuando niña.

La casa, con sus torretas, torres y sus extensos terrenos inclinados, era un monumento al dinero antiguo, Sylvia intentó no sentirse intimidada, pero lo estaba. La bienvenida extendida por la madre de John se añadía a su creciente incomodidad. "Señorita Shoemaker, es un placer el que nos haya hecho dignos de su presencia", dijo la señora Elwood, haciéndose un poco hacia atrás para examinarla.

Sylvia hacía esfuerzos por pensar en una respuesta apropiada y efusiva, pero no pudo. "Gracias", murmuró, extendiendo su mano como si cruzara un bloque de hielo hacia la señora Elwood. La madre de John era de estatura baja, robusta, con un estilo de peinado muy rígido y una boca delgada y fruncida. Tenía un aire de desdén en sus facciones, como si fuera a probar o a oler algo desagradable.

Las hermanas de John parecían reproducciones de su madre. El día festivo se alargó para Sylvia como una sentencia de muerte. "¿Te estás divirtiendo?", le preguntó John al día siguiente. "¿No son maravillosas?" Recibió una fuerte impresión cuando Sylvia sugirió que ella no le caía bien a su familia. "Ellas te quieren tanto como yo", insistió y honestamente parecía creerlo.

Después de cuatro días de confinamiento, Sylvia le insistió a John para que salieran solos. El aceptó con renuencia, pero su decisión flaqueó mientras miraba atentamente la cara de aflicción de su madre.

"Todo está bien", dijo la señora Elwood, su mano junto al corazón. "Váyanse solos. Voy a estar bien".

"¿Ocurre algo malo?" Preguntó John, inclinándose ansiosamente sobre la gran silla de brazos en la que estaba sentada.

"En realidad nada, sólo mi corazón. Me dio un vuelco, nada que deba preocupar a dos jóvenes. Yo estaré contenta aquí aunque completamente sola, sabiendo que ustedes se están divirtiendo".

"Es mejor que no vayamos", dijo John.

Sylvia no pudo soportarlo más. "Cualquier cosa que decidas está bien, pero yo me voy a caminar". Ya había cruzado la enorme puerta cuando John la alcanzó. La luz de la luna llena brillaba sobre la nieve. Era una noche sacada de un cuento ruso, pero la pareja apenas lo notó. La nieve crujía ruidosamente bajo sus pies —el único sonido—, ninguno de los dos podía encontrar las palabras para expresar su enojo. Finalmente, John comenzó un vacilante discurso sobre sus planes profesionales. Sylvia lo había escuchado todo antes pero ahora dudaba que él pudiera siquiera abandonar su casa. Ella respondía ausente, sabiendo que la mente de John estaba en realidad en el corazón de su madre, un órgano, que Sylvia sospechaba, duraría más que el suyo.

Sylvia no estaba en condiciones de dirigir su conversación a esa situación, tal vez ni siquiera lo intentó. Finalmente iniciaron el regreso a casa. Haciendo una pausa al cerrar la puerta, John le dio un beso de buenas noches. El se quedaba en la casa de su hermana casada porque la señora Elwood no consideraba apropiado que durmiera bajo el mismo techo de una dama soltera.

Sylvia corrió escaleras arriba hacia su cuarto, esperando evitar a la señora Elwood. Mientras se preparaba para dormir recibió una precognición. Vio a la madre de John organizando una fiesta sorpresa, durante la cual anunciaría el compromiso de Sylvia con su hijo. Sylvia nunca se había sentido menos centrada, ni más insegura. Sin ningún pensamiento adicional se encaminó al teléfono de arriba. Sus manos temblaban mientras marcaba el número de su casa. Fue su padre quien contestó.

"¿Cómo te sientes acerca de eso?" le preguntó después de haber escuchado la historia.

"Si alguna vez se me ocurrió la idea de casarme con John, ha desaparecido. Me casaría con su madre al mismo tiempo y probablemente también con las sangronas de sus hermanas".

"Entonces no hay nada que te detenga allá. Mientras más rápido te vayas, mejor. Tienes tu boleto de regreso". Protector como siempre ofreció, "Llamaré mañana a la estación para hacerte la reservación".

"Gracias, papi".

"¿De qué?"

"Por estar ahí". Estaba tratando de no llorar.

Un poco conmovido también, cambió la conversación. "Hablando de la gente que está aquí, Gary ha estado viniendo todas las noches desde que te fuiste".

"¿Y eso?"

"Vamos Sylvia, tu puedes imaginar por qué. El tipo está loco por ti".

"¡No me digas eso! Ya tengo suficientes preocupaciones aquí. ¡Me quiero ir!"

"Yo me encargo", le prometió.

Cuando Sylvia estaba colgando el teléfono, escucho un sonido de click. Estaba segura que la señora Elwood había estado escuchando. Se apresuró a regresar a su habitación con un sentimiento desagradable de haber sido espiada. Finalmente, después de permanecer acostada y despierta por horas, cayó en un sueño inquieto. Ya era avanzada la mañana cuando se despertó. Se vistió rápidamente para encontrar a John y a su madre esperándola en el comedor. Bastaba mirar sus rostros para comprobar sus sospechas; ellos estaban conscientes de sus sentimientos. "Me quiero ir hoy", les informó.

John bajó su taza lleno de frustración, pero antes de que pudiera decir algo, la señora Elwood habló. "Espero que no te molestes con tu madre, Johnnie. No fui yo la que te hizo enojar".

Eso fue suficiente para Sylvia; se dio la media vuelta intentando regresar a su cuarto, pero John se paró rápidamente y la alcanzó en un instante, atrayéndola hacia él. "Te amo", le dijo con una voz grave, suplicante. La mano de su madre se fue hacia el corazón.

"No suficiente —o no tanto—, me temo", dijo Sylvia, pensando en la señora Elwood. Soltándose, se encaminó al teléfono del vestíbulo y sin decir una palabra llamó a su casa. Una vez más su padre contestó. "Qué tan pronto puedo tomar el tren aquí" le preguntó.

"Hay una salida a las 6:45 esta noche. Llega alrededor de la medianoche. Te estaré esperando".

"Ahí estaré".

"¡Oh no, de ninguna manera! Tú no vas a ir a ninguna parte", le dijo la señora Elwood, con autoridad, ahora parada junto a ella.

Sylvia jadeó. "¿Qué quiere decir?"

"Exactamente lo que he dicho. Tú no nos vas a avergonzar ni a John ni a mi. Ha sido planeada una reunión. Todas nuestras amistades están invitadas. Yo espero que tú estés ahí".

"¡Estoy escuchando!" el padre de Sylvia gritaba en el teléfono. "Dile que si tú no estás en ese tren, voy a rentar un helicóptero y aterrizar en su maldita casa".

Sylvia no tuvo que repetir el mensaje, la señora Elwood pudo oír cada palabra. Su cara se puso pálida. "Johnnie se deshizo muy bien de ti", le dijo y se alejó inflexible.

"Espérame ahí, papa, ya voy a casa". Sylvia colgó el teléfono y corrió a empacar sus maletas. Apenas terminó de acomodar sus pocas pertenencias, cuando John tocó la puerta. Había sido este aire de gentileza que la había atraído al principio; ahora, pensaba que esa gentileza era posiblemente debilidad.

"¿Por qué no salimos a algún lado a comer?" le sugirió.

Sylvia asintió, pero insistió en llevarse sus maletas, no tenía ninguna intención de regresar a la casa de los Elwood. Manejaron por los extensos campos llenos de nieve durante horas antes de que John finalmente la llevara a la estación. La comida había sido un asunto incoherente. Lo único que John quería era que ella cambiara de opinión pero no había nada más que decir. Sylvia no necesitaba de sus habilidades físicas para predecir el futuro que podría tener con la señora Elwood como suegra. Más allá de eso, la imagen de John mientras atendía a su madre era una señal aún más fuerte de alerta. Sylvia sintió alivio cuando vio el tren esperando, estaba ansiosa por abordar.

John subió con ella y juntos caminaron atravesando carro tras carro, todos llenos de pasajeros navideños. Por fin, encontraron un asiento vacío cerca de una ventana. John puso su bolsa en el compartimento de arriba y se sentó sosteniendo las manos de Sylvia entre las suyas, "¿Fue por lo de la fiesta? Tal vez sólo sentiste que estaba muy apresurado", sugirió. Ella movió la cabeza tristemente, pero el ignoró el gesto. "Hablamos muchas veces sobre la vida que podríamos tener juntos. Tu sabes que yo te amo y pienso que me quieres también".

Los ojos de Sylvia se llenaron de lagrimas. "Es verdad, en cierta forma. Pero simplemente no pudo ser". El tren se sacudió bruscamente y comenzó a moverse. "Nunca te voy a olvidar John", le prometió. "Estuviste conmigo cuando más lo necesitaba. Siempre voy a recordar que tan buen amigo fuiste".

Con desgano, John se levantó y ella lo siguió. Ambos se abrazaron brevemente y después él salió rápidamente del tren en movimiento. Mirando a través de la ventana, lo vio saltar a la plataforma. El tren se movía rápido ahora. John se había ido.

Sylvia dejó de agitar su mano y se recargó en el asiento. Escuchó el chasquido de los rieles, un sonido muy reconfortante. Ski le había dicho adiós a ella; ella le había dicho adiós a John. Otro capítulo se cerraba. Afuera, la nieve caía pesadamente en contra de la obscuridad del cielo, pero el interior del carro se sentía cálido y seguro. Las presiones de los meses anteriores se desvanecieron. Un sentimiento de paz y confianza envolvió a Sylvia. Iba a casa. Este momento quedaría congelado en el tiempo, completo, y sería recordado siempre.

ॐ ॐ ॐ

CAPÍTULO CINCO
Siguiendo el plano

El tren de Sylvia se había retrasado por malas condiciones climatológicas. Media hora después de las tres de la madrugada, cuando finalmente entró a Kansas City, la estación estaba llena. Juerguistas celebraban el año nuevo por todos lados. Buscando ansiosa entre los muchos rostros, Sylvia descubrió casi inmediatamente a su padre, después a Celeste y detrás de ella a Gary.

"Cuando tu papá me dijo que venías a casa, pensé que era mejor encontrarte en el tren", explicó. "Tengo esta fiesta, me gustaría que fueras conmigo. Si me espero hasta mañana a invitarte, probablemente tengas algo más que hacer, como llevar a tu tía al hospital o algo así".

Sylvia hizo una mueca. Su padre contestó antes de que ella pudiera abrir la boca. "Por supuesto que va a ir".

"¿De verdad Sylvia?" insistió Gary.

"Claro, ¿por qué no?" Estaba demasiado cansada para responder a la vergonzosa burla.

Cuando llegaron a casa Sylvia estaba cabeceando. Fue Gary quien la despertó. "¿De verdad vas a venir? ¿No lo vas a olvidar o a cambiar de opinión otra vez?" Gentilmente la empujó para ayudarla a salir del auto.

Sylvia acordó adormilada, sus pensamientos estaban puestos en su cama. Había sido un día muy largo. "Lo prometo", dijo. En la puerta Gary le dio un beso rápidamente y se esfumó en el alba helada.

Esa noche, después de haber dormido la mayor parte del día, Sylvia se sintió como nueva y casi feliz. Se vistió con especial cuidado. Un vestido de seda negro muy sencillo con un collar y unos aretes de perlas como único adorno —regalo de Navidad de su padre—. Su pelo, largo nuevamente, recogido en una trenza francesa. A los 21, ella había amado y perdido. Difícilmente una mujer de mundo, pero Sylvia todavía trataba de pasar por una de ellas. Se guiñó el ojo a sí misma ante el espejo, repentinamente complacida con la imagen que reflejaba.

El joven que la esperaba sonriente en la planta baja compartía más de su nueva confianza. Era un Gary que ella nunca había visto antes. La verdad es que parecía nervioso. Su llegada a la fiesta fue celebrada con gran entusiasmo. Los oficiales de policía y sus esposas los rodearon en una extraña conspiración. Sylvia comenzó a sentirse como el personaje central de una trama de misterio.

Una mujer joven y bonita, de pelo obscuro, se acercó y se presentó: "Soy Barbara Crowther. Don trabaja con Gary". A Sylvia le cayó bien al instante y al poco rato las dos charlaban como viejas amigas.

"Estoy tan contenta de que Gary te haya conocido", le confesó Barbara. "El solía mantener a Don fuera la mitad de la noche. Ahora, finalmente voy a ver un poco de mi esposo. Además de eso, te puedo asegurar que también es muy bueno para Gary".

"La verdad es que no estamos saliendo juntos", se apresuró a explicar Sylvia. "Sólo somos buenos amigos".

En ese momento apareció Gary, "¿Puedo llevarme a Sylvia por un minuto?" Tengo algo muy importante de que hablarle.

"Por supuesto", accedió Barbara sonriendo. "Tengo la impresión de que nos vamos a estar viendo mucho de ahora en adelante".

Desconcertada por la forma de actuar de Barbara, Sylvia siguió a Gary al interior de una sala familiar extrañamente vacía.

"¿Te dijeron algo tus padres?" le preguntó Gary mientras ambos se sentaban en el sofá.

"¿Sobre qué?"

"Olvídalo".

"¿Qué es esto?"

"¿No lo sabes, psíquicamente, quiero decir?"

"Realmente Gary, ya te lo dije una vez y te lo voy a decir mil veces. ¡Yo no lo *sé* todo! Quizá de vez en cuando recibo un mensaje, pero esto no ocurre con frecuencia y nunca cuando yo lo intento".

"Te puede parecer un poco extraño al principio, dado que no hemos estado saliendo juntos precisamente, pero lo sabía desde la primera vez que te vi".

"¿Sabías qué?" Preguntó Sylvia, sintiéndose distante.

"Lo supe al instante. Quizá debo decirte un poco sobre mí mismo. No me gusta hablar sobre cosas personales, pero ahora supongo que es lo mejor. Fui un hijo consentido del ejército. Viví en casi cada estado de la Unión, después hice la preparatoria en Japón y pase cuatro años en la Marina. He trabajado en el Departamento de Policía por casi tres años. Me gusta este lugar. Estoy listo para establecerme. *Quiero* establecerme". En la mente de Gary, todo se trataba de establecerse.

"Todo eso es muy interesante", contestó Sylvia, "pero yo he pasado por mucho recientemente. Quiero saber hacia donde va esta conversación".

"A eso voy", volteó hasta quedar cara a cara. "Te he amado desde la primera vez que te vi hace dos años".

"¡Hace dos años!" exclamó Sylvia, con una risita nerviosa. "Apenas nos conocimos hace dos meses".

Gary sonrió "¡Buena psíquica me resultaste! Ni siquiera te das cuenta de lo que ocurre en *este* mundo. ¿Te acuerdas hace dos años cuando a tu amiga Maggie se le descompuso el coche en el campo escolar? Un oficial de policía fue a tomar el reporte. ¿No lo recuerdas?"

Sylvia recordaba muy bien el incidente. La voz del director anunciando a través de un altavoz que Mary Margaret Ryan tenía que reportar su vehículo. Maggie se doblaba en ese momento a causa de sus cólicos menstruales. "Ve tú Sylvia", le suplicó. "Quizá quieran llevarse mi auto con grúa a algún lado. Encárgate de eso".

Sylvia llegó a tiempo para ver al policía escribiendo una infracción. El oficial le explicó que había sido llamado para investigar la posibilidad de que el coche fuera robado. "La jovencita va a tener que arreglar el auto, o debe esperar a que se lo lleve la grúa y pagar por ello", le explicó.

Sylvia se había puesto furiosa. "No tienen ustedes policías nada mejor que hacer que hostigar colegialas? ¿Por qué no andan afuera en busca de criminales?" Le preguntó indignada.

"Vaya temperamento, linda", le contestó, para nada molesto.

"¡No me llame linda!" le dijo irritada.

"¿Cuál es su nombre?"

"Sylvia Shoemaker. ¿También me va a dar una infracción?"

"No esta vez", le dijo, dándole la infracción de Maggie, la cual en realidad resultó ser solamente una advertencia. "Todavía te recuerdo salir enfadada de la oficina. 'Espero de verdad que complete su cuota de infracciones' ", le remedó.

"¿Ese eras tú?" le preguntó Sylvia incrédula.

Gary asintió con la cabeza. "Estaba determinado a encontrarte, pero debe haber cientos de Shoemakers en Kansas City —y todos lo deletrean diferente—. Finalmente me di por vencido y dejé de llamar por teléfono, pero nunca perdí la esperanza. No puedes imaginar lo que sentí cuando te vi aquella noche en la estación. Para mi era como un sueño hecho realidad".

"¿Pero por qué no me dijiste nada?"

"Me quedé pensando que quizá me recordarías en algún momento, pero en lugar de eso, tú sólo pensabas en la mejor forma de deshacerte de mi".

La historia le parecía a Sylvia terriblemente romántica, de pronto se dio cuenta de lo mal que había tratado a Gary. Lo estudió. Le recordó a un gato enorme —una imagen nada desagradable—.

"Me enteré inmediatamente del tipo de Indiana, asumo que eso se ha terminado", continuó Gary, tomando las manos de Sylvia. "También sé que has hecho tu petición para convertirte en monja. Espero que no vayas a hacer eso, porque arruinarías todos mis planes".

"¿Qué planes?" preguntó Sylvia, con una voz que parecía más bien un susurro.

"Te encontré en 1958. Quiero casarme contigo en 1959".

Antes de que Sylvia pudiera expresar palabra alguna, metió la mano en el bolsillo y sacó una caja de terciopelo azul. Al ver que no lo quería aceptar, Gary quitó la tapa y reveló el brillante más grande que Sylvia había visto jamás.

Los eventos de las últimas 24 horas eran demasiado. Sylvia comenzó a llorar. Gary la rodeó con sus brazos para consolarla. "Te acostumbrarás a la idea, querida. Tus padres están encantados. Les caigo bien. Tú sabes, ellos no estaban muy felices con tus planes. Irte a vivir a Chicago era suficientemente malo, ¡pero el convento! Estaban rezando para que no entraras. De cualquier forma, te habrían perdido. Eres todo para ellos y tú lo sabes".

Ella, de verdad, lo sabía. La elección entre John y el convento había sido sólo parte del dilema. Desde el principio, había faltado una pieza en el rompecabezas, una pieza que ella había intentado ignorar. Sylvia había sido siempre el pegamento que sostenía unida a la familia Shoemaker. ¿Que pasaría con ella si se alejaba?

Sylvia imaginó la soledad de su madre si perdiera finalmente a Bill después de todos esos años. Y su padre —yo soy la luz de sus ojos, lo sabía sin duda—. El la había visto siempre como la mejor, la más bonita, la persona más inteligente del mundo. Sabiendo esto, ella se esforzaba por sobresalir. Al principio había sido en la escuela; Sylvia aprendió tan rápido que se saltó un grado. Más tarde se convertiría en el amor de papá. Cuando niña, apenas era una adolescente cuando se inscribieron juntos en un concurso de baile y ganaron. Sylvia recordaba el vestido negro de encaje que le había comprado cuando cumplió 16. Había costado cien dólares, una fortuna en aquellos días. ¡Qué orgulloso había estado su padre cuando ella caminó hacia adelante para recibir el trofeo del primer lugar que habían ganado juntos!

Pero ahora, ¿merecía ella su propia vida, una vida separada de las necesidades y deseos de otros? Sylvia sacudió la cabeza como para aclarar las ideas y regresar a Gary. "No sé qué es mejor para ellos, yo, cualquiera", admitió.

El cerró la mano de ella sobre el anillo. "Quédate con él y piénsalo. Por favor, Sylvia, no te hace daño el pensar sobre esto".

En ese momento, los otros invitados irrumpieron emocionados en el cuarto. Era obvio que no podían contener su impaciencia por más tiempo.

"¡Felicidades!"

"¡Qué emoción!"

"¡Estamos muy felices por los dos!"

"¿Cuándo es la boda?"

Una vez más, Sylvia se sintió como el personaje central de un drama, uno que se estaba volviendo más romántico y más excitante. Era difícil no dejarse cautivar por todo aquello". "Ya veremos", murmuró. "Ya veremos".

De regreso a su casa durante las primeras horas de 1959, encontró a sus padres esperándola ansiosamente. Era obvio que respaldaban sólidamente a Gary. Su razonamiento fue persuasivo. Después de tantos años de viajar, Gary estaba ansioso por sentar raíces —felizmente en Kansas City—. La vida de Sylvia a su lado podría ser realmente buena, dándole los hijos que ella quería y la seguridad que necesitaba. Y sus padres apoyaban a un compañero que podría brindarles los nietos que habían estado esperando por tanto tiempo y mantener al mismo tiempo a su pequeña cerca. Por si fuera poco, había incluso un departamento muy lindo de renta en la misma calle. Celeste estaba convencida de que era la pareja perfecta para su hija. Ella y Bill estarían más que felices de comprarles los muebles de la casa.

Sylvia escuchaba ausente. Quizá tenían razón. Admiraba la determinación de Gary. Ninguna duda de nada; aquí había un hombre que sabía lo que quería e iba derecho a conseguirlo. Ella podría aprender mucho de su perseverancia.

Cuando John Elwood la llamó más tarde ese día Sylvia le dijo lo de la propuesta. "¿Pero que hay sobre *nosotros*, Sylvia?" fue su respuesta, mucho más débil que lo que ella hubiera esperado.

Era una joven amargada quien todavía añoraba un amor perdido la que contestó. "Gary quiere que me case en abril", le dijo. "Si puedes despegarte de tu madre y casarte conmigo antes, está bien. De otra manera, voy a seguir adelante con esto". "Cuando terminó de hablar, las palabras golpearon a la propia Sylvia. Había hablado espontáneamente, sin pensar, consciente sólo de que había perdido a Ski y que John había preferido a su madre. Ahora, era ella quien sostenía las riendas. Sin darse cuenta, Sylvia había tomado la mayor decisión de su vida, con tanta facilidad y despreocupación como cuando uno cambia los canales de la TV. John hizo las cosas aun más fáciles para ella cuando le dijo, "Mi madre me necesita para atender algunos negocios de la familia —de verdad me necesita— y posiblemente pueda estar libre en agosto".

"Bien. Entonces así lo dejamos", le dijo ella. "Me voy a casar el 2 de abril".

"¿Qué sabes sobre este tipo?" le preguntó John en un intento de razonar con ella.

"Todo lo que sé es que me ama y que es un hombre que no deja que nada obstaculice su camino. Eso es suficiente para mí".

Al día siguiente Sylvia fue a ver al Padre O'Cannon. El mencionarle sus planes fue más difícil, pero había cierta compensación en el maravilloso sentido de alivio que acompañaba a la resolución final de un asunto tan difícil. La seguridad la había llevado a la entrevista. Al final se había establecido de una vez y por todas. Sylvia tendría niños propios; se estaba casando con un hombre fuerte, dinámico que la excitaba. Tendría muy pronto su propio hogar y, siguiendo este curso, estaba complaciendo a sus padres y posiblemente ayudando a preservar su matrimonio. Más feliz y relajada de lo que había estado en meses, Sylvia se sintió casi mareada.

Muy pronto su vida se centraría completamente alrededor de Gary. Durante las siguientes semanas, enseñaba, llegaba a casa y descansaba. A media noche Gary terminaba de trabajar y pasaban unas tres horas juntos. Después Sylvia se iba a la cama a dormir —si tenía suerte— hasta que amanecía y se tenía que ir a la escuela otra vez.

Los amigos la llamaban, dejaban mensajes, pero no había mucho tiempo para regresar llamadas. Finalmente, un domingo por la tarde un grupo pasó por su casa. Cuando le reclamaron a Sylvia su ausencia, ella agitó la mano mostrándoles el anillo de brillante misteriosamente y replicó, "he estado muy ocupada".

Hubo gritos de emoción. "¡Tú y John siempre la hicieron! ¿Cuándo es la boda?"

"El 2 de abril, pero no es con John", anunció, disfrutando de la sorpresa y el suspenso. Había formado parte de este grupo tan unido por tanto tiempo que la repentina transformación a la mujer misteriosa era deliciosa. Estaba embriagada de saber que lo había hecho sola, sin hablarlo con nadie.

"¿Quién es?" preguntaron al unísono.

"Gary"

"¿Qué Gary?"

"No lo conocen todavía. Es un policía". Su júbilo comenzó a disiparse ante el silencio de sus amigas, un silencio, —ella se dio cuenta—, que implicaba duda y preocupación. "Me ama", dijo en forma defensiva.

"No puedes conocerlo muy bien".

"Dos meses, tiempo suficiente", insistió.

"¿Y Francine, qué dice ella?" le preguntó una amiga que conocía a Sylvia desde la escuela de gramática.

"Dice que estoy destinada a seguir mi plano".

"¿Qué demonios significa eso?"

"Cualquier cosa que signifique está ocurriendo", dijo Sylvia bruscamente, poniendo fin a sus preguntas.

❧

Llegar muy lejos antes del matrimonio era un pecado mortal, pero eso no significaba que no pasara. Sylvia se preguntaba ocasionalmente por qué Gary ni siquiera lo intentaba. Debe ser porque me respeta mucho, razonaba. Dicha reticencia por parte de un hombre quien había vivido mucho era conmovedora. También hacía la vida menos complicada para ella en las ajetreadas semanas previas a la boda.

Sylvia y Gary se casaron el 2 de abril de 1959 en la iglesia de St. James. La magnitud de lo que estaba haciendo la golpeó finalmente la noche anterior a la ceremonia. Era como si hubiera despertado de un sueño. "¿Qué es lo que estoy haciendo?" le preguntó a Maggie. "No amo a Gary, ni siquiera lo conozco".

"Fue un romance de rebote, todos lo sabemos", dijo Maggie. "Todos tratamos de decirte".

Sylvia ocultó su rostro entre sus manos y comenzó a llorar en silencio. "No tienes que pasar por esto", le recordó su amiga. "No es demasiado tarde para impedirlo".

Pero para Sylvia sí lo era. Todos los planes habían sido hecho, las invitaciones, los trajes, las flores, la comida, la música. Los sacerdotes, los invitados, las amistades, sus padres y, por supuesto, Gary, todos esperaban que ella cumpliera su promesa. ¿Cómo podría hacerlos enojar?

Fue una noche larga y de insomnio. En su mente Sylvia deseaba huir, pero sabía que no había alternativa posible. La boda se realizaría. A la mañana siguiente, Celeste la agasajó con un desayuno especial, pero todo lo que Sylvia pudo hacer fue mirarlo. Tales "nervios" eran de esperarse, acordaron sus padres sensatamente. Se retiraron los platos rápidamente.

Celeste, Maggie y Sharon ayudaron a Sylvia a vestirse y después ellas se pusieron sus mejores galas. Bill sonreía lleno de orgullo, ciertamente que llevaría del brazo a la mujer más linda de Kansas City. Justo cuando Sylvia iba a meter un pie en el auto, un joven redujo la velocidad a su lado y la llamó desde su ventana. "Sólo quiero decirte que estás tan linda como una foto". El espíritu de Sylvia se animó, pero no por mucho tiempo.

En la iglesia abarrotada, Sylvia se estaba sofocando. Quería gritar, pero ningún sonido salía de sus labios sonrientes. Una vez más actuaba bajo la señal convenida, caminando por el pasillo del brazo de su padre. Mientras se hincaba ante el sacerdote, notó que sus zapatos necesitaban brillo. Sylvia miró a Gary. ¿Quién era ese extraño?

Después fueron dichas las palabras finales —horribles e irresistibles—, y terminó el servicio religioso. Los novios caminaron hacia la salida de la iglesia y afuera fueron rociados por una lluvia de arroz. Durante la lujosa recepción, en donde la champaña fluía libremente, Sylvia descubrió a Gary en el bar contiguo bebiendo algo más fuerte. ¿Estará arrepentido? Se preguntó Sylvia.

Llegó la hora de partir. Lágrimas, abrazos, despedidas, finalmente solos en el auto de Gary. Manejaron por más de una hora, intentos de conversación sin entusiasmo que no iban a ningún lado.

Era jueves por la noche. Los dos tenían que regresar a trabajar el lunes por la mañana. "¿A dónde vamos?" Preguntó Sylvia por fin.

Se estaban aproximando a un letrero que decía, Sedalia, Missouri. "Este parece un buen lugar como cualquier otro", dijo Gary dando la vuelta en un motel para automovilistas con un restaurante a un lado. Gary ordenó hígado con cebolla para la cena, ella pidió lo mismo. ¿No era acaso un acto social? Parecía que los dos se habían quedado sin palabras. La cena se alargó interminablemente.

Por fin llegó la cuenta, Gary pagó y ambos caminaron en silencio al cuarto. Era gris, melancólico, ordinario. Sylvia prendió el radio, estaban tocando el éxito del momento, *El amor es una cosa esplendorosa* (Love is a Many Splendored Thing). Apenas sabía si reír o llorar.

El desastre de su luna de miel fue un golpe ensordecedor para la autoestima de Sylvia; típicamente se culpaba a sí misma. Pasaron diez días antes de que se consumara el matrimonio. Carente de experiencia, Sylvia especulaba sin cesar —si sólo fuera más mundana, más sexy, más bonita—. Criada en una tradición de sometimiento total al hombre, nunca se le ocurrió retar a Gary o por lo menos cuestionarlo. Tuvieron que pasar años antes de que Sylvia supiera la historia completa de la niñez trágica de su marido. Después, mucho tiempo después, él le confió que su madre se había ido con un vendedor de remedios ambulante cuando él tenía dos años y que siete años después había descubierto el cuerpo de su abuela colgando de un lazo.

Cuando Sylvia se casó, lo único que sabía era que el hombre que había estado desesperado por hacerla su esposa, para gozar de la calidez de su entusiasmo y buen humor, ahora parecía querer cambiarla, determinado a moldearla como otra persona completamente distinta.

Había entrado al matrimonio buscando comodidad y aprobación y en lugar de eso encontró solamente crítica. Muy pronto Sylvia se dio cuenta que nada de lo que hiciera daría satisfacción a Gary, pero eso no la desalentó a seguir intentándolo.

Superficialmente, ellos eran un matrimonio exitoso. Ambos gregarios, disfrutaban una vida social muy activa. Sus desacuerdos se mantenían privados. Algunas veces Sylvia encontraba un humor negro en su situación, recordando que alguna vez quiso ser monja. Después, el 9 de diciembre de 1959, media hora después de las nueve de la noche, se embarazó. Sylvia consideró aquel evento como un milagro, tomando en cuenta la poca frecuencia de su intimidad sexual. Sabía con precisión el momento de la concepción. "Sí, de verdad estás embarazada", le confirmó Francine y le dijo que tendría un hijo varón y sería muy alto, 6'5".

Gary se puso furioso cuando supo la noticia y se rehusó a hablarle a Sylvia por una semana. Resentía la responsabilidad financiera y la intrusión en su vida. Por una vez, la opinión de Gary no importó. Sylvia estaba salvajemente feliz, éste era el hijo que ella había deseado por mucho tiempo, el tesoro que, por lo menos por un corto período de tiempo, sería sólo de ella.

Cuando un día del siguiente agosto por la mañana Gary le preguntó a Sylvia qué estaba planeando regalarle para su cumpleaños, ella sonrió y le dijo, "un hijo". Paul Jon Dufresne nació un mes antes, a las 2:32 de la tarde del 19 de agosto de 1960, el mismo día del cumpleaños de su padre.

Durante la primera semana de septiembre Sylvia ya estaba de regreso en la escuela, trabajando. Sus alegres expectaciones duraron muy poco. Una depresión posterior al parto fue lo último que ella hubiera esperado; sin embargo, semana tras semana cumplía con sus obligaciones aun cuando sentía el alma estrujada. Para empeorar las cosas, Paul sufría de cólicos. Gary, ya resentido, se enfureció aún más con el llanto del bebé. Sylvia se mantenía despierta la mitad de la noche arrullando al bebé, tratando de tranquilizarlo. Finalmente exhausta y totalmente desesperada, le suplicó a Gary que le permitiera quedarse en casa con su niño por un año. El no quería oír nada de eso. "Necesitamos tu salario", insistió. "Ni se te ocurra pensar en renunciar. Obedientemente Sylvia le entregaba a Gary su cheque mensual de $276 dólares. Ella no tenía idea de cuánto dinero ganaba su marido.

"¿Por qué tengo que pasar por todo esto?" le preguntó a Francine.

"A menos que experimentes muchas cosas ahora, no estarás en condiciones de ayudar a otros después", fue la respuesta. Sylvia soltó una carcajada. Con su propia vida en perpetua semi obscuridad a causa de la depresión, ¿cómo podría ser capaz de ayudar a alguien? Pero Francine le prometió, "Un día serás una estrella". Sylvia se arregló felizmente para una buena noche de sueño.

Tan mal como andaban las cosas, pasó algo más que las empeoró. Cuando Paul tenía cinco meses de edad, le dio una infección producida por estafilococos que estaba azotando a la ciudad. Sylvia vio, presa del pánico, cómo la temperatura de su bebé subía a los 105 grados y permaneció a su lado. Llamaba al doctor cada hora. Los hospitales estaban llenos. Todo lo que Sylvia podía hacer era tratar de mantener cómodo al bebé con baños de agua fría y dándole mucha agua de beber. Lo cargó toda la noche.

A la siguiente mañana, la temperatura de Paul era todavía más alta. Frenética, Sylvia llamó al doctor. Después lo llamó una y otra vez. "Le prometo que le voy a informar inmediatamente en cuanto haya lugar para él", intentó calmarla, mientras tanto, manténgase dándole baños de tina". Colgó y llevó a Paul a la pequeña recámara de su departamento. El niño deliraba, su cabecita rodaba de lado a lado, como si quisiera huir del dolor.

Desesperada, Sylvia se hundió en una mecedora. "Por favor Dios mío, no lo dejes morir", pidió en voz alta y agregó, "Abuela, ayúdame. Sé que tu perdiste a tu Paul, por favor no me dejes perder al mío".

No acababa de decir las palabras cuando sintió una ráfaga de aire frío. Paul abrió sus ojos, después emitió unos sonidos guturales y parpadeó. Parecía estar mirando algo más allá del hombro derecho de Sylvia. "¡Abuela, eres tú!" gritó Sylvia y apenas había dicho estas palabras una estampa de la misa fúnebre de Ada que había permanecido atorada en la orilla del espejo de su tocador por años voló en el aire y cayó en el suelo junto a sus pies, decía, "Ada C. Coil; falleció el 13 de julio, 1954".

Sylvia estaba en un llanto incontrolable cuando sonó el teléfono. Era el doctor. Había una cama para Paul y tenía que llevarlo inmediatamente.

A los 15 minutos Sylvia estaba ahí y después la esperar de varias horas, sola, incapaz de molestar a nadie. "Si el bebé se muere, es tu culpa", le había advertido Gary. Inexplicablemente la culpaba por la enfermedad de Paul.

Pero el niño no murió. Después de 26 horas de aislamiento, comenzó a recuperarse. Luego de una semana, lo dieron de alta y rápidamente siguió un gran cambio. No pasó mucho tiempo antes de que durmiera toda la noche y Sylvia también. Lentamente, su intensa depresión comenzó a desvanecerse.

Cuando Gary le sugirió, en una forma nada delicada, que hiciera más de una contribución económica, Sylvia supo que su vida había regresado a la normalidad. Obediente como nunca, consiguió un trabajo navideño vendiendo dulces y durante el siguiente verano vendió remolques. Su cuenta bancaria crecía rápidamente y cuando alcanzó algunos cientos de dólares, Gary decidió que una casa propia sería un testimonio de su ascenso en la escala social. Precisamente se estaba construyendo un grupo de casas cerca de donde vivían. La pareja recorrió los modelos y seleccionó el que a Gary le gustó. Se hizo el pago inicial y dándose su importancia Gary dirigió a Sylvia en el llenado de papeles. Un mes más tarde su casa estaba terminada. Los Dufresne fueron a inspeccionarla por primera vez.

"Hay algo raro aquí", le dijo Sylvia al momento de poner un pie en el interior.

"¿Qué quieres decir?" le preguntó Gary, golpeando la pared. "A mí me parece bien".

"No, no está bien, para nada. Hay algo malo aquí. No pertenecemos aquí", dijo Sylvia casi frenética.

"Perteneceremos siempre y cuando paguemos los $104 dólares mensuales".

"Estoy hablando en serio", insistió. "No pertenecemos a este lugar".

"No me salgas con esos comentarios misteriosos. Pagamos por este lugar y nos vamos a cambiar aquí".

"No ha llegado el tiempo de que la gente te crea", le explicó Francine.

Se cambiaron y desde el principio las cosas salieron mal. Sylvia había seleccionado un cuarto en el último de los tres niveles para Paul. Era el que tenía más luz en la casa y estaba expuesto al sol de la mañana. Había planeado con gran placer la decoración. Amplias repisas sostenían los ositos de peluche y otros juguetes y los muebles habían sido pintados en azul brillante para armonizar con el amarillo y blanco del papel tapiz. Pensó que era la habitación perfecta para un bebé e imaginó la felicidad del pequeño al despertarse en tal ambiente.

Desafortunadamente Paul nunca tuvo la oportunidad; se rehusó incluso a dormir en el cuarto. Apenas lo había puesto su madre en la cuna recién pintada cuando ya había comenzado a gritar, suplicando que lo cargaran. Gary trabajaba en la noche, dejando a Sylvia sola con Paul y Thor, un pastor alemán, de modo que todo el tiempo el bebé dormía en la habitación con ella y el perro lo hacía atravesado en la entrada de la recámara de Sylvia.

Sylvia carecía de energía para concentrarse en su aprensión por la casa. Cada día parecía sentirse un poco peor. Una tarde cuando terminó de trabajar y recogió a Paul en la casa de la niñera, llegó y se sentía totalmente exhausta. Con cansancio puso al niño en un colchón con juguetes y entró a la cocina con la intención de preparar la cena. Sin ninguna señal, una ola de mareos la invadió. Fue lo último que Sylvia recordó.

Nunca supo cuanto tiempo permaneció inconsciente. Un Gary enojado e impasible la despertó cuando llegó a casa durante un descanso para cenar. Al día siguiente Sylvia estaba demasiado enferma para ir a trabajar. "Sólo necesito descansar un poco", le dijo a Gary, "voy mañana". Pero al día siguiente se encontraba aun más débil. Durante diez días estuvo acostada en el sofá, tan enferma, que incluso el esfuerzo de mover la cabeza le producía una ola violenta de náuseas.

Dándose cuenta por fin que el sólo descanso no la iba a curar, Sylvia le pidió a una vecina que la llevara al doctor. El médico, un viejo amigo se puso de pie, saludándola cálidamente al verla entrar a su consultorio privado.

Sumergiéndose en la silla frente a él, se esforzó por sonreír. Era consolador ver un rostro que había conocido desde la niñez. Pero el doctor estaba todo menos consolado por la forma en la que se veía Sylvia. "¿Qué ocurre?" le preguntó. Ella intentó bromear. No lo sé Jim, tal parece que estoy desarrollando mi propio esquema de colores. ¿Qué quieres decir? "Bueno", replicó Sylvia con indecisión. "Mi orina es negra y mi ya sabes que es blanca. Ah sí, y mis ojos, puedes notarlo, se están volviendo amarillos".

Mientras ella todavía estaba hablando el doctor tomó el teléfono y marcó un número.

"Emergencia en camino", informó alguien al otro lado del auricular. Hubo algunas breves palabras que ella no alcanzó a entender y luego colgó.

"Qué pasa conmigo?" le preguntó, lastimada y enojada de que el doctor se ocupara de otro paciente mientras estaba con ella.

"Me temo que tú eres la emergencia".

Una hora más tarde, Sylvia era admitida en el hospital y antes de que terminara el día, había sido examinada por cinco diferentes doctores. El diagnóstico fue hepatitis aguda. Al principio estaba demasiado eufórica para preocuparse, le habían dado una inyección para controlar la náusea y, por primera vez en lo que parecían semanas, su estómago estaba en calma. Sin embargo, en los días que siguieron el calor de su cuerpo se volvió insoportable y la mayoría de la superficie de su piel estaba al rojo vivo de tanto rascarse. "Las manchas de bilis están saliendo", le explicó una enfermera. Sylvia nunca había oído hablar de las manchas de bilis; lo único que sabía era que estaba agonizando.

Cuando supo que había sido programada para una operación le preguntó a Francine, "¿Me voy a morir?"

"No ahora, hay muchas cosas planeadas para ti", fue la respuesta.

Sylvia quería llorar ante la perspectiva de más trabajo, más infelicidad, más dolor. La muerte parecía un alivio misericordioso.

La cirugía duró casi cinco horas. Le quitaron un pedazo de hígado, de intestino y de vesícula. Despertó repentinamente con un dolor agonizante. Ningún medicamento parecía ayudarle. Comenzó a rezar, sus ojos enfocados en la luz sobre la cama. Después, sintiendo una presencia, Sylvia volteó su cabeza con fatiga, preguntándose que sería lo siguiente que iban a hacerle.

Pero a un lado de la cama estaba la abuela Ada. "De verdad eres tú?" dijo en un susurro, su voz sonaba ronca a través de los tubos que le habían colocado durante la operación.

"Por supuesto que soy yo mi cielo. ¿Piensas que puedo dejarte sola con todo esto?"

"Abuela, ya no puedo soportar el dolor".

"Todo va a estar bien ahora. Han encontrado la medicina adecuada para ti. Viene en camino".

"He cometido muchos errores, realmente nada ha salido como yo pretendía. Tengo muchas cosas que decirte".

"Lo harás algún día, lo harás", le aseguró Ada. En ese momento la enfermera entró al cuarto y se acercó a la cama.

"Mi abuela está aquí", le informó Sylvia.

"Nadie está permitido a entrar aquí", le dijo la enfermera inclinándose para tomarle el pulso.

"Usted no entiende, mi abuela está muerta".

"Claro que está", asintió la enfermera, dándole un golpecito a Sylvia en el brazo.

"No me cree abuela".

"Por supuesto que te creo". La tranquilizó la enfermera.

"Cierra tus ojos", le susurró Ada. "Todo va a estar bien".

Sylvia despertó de regreso en su cuarto de hospital. Bill estaba llorando, Celeste retorciéndose las manos, Gary estaba mirando afuera de la ventana. Sylvia volteó a ver a Sharon, quien estaba sentada a un lado de su cama. "Acabo de ver a mi abuela". Los cuatro voltearon para otro lado, viéndose unos a otros, mirando hacia cualquier sitio pero no a Sylvia. "De verdad la vi, incluso hablé con ella", insistió Sylvia, frustrada de que nadie le creyera. En realidad, ellos habían tomado el incidente como una señal de que se estaba muriendo. Estaban seguros que Ada había venido por ella.

Transcurrieron siete días y Sylvia se mantenía conectada a las máquinas. Todavía su estómago no funcionaba sin un tubo cuando había sido necesario ponerle otro aparato para drenar la bilis de su cuerpo. Gary se rehusó a ir al hospital; el olor le molestaba. Fue Bill quien acudía diariamente. Invariablemente, llegaba justo cuando Sylvia estaba vomitando. Bromeando, la acusaba de aguantarse hasta que él llegara, pero era obvio que estaba muy asustado. Su pequeña estaba más débil cada día.

A solas en el cuarto del hospital, Sylvia pensaba sobre su situación. Que maravilloso sería simplemente poder desaparecer e irse con su abuela. El pensar en la muerte nunca la había atemorizado y ahora la perspectiva parecía una dicha absoluta, hasta que pensaba en Paul. Si ella moría, se quedaría con Gary, quien nunca lo había querido. Pensaba también en Francine y su continua insistencia acerca de que tenía una tarea que realizar. Por lo que haya sido, se dio cuenta que tenía que seguir adelante y eso significaba aliviarse.

Con cautela, Sylvia tomó una cucharada de gelatina, fue entonces que se dio cuenta que era un ejercicio en vano. ¿Qué alimentación podía ser esa cuando todo se estaba saliendo por el tubo del estomago? Más tarde, cuando llegó el doctor en turno, Sylvia le exigió que le quitaran los tubos inmediatamente.

"Ahora Sylvia, tienes que tener paciencia", le dijo, tratando de tranquilizarla.

"Si tengo un poco más de paciencia, me voy a morir. Nunca me voy a recuperar si todo lo que entra a mi cuerpo sale de él", le argumentó. Y luego amenazó, "Si no me arrancan estos tubos, yo lo voy a hacer". Le quitaron todos los tubos menos uno, el que extraía la bilis. Casi inmediatamente Sylvia se sintió más fuerte.

Una tarde, mientras continuaba mejorando dramáticamente, escuchó a las enfermeras hablar sobre una paciente a quien nadie visitaba. Sylvia decidió ir a verla. Se deslizó en su silla de ruedas a lo largo del pasillo cargando su bolsa con la bilis.

Hizo una pausa en la entrada del cuarto para recobrar el aliento y se topó con una cabellera roja desparramada sobre la almohada. "Hola, soy Sylvia", se presentó empujando la silla de ruedas hacia adelante.

La mujer volteó débilmente; el rostro casi tan pálido como la sábana, tenía cierta belleza. "Yo soy Maureen", contestó. Su sonrisa era tierna y ansiosa.

Pronto, Sylvia supo que Maureen era sólo un año mayor que ella. El esposo la había abandonado, tenía cuatro niños y una madre que resentía el hecho de tener que cuidarle a los hijos mientras ella estaba hospitalizada.

"La enfermera me dijo que estás aquí porque necesitas una operación de los pulmones", se aventuró a decir Sylvia.

"Si, ya perdí uno de ellos. Van a tratar de arreglarme el otro hoy".

Sylvia supo al instante cómo iba a desarrollarse la operación; era muy claro que se había acercado a la enferma con un propósito. Acercándose a la cama le tomó la mano a Maureen. Hablaron por horas, Sylvia compartió la sabiduría que había recibido durante años de Francine.

"Da miedo pensar en la muerte", le confesó Maureen. "¿Alguna vez has tenido miedo?"

"No, no, no, para nada. Realmente no, porque yo sé lo que el más allá tiene reservado para mi", explicó Sylvia. Luego de una pausa agregó, es algo que esperas con ansia, no que temes".

"¿Quieres decir que es realmente el cielo?"

"Cielo, paraíso, nirvana, como lo quieras llamar. Todas esas palabras describen el mismo lugar, nuestro hogar eterno en donde experimentamos a Dios y unos a otros no estamos restringidos por las limitaciones del tiempo y del espacio. Belleza y sabiduría están ahí, esperándonos. Todo el dolor y el trauma de la vida se desvanecen a una pálida memoria. El grado de perfección de nuestra alma es el emblema de haber vivido". El amor de Sylvia por Francine nunca había sido más grande.

"No estoy segura de que mi alma sea toda perfección", le confesó Maureen.

"Bueno, tampoco la mía, pero ambas hacemos lo mejor que podemos, ¿o no?

Maureen agachó la cabeza. "Lo he intentado duramente". "De eso se trata, de intentarlo de verdad y de aprender las lecciones. También en el otro lado tendremos lecciones que aprender, pero no serán dolorosas. Créeme, morir es como ir a casa , sólo que mejor, más maravilloso de lo que cualquier hogar en este mundo pudiera ser". "Ay, que lindo se oye", suspiró Maureen, recostándose. Parecía haber alcanzado una paz total.

"Sí, es lindo, es realmente divino, tan divino que si pudiéramos visualizarlo claramente todos quisiéramos ir ahí ahora, en lugar de esperar. El problema no sería tener miedo de dejar este mundo, sino tristeza ante el dolor de tener que permanecer aquí sabiendo que hay algo mucho mejor allá".

Sylvia se quedó con Maureen mientras la preparaban para la operación, sosteniendo su mano hasta que las enfermeras llegaron para llevarla al quirófano. Mientras la sacaban en camilla, Maureen le dio la mano a Sylvia con un apretón final. "Nunca voy a olvidarte", le prometió. "Cuando llegues al otro lado estaré ahí para darte la bienvenida".

Eventualmente Sylvia fue dada de alta pero, a pesar de la impaciencia de Gary, no se le permitió trabajar durante un mes. Por la noche ella y Paul se quedaban solos en la casa. Paul todavía se resistía a dormir en su cuarto. Incluso Thor se rehusaba a ir arriba, los pelos se le ponían de punta y rascaba el piso con sus patas cada vez que alguien trataba de forzarlo.

Estaba solitaria ahora; Gary venía a casa sólo durante ratos para comer y dormir. Una tarde Sharon vino a pasar la noche. Las dos mujeres acababan de terminar de cenar cuando Sylvia entró en la habitación que compartía con Gary para tomar la guía de televisión. Confrontándola en la pared de arriba del tocador había tres marcas misteriosas: una estrella azul brillante, una media luna y una insignia que parecía una svástica (cruz gamada). A pesar de estar familiarizada con los fenómenos metafísicos, había cierta sensación de amenaza en las apariciones que le causaron pánico a Sylvia. Su grito escalofriante hizo que Sharon llegara corriendo.

Armadas de valor, las dos mujeres se aproximaron a las marcas. "Quizá son reflexiones de algo", comentó Sharon. Ella parecía un poco menos asustada que Sylvia.

"¿Pero de qué?" se preguntó Sylvia, mirándolas. Para acondicionar la habitación a la necesidad de Gary de dormir durante el día, habían instalado persianas obscuras para mantener alejada la luz del sol. Completamente llenas de misterio, Sylvia y Sharon colgaron cobijas sobre las persianas y taparon las rendijas de la puerta. Las marcas permanecieron. A la luz del día se desvanecían pero regresaban a la siguiente noche.

"¿Por qué no le preguntas a Francine acerca de esto?" sugirió Sharon.

Sylvia se rió con nerviosismo. ¿Por qué no se le había ocurrido antes?

"Tu casa está construida en un cementerio indio", le dijo Francine. "Ellos no están contentos con tu intrusión. Nunca serás feliz en esta casa".

Sylvia dudó que pudiera ser feliz en alguna parte, sin embargo, le dijo a Gary lo que su guía le había comentado.

"Es una locura", insistió, "Las marcas —si es que existen— tienen que ser luces de algún lado, y lo del cementerio indio me parece una tontería. No lo creo".

Sylvia sabía que la svástica era un símbolo de los indios. Al día siguiente se fue a la biblioteca y encontró un mapa y una antigua concesión de terreno. Tan cerca como pudo determinar, su casa efectivamente estaba construida sobre unos terrenos usados por los indios para enterrar a sus muertos.

"¿Bueno y qué?" le respondió Gary cuando ella se lo dijo. "¿No se supone que se tiene que enterrar a la gente en algún lugar?"

Quizá, ella concedió, "pero el asunto es que nosotros no queríamos estar aquí". Gary regresó a su programa de televisión ignorando a Sylvia por completo.

Los eventos que los llevaron a su éxodo se dieron en rápida sucesión. Unos días después, un tornado azotó la casa —y solamente la suya—. Fue la única estructura afectada. Afortunadamente el daño fue leve. "No piensas que alguien o algo puede estar tratando de decirnos algo", le preguntó Sylvia, después se detuvo. Gary le dio la espalda y regresó a la lectura de su periódico.

Unos días más tarde, Gary fue suspendido de la fuerza policiaca. Mucho después encontró un trabajo como ajustador de seguros, pero mostraba muy poca aptitud para el trabajo. Un mes después, el mismo día que fue despedido, la casa se incendió sin una causa aparente. Esta vez sí hubo daños, pero, como en el caso del tornado nadie resulto herido. Al día siguiente, Thor fue literalmente arrojado contra el mosquitero. Esa noche, Gary hizo una llamada de larga distancia a Sunnyvale, California.

Su viejo amigo Don, había dejado la policía al mismo tiempo que él y estaba trabajando para el Departamento de Policía de Sunnyvale. "Vente para acá", le sugirió. "Yo te puedo colocar aquí. Pásame a Sylvia", dijo a manera de conclusión, "Barbara quiere hablar con ella".

"California es maravillosa —no más nieve que levantar con pala—", la entusiasmó Barbara.

"¿Qué piensas?" Gary sorprendió a Sylvia con la pregunta luego de que colgaron.

"Creo que iría a cualquier lugar con tal de dejar esta casa".

"¡De acuerdo!" gritó.

Seis semanas más tarde habían vendido la casa y la mayoría de los muebles, habían embarcado al perro y se dirigían al oeste. Solamente una vez, pensando en la familia y en los amigos que dejaba atrás, Sylvia volteó sobre sus hombros. Pero a lo lejos, en el horizonte, descubrió la punta de un tornado girando. Era suficiente. No habría marcha atrás.

ॐॐ ॐॐ ॐॐ

CAPÍTULO SEIS
Nirvana

"Tu matrimonio, —no va a durar mucho tiempo—. Hay otra mujer acercándose a tu vida, una mujer mayor. Ella será mucho mejor para ti".

Era Francine hablando. Sylvia, inconsciente ante el atractivo hombre de pelo obscuro sentado frente a ella, permanecía literalmente en trance.

Más tarde, consciente, la médium se dio cuenta de lo pensativo que estaba el hombre. "¿Fue una mala noticia?" le preguntó Sylvia ansiosamente.

"¿No lo sabe? ¿No recuerda nada?" le preguntó mientras la estudiaba con curiosidad.

"Nunca. Una vez que le pido a Francine que venga —una vez que toma posesión— estoy fuera. Quizá son mis labios moviéndose, pero no tengo idea de lo que están diciendo. Lo que sea mi persona o Sylvia esta fuera en el espacio, en algún lugar. Cuando Francine sale entonces regreso a 'casa' otra ves".

"¿No le da miedo no regresar?"

"No, realmente no. Francine es mi mejor amiga; nunca haría algo para lastimarme o asustarme. Además, la última cosa que ella quisiera es la de estar atrapada en *este* mundo".

"No puedo entender cómo lo hace".

"Ni yo, de verdad. Es algo que simplemente pasó un día y luego a lo largo de los años. He desarrollado atajos. Pero estoy más interesada en usted. Está triste por algo que le dijo Francine".

"Sí", admitió. "Es mi matrimonio. Usted —Francine— dijo que se va a terminar".

"Francine lee caminos trazados, pero por supuesto hay algo que se llama libre albedrío. Es posible que lo que ella vea sea simplemente cierta tensión en su matrimonio, un área en la que usted tal vez pueda trabajar".

"No estoy seguro de querer hacerlo".

Sylvia sonrió compasivamente. "¿Tan mal está?"

El agachó la cabeza y se sentó en silencio por unos instantes. Sylvia sintió su depresión y se conmovió. Pensó en varias trivialidades pero ninguna parecía apropiada. El bebé en su vientre comenzó a patear. En menos de seis semanas, estaría arribando a este mundo. Sylvia se impulsó a sí misma con esfuerzo para ponerse de pie.

El hombre también lo hizo. A los 22 años, Dal Brown era el capitán más joven en la historia del Departamento de Bomberos de la Universidad de Stanford. A Sylvia le pareció el hombre más atractivo que hubiera visto jamás. Qué lástima que fuera tan infeliz. ¿Era esa la condición natural en la vida?

"Francine no da información que usted no quiera oír", le recordó. "Pero lo que decida hacer acerca de esto, es su elección".

"Pero usted es una psíquica, también ¿no?" No es nada más Francine, ¿verdad? insistió.

"Es correcto".

"Bueno, ¿no puede decirme algo más? Francine mencionó otra mujer".

Sylvia se estremeció internamente, pero sorpresivamente, la pantalla de su mente estaba en blanco. Después, lentamente, apareció una mujer junto a Dal. "Si, hay alguien. Es alta, de pelo rojo . . . ¡que chistoso!"

"¿Qué es lo chistoso?" el hombre estaba ansioso.

"No chistoso, sino extraño, parece que no puedo ver el rostro. Siempre veo las caras, ¿por qué no puedo ver la suya?"

"Francine dijo que ella sería buena para mi", se aventuró a decir.

"Si, lo será, te puedo decir eso. Ella va a ser muy buena y también sus niños".

"¿Sus niños?"

"Si, veo a dos niños". Sylvia hizo una pausa, tratando de averiguar más, "pero no logro ver su cara . . . pero hay un negocio, alguna clase de negocio en la que se van a aventurar juntos. Los va a hacer muy felices".

"¿Algo más?"

Confundida, Sylvia sacudió la cabeza. "Lo siento, pero es todo lo que puedo ver"

La puerta se abrió y Gary miró hacia el interior. "¿Ya terminaron ustedes dos? Se está haciendo tarde".

"Ya terminamos", contestó Sylvia. Se agachó a recoger su abrigo. Afuera en la sala el otro bombero estaba esperando para decir buenas noches. Había hecho lecturas a los dos esa noche. Rumbo a casa, Gary la interrogó. "Cómo te fue?"

"Tu sabes mejor que nadie", le contestó agotada. "¿Cómo lo puedo saber? Fue un trance, no una lectura. Tu debes tener una mejor idea que yo. Los viste al salir".

"Parecían realmente impresionados, los dos. Fuiste el éxito de la noche. A esos tipos realmente les gustan las cosas de miedo".

Ella sonrió con una mueca al notar la sorpresa en la voz de su marido. Siempre era igual. Sylvia contuvo un suspiro. La falta de reconocimiento en su propio hogar era su problema menor. El placer de Gary en la admiración indirecta de sus habilidades era una de las pocas cosas positivas en su problemática relación.

Su mente cambió, tal y como lo hacía con frecuencia durante los últimos dos años desde su llegada a California. El cambio no había ayudado en nada. La mala suerte de Gary había continuado. Don Crowther no había estado en condiciones de conseguirle trabajo en la Fuerza Policiaca de Sunnyvale. Por un rato fue solamente Sylvia quien estuvo manteniendo a la familia, esta vez, como maestra en la escuela primaria *St. Albert the Great*, en Palo Alto.

Luego, una mañana, a las seis semanas de haber llegado Sylvia abrió la puerta para encontrarse con las caras sonrientes de Bill, Celeste y Sharon. Bill había renunciado a la vicepresidencia de su compañía y los Shoemaker habían vendido su casa para mudarse a California, arribando sin previo aviso ante la sorpresa de su hija. Los sentimientos de Sylvia estaban mezclados. Aunque con frecuencia se sentía culpable y preocupada por haberlos dejado en Kansas City, tenía una sensación de alivio por haberse alejado de sus problemas. Ahora el descanso de estar pensando en la separación había terminado. Durante más de un año ambas familias vivieron juntas, Sylvia frenéticamente hacía juegos malabares con las exigencias de su esposo, sus hijos, sus padres, sus estudiantes —esforzándose como siempre para complacerlos a todos—. Los Shoemaker se salieron de la casa de Sylvia y Gary sólo cuando las dos familias compraron un condominio doble y se instalaron a vivir una al lado de la otra.

Pero había un alivio temporal para Sylvia. Una noche a la semana escapaba a otro mundo. Se había inscrito en un programa de maestría sobre literatura inglesa en la Universidad de San Francisco. Tan retadora como era la vida del colegio, la mujer estaba aun más estimulada por trabajar en este curso de educación superior. Con el tiempo su profesor de escritura creativa, Bob Williams, se dio cuenta de la originalidad y el entusiasmo de Sylvia. Muy pronto los dos se encontraban disfrutando de vigorosos debates sobre literatura en un café del campo escolar. "Ulises ha sido mi tarea favorita hasta ahora", lo sorprendió al decirle esto una noche.

"La mayoría de los estudiantes lo encuentran muy difícil, difícil de relatar".

"¡Oh no!" exclamó. "Yo sé exactamente de lo que Joyce está hablando. Esa parte sobre la torre en la baraja del tarot, es como si me estuviera hablando a mi".

"¿De veras?" Williams se inclinó hacia ella, intrigado. "¿Quieres decir que en realidad tú entiendes las cartas del tarot?"

"Sí, por supuesto. Cada carta representa algún aspecto de nuestro viaje en la tierra. La maravillosa baraja completa es una clase de compendio de conocimiento, un registro simbólico de la experiencia humana".

"¿Y la torre?"

"Bueno, el significado tradicional es un conflicto repentino o catástrofe, pero, como un disturbio del orden existente de las cosas

—las viejas nociones— podría traer entendimiento espiritual también".

"¡Te oyes como una clarividente! ¿Tú lees las cartas?"

"Me encanta el tarot; esos símbolos contienen tanta belleza y verdad, pero no necesito las cartas para saber qué va a ocurrir".

Williams casi dejó caer su taza de café. "¿Me estás tratando de decir que en realidad eres una psíquica?"

Es más como preferir no decirte que soy una psíquica. En mi ciudad natal, en Kansas City, todo el mundo me conocía y a nadie parecía importarle que fuera diferente. La gente sólo daba por hecho que Sylvia sabía cosas. Tengo miedo que pudiera pasar eso aquí. Cuando nos venimos a California —cuando inicié una nueva vida— me hice el propósito de no decírselo a nadie". Sylvia sintió un sentimiento creciente de aprensión mientras estudiaba de cerca la expresión en el rostro de su profesor. "Ahora usted *no* lo diga".

El profesor prometió guardar silencio, pero la presionó para que le diera detalles y muy pronto Sylvia se encontró platicándole todo acerca de Francine. "¿Podrías venir una hora más temprano a clase y hacer una lectura para mí?" le pidió con urgencia.

Sin muchas ganas Sylvia accedió. Pocos días después, llegó a la hora acordada y encontró no sólo a Williams esperando con ansiedad sino a dos de sus amigos.

A la semana siguiente, cuando la clase de redacción creativa concluyó su investigación sobre Ulises, Williams anunció que la Sra. Dufresne hablaría sobre el simbolismo del tarot y daría una demostración de adivinación. Sylvia estaba furiosa con él, pero había 50 pares de ojos fijos sobre ella. El perenne placer de la gente hacía imposible decir no.

Después, era obvio que aquellas 50 personas le habían dicho a por lo menos otras 50. Muy pronto Sylvia se encontraba hablando ante otras clases, ante clubes de mujeres, incluso frente a organizaciones empresariales. Inevitablemente, la demanda de lecturas individuales creció a grandes proporciones, pero de alguna manera Sylvia se las arreglaba para atender a todos. Nada terrible ocurrió. Los amigos y conocidos continuaron aceptándola mientras más y más personas parecían verse beneficiadas de la información que ella les proporcionaba, Sylvia concluyó que quizá Bob Williams había sido su descubridor.

Pero el papel de Bob era mucho más que un simple profesor. El y Sylvia se amaban uno al otro profundamente y durante los siguientes cuatro años, Sylvia pasó todo su tiempo libre con Bob. Eran la pareja perfecta, compartían los mismos amores, se movían juntos sin esfuerzo y soñaban el uno con el otro. Pero la relación tenía un sólo defecto, un giro en el destino que previno la completa unión —uno que Sylvia hubiera gratamente ignorado— pero el mismo que eventualmente llevó a Bob a la muerte.

Durante el tiempo que pasaron juntos, Bob llevó a Sylvia a través del basto e interesante mundo de Haight-Ashbury en San Francisco. Esto fue poco antes de que las drogas arruinaran el escenario. Cuando San Francisco era la meca de los *"love children"* y sus reformas sociales. Entre aquellos atraídos por San Francisco se encontraban líderes espirituales, místicos y gurús, a la mayoría de los cuales conocía Bob. Llevó a Sylvia a cada pequeño lugar que albergaba esta gente con el objeto de demostrarle lo que hacían y recordarle que su talento era mucho mayor que el de todos ellos. Bajo la dirección de Bob, Sylvia comenzó a ver un camino más público para su don. Con su admiración, su insistencia amorosa ella por fin acordó que tal vez juntos podrían crear un lugar en donde pudiera legitimar su talento psíquico, trabajar profesionalmente y convertirlo en un negocio respetable. Este, entonces, sería como un hijo de ambos. La única forma de tener un hijo de su propia creación. Pero el mundo dio un revés y Bob fue arrastrado a un lugar muy lejano.

La carrera académica de Bob estaba inmóvil, sin oportunidades reales de progreso. El quería algo más, como director de algún departamento. Y esto ocurrió, una universidad en Australia necesitaba una persona que encabezara su departamento de Literatura Inglesa, Bob envió su solicitud y fue aceptado.

La jubilosa noticia horrorizó a Sylvia, "Bob, no te vayas. No es lo correcto para ti. Si lo haces, regresarás en un caja de pino", Bob contestó, "Esta es mi gran oportunidad, solamente estaré ausente un año y el dinero es simplemente fabuloso. Cuando regrese, iniciaremos una fundación psíquica, yo estaré en condiciones de financiarla, tal y como lo hemos platicado".

"¿Pero por qué, Bob?", insistió Sylvia "¿por qué estás ignorando mi advertencia? He acertado muchas veces, tú me has visto. ¿Qué tienes en la cabeza?"

"De acuerdo, pero también sé que Sylvia no puede ver para sí misma". Bob se fue a Australia dos semanas más tarde. Regresó en diez meses, una de las primeras víctimas del sida.

Durante los meses siguientes, se hicieron algunos ajustes y surgió un nuevo estilo de vida. Gary eventualmente encontró trabajo en el departamento de bomberos de la Universidad de Stanford. Los Dufresne y los Shoemaker habían comprado sus casas *duplex* juntas. Sylvia daba clases en una escuela preparatoria de San José y esperaba el nacimiento de su segundo hijo. Tenía esperanzas de que la llegada de este bebé lograra una reconciliación con Gary.

Christopher Michael Dufresne nació el 19 de febrero de 1966. Fue un niño saludable desde el comienzo. Sylvia se vio liberada de la depresión aplastante que había seguido al nacimiento de su primer hijo. Esta vez, se ajustó rápidamente a los cambios necesarios en su rutina —era madre, profesora, asistía a clases y realizaba lecturas psíquicas—. Amaba cada minuto de sus ocupados días.

Pero no hubo ninguna mejoría en su relación con Gary. Su continua inhabilidad para lograr la intimidad sexual la dejaba solitaria y frustrada. Trataba de compensar sus propios defectos imaginarios trabajando duro, haciendo y ganando más. Pasaron los meses y finalmente los años. Entonces un día todo fue muy claro. Ella *nunca* podría hacer suficiente para complacer a su marido. Se trataba de una situación de nunca ganar.

En ese momento y lugar Sylvia tomó el control de su vida. A los 35, la podría hacer sola. De hecho ya la estaba haciendo sola —tanto económica como emocionalmente—. ¿Qué caso tenía continuar con un matrimonio que sólo servía para minar su auto-estima?

Ese fue el día en que Sylvia se fue.

CRSS

En las semanas que siguieron, el teléfono no dejaba de sonar, se trataba por lo general de los Shoemaker quienes llamaban para urgir a su pequeña niña que fuera a casa. "¿Cómo puedo hacerlo?" preguntaba ella. "Sólo existe un pared muy delgada entre ustedes y Gary". La verdad es que Sylvia estaba agradecida de tener esa excusa. Bill y Celeste se encontraban devastados por su repentina decisión. El tener a sus hijas y nietos prácticamente en la misma casa había sido para ellos un sueño hecho realidad. Se rehusaban a creer que no había nada realmente malo entre Sylvia y Gary y aprovechaban cualquier oportunidad para importunarla y pedirle que regresara con él y con ellos.

Sylvia, Paul y Chris habían encontrado refugio "temporal" con la recién casada Sharon, pero su estancia se alargaba más y más y los nervios de todos estaban de punta. Sylvia pasaba cada momento disponible buscando una casa económica que permitiera niños, que tuviera un patio con barda para que sus hijos jugaran y con una niñera cerca. "¿Es posible?" le preguntaba a Francine con desesperación.

"La casa perfecta te está esperando", le aseguraba Francine, pero no decía más. Sylvia comenzaba a sospechar que su guía se refería al más allá.

Una mañana, mientras regresaba de su frenética búsqueda de vivienda se encontró con una Sharon llena de curiosidad. "Te llamó un hombre que se oía muy interesante".

"Bueno pues si no era papá, tiene que ser alguien que quiere una lectura. Pero ya no tengo tiempo de hacer nada más hasta que no me establezca. Se supone que tú les expliques eso", le recordó a su hermana.

"Bueno, es algo de eso, pero todo lo que quería este tipo era decirte que tenías razón. El rompió con su esposa".

"¿Quién era?" preguntó Sylvia, sumergiéndose cansadamente en una silla. *Por qué la gente siempre se sorprendía cuando ella estaba en lo cierto?* se preguntó ausentemente.

Sharon consultó una libreta buscando el número de teléfono. "Dijo que su nombre era Dal —Dal Brown—".

"¡Dal Brown!" Sylvia reaccionó inmediatamente. "¿Dal Brown está separado? ¿Dejó un número de teléfono?"

"Ay, es un tipazo". Sylvia estudió el número un momento, entonces levantó la bocina rápidamente y marcó. Muy pronto estaban hablando.

"Siempre pensé que ustedes eran la pareja perfecta de casados", le dijo Dal. "Gary solía darme consejos sobre cómo tratar a Margaret".

"¡Con razón tu matrimonio fracasó!" exclamó Sylvia, encontrándose a sí misma riendo por primera vez en semanas. "¿Por qué no nos reunimos, quizá para cenar?"

"No pienso que sería apropiado. Apenas me salí ayer de la casa", le explicó Dal.

"¿Entonces, que tal un romance?"

Sylvia estaba bromeando, por supuesto. ¿O no? Sylvia y Dal salieron juntos esa noche y nunca más se separaron. Fue esa clase de unión con la que ella siempre soñó, una verdadera fusión de almas lo mismo que de cuerpos. Al día siguiente, Sylvia y sus dos pequeños se cambiaron al departamento nuevo de Dal.

Gary estaba furioso y también Celeste y Bill. Mientras estuvo casada con Gary, Sylvia todavía pertenecía a sus padres. Dal era un desconocido, alguien quien de alguna manera podría alejarla de ellos. Pelearon contra esa relación con todos los medios a su alcance, incluso llegaron tan lejos que apoyaron a Gary en un intento por quitarle a los niños. Por una de las pocas veces en su vida, Sylvia desafió a sus padres, manteniéndose firme en su decisión de permanecer con Dal.

El 4 de enero de 1972 —el primer día en que ambos estuvieron legalmente libres— Sylvia y Dal se casaron en Reno, Nevada. Fue una ocasión llena de gozo, totalmente distinta a su primer matrimonio. Sylvia no podía creer lo que sus oídos oyeron cuando Dal le dijo, "Has estado trabajando muy duro por mucho tiempo. Ya es hora de que alguien se haga cargo de ti".

Ante su insistencia, Sylvia se quedó en la casa durante algunos meses. Por primera vez en su vida adulta, tenía tiempo y espacio para sí misma, horas preciosas en las cuales pensar y leer, ambos cultivaban amistades y disfrutaban de la soledad. Lo mejor de todo, había oportunidad para conocer a los niños. Comenzó a trabajar nuevamente como maestra substituta cuando las clases comenzaron en otoño.

A los pocos meses, Dal y Sylvia asistieron a la lectura de una reconocida psíquica del área de San francisco. Conforme avanzaba la noche, Dal, siempre sensible ante las reacciones de Sylvia, se dió cuenta de su creciente tensión. Cuando la psíquica pidió al público hacer preguntas, Sylvia levantó su mano con insistencia, pero, ante su frustración, fue ignorada.

Finalmente, terminó la demostración y mientras los Brown se unían al resto que abandonaba el auditorio, Dal le preguntó, "¿Qué piensas?"

"Pienso que estuvo horrible, ¡realmente horrible!"

"Pero parecía haber dado en el blanco".

"Sí", continuó Sylvia. "La mayoría del tiempo ella estaba en lo cierto, pero tú no puedes dejar a la gente colgando así nada más".

"¿Qué quieres decir?" le preguntó intrigado.

"Oh, fueron muchas veces. Esa mujer, por ejemplo, la que preguntó si ella y su esposo tenían una oportunidad de rescatar su matrimonio".

"¿Te refieres a la rubia cuyo esposo había sido su hijo en una vida anterior?"

"Esa misma. La médium la dejó absolutamente sin ninguna esperanza. Tú no puedes escoger a alguien en la audiencia y derrumbarlo de esa manera".

"Me parece recordar a Francine dándome algunas malas noticias", le recordó.

Sylvia protestó, "Tengo entendido que también te dio un pequeño rayo de esperanza".

"Sí lo hizo, por cierto", asintió Dal mientras deslizaba su brazo alrededor de su esposa.

"Hablo en serio Dal".

"Yo también. Aquí hay un café. ¿Debemos entrar o quizá esta noche te gustaría tomar algo más fuerte?"

"No piensas que ya tengo demasiados *espíritus* (a las bebidas alcohólicas también se les conoce como espíritus, en inglés).

"Café, entonces", asintió, abriendo la puerta y cediéndole el paso. Más tarde, luego de ordenar, Dal la apretó aun más fuerte. "¿No crees que un médium debe dar un mensaje negativo cuando lo obtiene?"

"Por supuesto que sí. Creo que no podría obtener primero que nadie la información si no estuviera dispuesta a transmitirla, pero también creo que un médium tiene una responsabilidad. Algunas veces se requiere apoyo psicológico. Además, sólo porque el esposo de la mujer fue su hijo en otra vida no significa que no puedan llevarse bien como marido y mujer en esta vida. Significa simplemente que hay un área problemática que necesita ser atendida y en la que se debe trabajar. La médium pudo haberle dado por lo menos un pequeño consejo. En lugar de eso, la dejo con un sentimiento de desesperanza".

"¿Alguna vez has considerado ser una médium?"

"¡De veras, Dal!" Sylvia se volvió haci él con exasperación. "¿Qué crees tú que he estado haciendo toda mi vida?"

"Quiero decir, de tiempo completo".

Sylvia fue hacia su interior, reflexionando en silencio en sus cuatro años gloriosos con Bob. Sus interminables horas planeando la apertura de una fundación psíquica, el darle una imagen profesional a su trabajo de psíquica. Muy en el fondo podía todavía oír a Bob decirle que siguiera adelante con esa idea. Su añoranza por Bob se volvió de pronto insoportable. Sylvia tenía que tener una parte de él otra vez, de modo que, en su necesidad por el amor de Bob, creó al hijo de ambos el cual fue nombrado Nirvana Foundation for Psychic Research (Fundación Nirvana para la Investigación Psíquica).

ುೞ ುೞ ುೞ

CAPÍTULO SIETE
El más allá

La Fundación Nirvana comenzó con un anuncio pequeño en la sección de clasificados que decía:

Pareja de esposos ofrece clases sobre desarrollo psíquico

Veinte y dos personas llegaron a la primera clase en el pequeño departamento de los Brown en San José. Aquellas 22 le dijeron a otras 22 y muy pronto no había lugar para todas ellas. De algún modo, Sylvia y Dal se las arreglaron para sacar dinero suficiente y rentar un pequeño local con vista a la calle. Con su mente todavía puesta en la investigación de la supervivencia del alma, Sylvia dio a su negocio el nombre de "Nirvana", que significa algo como "cielo" o "el más allá". Determinada a tener una fundación no lucrativa, la pareja obtuvo un préstamo de $2,400 para cubrir los gastos legales.

Sylvia estaba preocupada acerca de la credibilidad. "No quiero que nadie piense que se trata de un grupo poco confiable", explicó. "Madame Lazonga, no lo soy".

"No hay en realidad manera de certificar a un psíquico", les recordó su abogado. "La única prueba será su reputación". Sylvia asintió con la cabeza, estaba segura por fin de estar haciendo lo correcto.

Casi inmediatamente, esta confianza fue justificada. La gente comenzó a demandar lecturas privadas. El local siempre estaba abarrotado. Al principio, Sylvia cobraba cinco dólares y usaba las cartas del tarot. La gente no siempre se daba cuenta que las cartas eran solamente un medio de alterar la conciencia y lograr el enfoque. En una de las sesiones Sylvia le dijo a su cliente que tenía un problema en la garganta. "Sí, es verdad", le contestó la mujer, "¿pero dónde está la carta que indica el dolor de garganta?" Muy pronto Sylvia se dio cuenta que no necesitaba las cartas; podía confrontar los problemas de sus clientes frente a frente.

Aunque la mayoría de su tiempo lo pasaba en las lecturas, el verdadero enfoque de Sylvia se mantenía en la investigación. Una noche de primavera, poco después de formada la fundación, un pequeño grupo se reunió para asistir al primer trance público de Sylvia. Cada persona tenía por lo menos una pregunta para Francine.

La sesión comenzó mientras Sylvia se ponía cómoda en el sofá. Dal se sentó a su lado, actuando como una clase de escudo protector en contra de conmociones, ruidos u otros disturbios. Sylvia se mantenía literalmente ausente cuando Francine estaba presente. Un ruido fuerte provocado al momento en que Francine "entrara" o "saliera" del cuerpo de Sylvia hubiera sido peligroso para la médium. Dal comenzó a contar, "Mil diez, mil nueve, mil ocho, mil siete . . . " Lentamente, casi imperceptiblemente, la cara de Sylvia comenzó a cambiar. Sus facciones parecían ensancharse y los ojos de mirada tierna, —sello personal de Sylvia—, se volvieron más penetrantes.

Lentamente, con cautela, una mujer joven que apenas rebasaba la adolescencia se adelantó. "¿Puede describirse a sí misma?" le preguntó al espíritu guía.

"Sí".

Hubo un poco de murmullo ante la respuesta literal. "¿Se va a describir a sí misma?"

De modo que Francine, la entidad que había aparecido al principio ante una niña asustada muchos años atrás, se describía a sí misma ante un grupo entusiasta y después procedió a decirles que esa información venía de tres fuentes principales, —registros acásicos, espíritus guías individuales y mensajes de Dios—.

"Los registros acásicos son en realidad la memoria de Dios", les dijo. "Están almacenados en una clase de biblioteca. Ahí, todos los eventos de la vida de cada individuo están continuamente siendo grabados. Es como una película épica en movimiento en la cual todo lo que pasa —en el pasado, presente y futuro—, queda plasmado".

"En segundo lugar, cada uno tiene un espíritu guía que está totalmente consciente del plano que refleja la persona a su cuidado. Yo estoy en condiciones de consultar con ese guía para información personal en detalle". Francine recordó a la audiencia, "El espíritu guía es el amigo más íntimo de uno y su compañero en el planeta Tierra. El conocimiento del guía acerca de las motivaciones, percepciones y de la vida de un sujeto, es total. Las iglesias con frecuencia llaman a estos seres "ángeles guardianes".

"Respecto a la información de la tercera fuente —la de Dios—, llega en diferentes formas", continuaba Francine impasible. "Cada entidad en el más allá está en completa comunión con Dios. Cada alma siente Su presencia en forma tangible. Cuando yo necesito información para guiar a Sylvia, me dirijo a grupos especiales de entidades quienes hablan por Dios con gran conocimiento y espiritualidad. Pero otras veces puedo simplemente orar y pedir directamente la guía de Dios y El siempre contesta. Este tipo de información es conocida como 'conocimiento infundido'. Está disponible para todo el que la solicite".

El grupo digirió esto por un momento y después habló otra mujer. "¿Pero cómo funciona el conocimiento infundido y qué exactamente es un espíritu guía? ¿Qué eres *tú*, Francine?

El conocimiento infundido es la información que viene directamente del Espíritu Santo. Se coloca dentro de la mente sin la ayuda de ninguno de los sentidos. Es una adquisición inmediata de conocimiento que tú simplemente obtienes sin saber cómo lo sabes. Esta información es para compartirse con otros —de otra forma Dios no te la hubiera dado—".

"Un espíritu guía es simplemente una entidad, tal y como tú. Yo soy una entidad tal y como tú. Mi trabajo y el trabajo de todos los espíritus guía es el de ayudar a que se perfeccionen aquellos que están en la Tierra, mientras otros tienen la encomienda de ayudarnos. No hay duda que muchos de ustedes en este cuarto elegirán algún día ser espíritus guía cuando hagan su transición al otro lado".

Un hombre canoso cerca de los 80 años preguntó, "¿Pero qué es en realidad el otro lado?"

Francine hizo una pausa, como si escogiera las palabras. "Es simplemente otra dimensión", replicó por fin, en una voz tan suave, tan diferente al tono profundo y áspero de Sylvia. "Es el paraíso, es el cielo, es la última realidad de la existencia, es el mundo de la vida; el de ustedes está moribundo en comparación. Ustedes residen en un estado temporal de irrealidad. El penoso término de vida de 100 años es una gota pequeña en el gran mar de la eternidad".

Una vez que había entrado de lleno en el asunto, la persona de Francine se hizo más evidente. Aunque completamente diferente del candor fogoso de Sylvia, su voz tenía convicción. "La mayoría de nosotros reside en su plano de existencia en uno u otro momento, en una o más vidas para poder experimentar negatividad. No hay negatividad en la otra vida ni, por esa razón, en la verdadera realidad de cualquier existencia. Pero dado que la negatividad es parte del conocimiento y dado que el propósito total de la creación es hacer acopio de conocimiento y experiencia, casi todas las creaciones de Dios escogemos en algún momento venir a la Tierra como parte de nuestra educación continua".

"En otras palabras", dijo Francine, haciéndose notable con mayor intensidad, "la verdadera realidad de la existencia está en otra dimensión de una frecuencia más alta que se llama 'el otro lado'. Esta dimensión está más allá del ámbito de los cinco sentidos —es en donde residimos por toda la eternidad, excepto durante nuestras breves estancias en planos de irrealidad—. Vivimos en estos planos temporalmente para experimentar la negatividad que sirve en el desarrollo de nuestras almas. El otro lado, el más allá, es nuestro —y suyo también— *verdadero* hogar".

El hombre mayor, obviamente complacido con la respuesta, insistió. "¿Pero *en dónde* está el otro lado?"

Muchos ahora se inclinaron hacia adelante atentamente, era una pregunta que intrigaba a todos.

"Es aquí mismo", los sorprendió Francine diciendo. "El más allá o el otro lado está superpuesto en su plano, pero es aproximadamente tres pies más alto. Esta es la razón por la que aquellos de ustedes quienes han visto 'fantasmas' o 'espíritus' con frecuencia los ven flotando suavemente sobre el nivel del piso. Ambos planos comparten el mismo espacio. Solamente se debe a la mayor frecuencia de la vibración de nuestra materia el que ustedes no estén en condiciones de ver o percibir nuestra existencia. Ustedes también son como fantasmas para nosotros, pero mediante la concentración, podemos activar nuestros sentidos a un punto más perceptivo para enfocarlos bien".

"Debido a que las leyes de la física son diferentes en el más allá, —continuó Francine— tenemos más espacio en el cual vivir. Sin perder volumen o tamaño, cientos de personas pueden estar cómodas en un cuarto de nueve por doce pies. Nuestras leyes físicas nos permiten hacer esto sin volvernos microscópicos porque el espacio en nuestro plano es enteramente diferente del suyo. En consecuencia, tenemos más entidades en nuestro plano —aproximadamente seis mil millones— pero aún tenemos mucho más espacio y no estamos amontonados. Esto aplica igual a la tierra, a los cuerpos de agua y a todas las cosas materiales".

Como si hubiera anticipado la siguiente pregunta, Francine continuó. "Si pueden imaginar la cosa más hermosa que han visto y multiplicarla por cien veces, entonces estarán cerca de la belleza del más allá. Los colores son más brillantes y las flores son más preciosas, mucho más que en su plano. Todas las bellezas de la naturaleza existen aquí, montañas, playas, lagos, árboles. Todos los animales que tienen en la Tierra existen aquí también, sólo que aquí son amigables unos con otros. No hay agresión ni hostilidad."

"Puede ser interesante para ustedes saber que las mascotas que residen en su plano vienen a este lado cuando mueren. Si ustedes han amado a un gato o a un perro, éstos pueden estar esperándolos cuando lleguen a casa. Mi querida Sylvia tiene una gran área en donde viven todos los animales que ella ha reunido a través de sus encarnaciones. Cuando venga a casa, habrá una gran reunión."

"Tenemos fuentes y plazas muy hermosas, jardines y parques, así como áreas de meditación. Aunque nuestra arquitectura es predominantemente clásica griega o romana, tenemos áreas que responden especialmente al afecto de una entidad por un estilo de vida especial —un castillo, una casa de campo, una cabaña o una hacienda—".

Un adolescente que estaba sentado en el piso cerca de Sylvia se movió un poco más hacia ella. "¿Hay otros planetas habitados?" preguntó.

"Hay millones de planetas como el de ustedes en los cuales existen entidades en una gran variedad de formas y tamaños, le dijo. "Como tu planeta, también tienen otra dimensión. Hay millones de dimensiones y cada uno es un duplicado de belleza como el que corresponde al planeta Tierra. Todos existen en la misma dimensión y pueden ir y venir a voluntad".

El muchacho se quedó quieto por un momento, imaginando las posibilidades de lo que Francine había dicho y después hizo otra pregunta. "¿Cada uno de nosotros tenemos un cuerpo en el más allá?"

"Exactamente", le aseguró Francine, "y tú y sólo tú lo seleccionas. Puedes elegir de entre todos los atributos físicos que te gustaría tener —tipo de pelo, peso, estatura, facciones, color de ojos—, todo".

Una mujer elegantemente vestida de alrededor de 40 años fue la siguiente en hablar. "¿Qué otras habilidades tenemos en el otro mundo que no tengamos aquí?"

"Hay tres áreas principales", explicó Francine. "Las entidades en el otro mundo están en condiciones de comunicarse por medio de telepatía y generalmente hacen esto cuando conversan en grupos pequeños. Pero en reuniones grandes, y con el objeto de evitar confusión, usamos la comunicación verbal. Aunque todas las lenguas son usadas en un momento u otro, nuestro lenguaje principal es el arameo. Hemos seleccionado el arameo por ser antiguo y simple, así como descriptivo.

También tenemos el don de la ubicuidad. Tal vez queremos visitar a alguien o ir a algún lugar sin suspender nuestro trabajo. En ese caso nos concentramos en estar en ese otro lado. El desplazamiento se realiza rápidamente y muchas entidades eligen aparecer en varios lugares al mismo tiempo con propósitos de asistencia. Nuestro Señor, Jesucristo, puede aparecer en millones de lugares cuando es necesario.

"Todo el conocimiento está abierto para nosotros. No sólo tenemos recuerdos de lo que hemos aprendido en la Tierra lo mismo que aquí, sino que tenemos acceso a los registros acásicos, los cuales contienen todo el conocimiento —pasado, presente, futuro— para el planeta llamado Tierra".

Los dedos de la mujer se movían rápidamente mientras trataba de escribir toda esta información en una pequeña libreta. Entonces levantó la vista con una expresión de asombro en su rostro. "¿Mantenemos nuestra identidad terrenal en la otra dimensión?" Preferiría quedarme con la mía".

"Sí", le aseguró una vez más Francine. "Tu personalidad —tu individualidad—, es una composición de todas tus experiencias, ya sea que hayan sido acumuladas en el otro lado o en la Tierra. Tus experiencias, ya sean buenas o malas, te incluyen como persona. Si has vivido en diferentes lugares alrededor del mundo en vidas pasadas, las experiencias acumuladas contribuyen hacia la personalidad que tienes hoy en tu vida presente."

"Cuando llegas al otro lado, tu personalidad permanece igual pero funciona al máximo. Imagínate a ti misma en un período de suma felicidad en tu vida, con tu personalidad en su mayor expresión, rebosante de encantos y felicidad. Después toma ese sentimiento y magnifícalo cien veces y obtendrás un indicio de cómo funciona tu personalidad todo el tiempo en el otro lado".

"¿Pero qué hay sobre la gente que no nos cae bien en este planeta?" Preguntó alguien. "¿Al llegar a ese lugar de pronto toda la gente nos cae bien?"

Fue una pregunta que caló hondo en todos los presentes. Francine respondió sin vacilar. "Te gusten o no te gusten son parte de la personalidad de un individuo y son atribuidas directamente a las propias experiencias de cada uno. Si un individuo no cuida a otro, es generalmente debido al hecho de que la experiencia del individuo con ella o él ha sido negativa. La antipatía no es creada existencialmente en una entidad. Debe ser formada por experiencias entre la persona y el objeto de esa antipatía".

Y continuó. "Si, por ejemplo, un individuo tiene una aversión muy fuerte, quizá odio, hacia un tío; éste pudo haber sido creado por un comportamiento del tío hacia esa persona cuando era niño. Quizá la antipatía está completamente justificada. En el plano de ustedes, los sentimientos pueden ser alterados por el perdón o pueden permanecer sin cambio. Pero en el otro lado nuestra conciencia se abre enormemente. Entendemos por qué el tío nos trató tan mal. Quizá fue causa de mucha presión sobre él, o posiblemente fue una experiencia de aprendizaje que necesitaba el alma. Cualquiera que sea la razón, este conocimiento nos da un punto de vista completamente diferente. Amamos a todas las almas de la creación porque cada una es parte de Dios, tal y como lo somos nosotros".

"Quizá en algunos casos no deseamos intimar con esa persona, pero de todos modos amamos a esa alma individual. Cada entidad tiene la opción de asociarse con quien desee. Todas nosotras tenemos nuestros amigos cercanos, —esto es parte de la personalidad—, pero no conozco a nadie que sienta odio o siquiera antipatía por otra entidad en nuestro plano. Simplemente hay demasiado amor y armonía."

"La razón principal para ese amor y armonía es la falta de ego involucrado. En este plano no hay competencia. Todos trabajan juntos por el bienestar común. El orgullo y los celos no tienen más significado para nosotros porque tenemos que aprender que el verdadero propósito de nuestra existencia es el amor y el obtener conocimiento acerca de Dios. Es muy fácil ayudarnos unos a otros porque no hay negatividad que nos confunda".

Se escuchó el murmullo generalizado de la gente discutiendo esta respuesta y después, un hombre habló en voz alta. "¿Pero qué hay acerca de *este* mundo?" preguntó. "Dado que tenemos demasiada negatividad que enfrentar. ¿Está bien enojarse con la gente o con las situaciones?"

"No solamente es permisible, sino *correcto*", los sorprendió Francine al decir esto. "Ustedes no están todavía en el otro lado; todavía son humanos. El coraje es depresión invertida. Está invertida porque ustedes no pueden levantarse y ser ustedes mismos porque tienen un miedo sin igual de provocar la desaprobación de un grupo. Y sin embargo, ¿a quién admiran ustedes en vida? ¿a quiénes sino a los excéntricos, a las personas que hacen lo que les place?".

"Nadie puede mermarte. Tú te permites a ti mismo ser mermado. Esto es porque estás enojado pero sientes que no puedes decir lo que te gustaría decir. En lugar de eso soportas el lloriqueo de otros y te preguntas por qué estás exhausto. Tu falta de fortaleza intestinal para pararte y decir, 'A mí no me gusta esto'. 'Esto me molesta. No lo necesito'. ¿Lastimaría esto a la otra persona? NO, te está lastimando a ti el *no* decirlo".

"Si te has pasado un año o dos con un individuo y la relación no mejora, estás perdiendo tu tiempo al permitir que continúe. Tú tienes todo el derecho de alejarte de una situación dolorosa. No tienes que esperar hasta llegar al otro lado para ser feliz, pero tienes que saber que la felicidad que gozas en esta vida es nada comparada con lo que experimentarás en el más allá".

Una adolescente sentada en el suelo, se acercó y preguntó. "¿Qué hay sobre las actividades sociales, Francine? ¿Se tiene pareja en el otro lado?"

"Por supuesto que sí." Le aseguró a la joven. "Tenemos innumerables actividades sociales, tantas y tan variadas para todos los gustos. Hay música y bailes en grandes salones, hay lecturas y debates en casi todos los temas sostenidos en grandes foros, hay exhibiciones de arte y galerías presentando toda clase de trabajos, también las hay científicas así como eventos deportivos y desfiles de moda, todo lo que te puedas imaginar. El asistir a ellos como espectador o el participar depende de cada individuo".

"Pero además de los eventos grandes, hay pequeñas reuniones como lecturas de poesía y conciertos de cámara. Hay también balnearios que visitar y áreas desérticas para explorar, natación, vela, alpinismo, tenis. Aunque el comer no es necesario, algunas personas disfrutan de la cocina gastronómica y casi todos disfrutan de invitar a otros para pequeñas reuniones".

"Cuando llegues a casa al otro lado, te encontrarás a ti misma presionada de no involucrarte en alguna clase de actividad social con frecuencia. Aunque ciertamente no tienes que participar, la mayoría decide hacerlo. Yo personalmente me considero una chica muy sociable. Me encantan las fiestas y bailar y voy con regularidad con aquellos que me invitan. Algunas veces Sylvia bromea acerca del hecho de que cuando no estoy cerca de ella es porque ando en alguna fiesta. Me fascinan, a la mayoría de las entidades también".

Le tomó un rato al grupo digerir esa respuesta. Muy diferente de la imagen tradicional del "cielo". Finalmente, fue la mamá de la adolescente rubia y bonita quien rompió el silencio. "¿Qué es lo que uno puede hacer por toda la eternidad?"

Pareció en realidad que la pregunta sorprendió a Francine. "Trabajas, socializas, aprendes y disfrutas de tu existencia", contestó. "Es interesante destacar aquí que todos tenemos 30 años de edad en la otra vida. Es la edad perfecta, porque tienes la combinación ideal de la juventud y la madurez. Los ancianos tienen la apariencia de ser mayores, pero esto es debido a su proyección de sabiduría y aprendizaje. Nuestro sentido del tiempo es muy diferente al de ustedes, su vida entera es sólo unos minutos para nosotros, y nuestras vidas están tan llenas que la eternidad existe para nosotros como un estado de dicha".

Un hombre mayor de veinte años fue el siguiente en hablar. Estaba sentado en el fondo del salón, tomado de la mano de una mujer sentada junto a él . "¿Existe el matrimonio en la otra vida?" preguntó.

"Dado que vivimos, en algunos casos, muchas vidas en el plano terrenal, podemos haber tenido varios esposos o esposas. No es posible que queramos permanecer unidos con tantos. Por supuesto, podemos elegir unirnos a un alma gemela."

La mujer de rostro dulce que estaba sentada junto a él se inclino hacia adelante y preguntó, "¿Qué significa en realidad el término alma gemela?"

Su significado con frecuencia es mal interpretado por aquellos en la Tierra, admitió Francine. "Déjame comenzar por explicar la diferencia entre 'alma gemela' y 'alma similar'".

"Cuando fuimos creados por Dios, éramos básica e intrínsecamente completos en la mayor parte —y digo la mayor parte porque un alma gemela es en realidad la otra mitad de uno mismo—, a menos que hayas sido creado como un ser individual, suelto, con propósitos de experimentación de un estado independiente. El alma gemela viene junto contigo cuando has determinado que es tiempo para que ocurra esta relación dual. Es, en esencia, un matrimonio para la eternidad."

"Las almas gemelas existen en forma singular hasta que han alcanzado su propio nivel elegido de experiencia y desarrollo. Una vez que ambos han ido más o menos a través de su entrenamiento, vienen juntas. Esto puede tardar siglos, dependiendo de los individuos involucrados. Algunos ya han atravesado este proceso de aprendizaje y ahora están juntos, mientras otros todavía están en evolución. Cuando llegue el momento, se juntarán."

"Una entidad puede o no tener un alma gemela, dependiendo de si esa entidad es o no una creación singular o si ha llegado el tiempo de reunirse en este plano".

"Las almas similares son almas que se tienen un profundo amor entre sí. La mayoría de nosotros tenemos literalmente millones de almas similares con las que podemos relacionarnos, pero por lo general tenemos una sola alma gemela. Si, por ejemplo, tienes una amistad profunda, amorosa con alguien en esta vida, hay muchas probabilidades de que ustedes sean almas similares en la otra vida. Todos tus amigos cercanos en la otra vida son tus almas similares. Tenemos una clase de unión de almas aquí que no es sexual. Es un acto en el cual una entidad entra en otra y experimenta una fusión de mente y cuerpo que es muy intensa y placentera. La elevación mental es indescifrable".

La mujer dudó un momento. Su cara pálida se ruborizó ligeramente cuando preguntó, "¿Entonces no hay sexo en la otra vida?" Todos los asistentes reaccionaron de diferente manera, algunos se inclinaron entusiasmados, otros se movieron en su lugar incómodos, unos cuantos se rieron. Sylvia permaneció recostada en el sofá; sólo sus labios se movían mientras salía a través de ellos la voz de Francine.

"Sí, tenemos sexo en la otra vida. Lo llamamos fusión. Es difícil de explicarlo porque es una unión tanto física como espiritual. No hay nada que se compare con esto en su plano. Si tomas el orgasmo más intenso y placentero que hayas tenido y lo multiplicas por cien, puedes tener una idea cercana de lo que es un orgasmo para nosotros. Al mismo tiempo nuestros orgasmos duran mucho más. Imagínate un orgasmo en tu plano que dure varias horas".

"Todos en nuestra dimensión participamos en estas fusiones unos con otros, ya sea que hayamos conocido a nuestra alma gemela, seamos solteros, o estemos esperando su regreso. Deben entender que no existe el juicio moral involucrado en este acto entre almas que no son gemelas porque la intensión que las une es siempre la más pura de todas: el amor".

"La moral como la conocen ustedes no existe en la otra vida. No hay tal cosa tan "mala" porque todas las entidades son amorosas y carecen de ego. No tenemos necesidad de leyes".

"En nuestra dimensión, las almas gemelas vienen juntas en una forma tradicional. La entidad masculina hace la proposición a la entidad femenina. Si ella se inclina y si ambas están en el mismo nivel de evolución que quieren alcanzar, ella acepta y van a un consejo para recibir una bendición. Una vez que ésta es otorgada, comienzan a vivir juntas. Sin embargo, esto no merma ninguna de sus costumbres sociales anteriores, o amistades, mientras que otros pueden preferir perseguir sus propios intereses en una manera singular por una porción de su tiempo. Cualquiera que sea el estilo de vida es por lo general práctico".

El grupo permaneció en silencio por unos instantes, cada persona con sus propios pensamientos. Finalmente, un hombre corpulento, de pelo canoso hizo la siguiente pregunta. "¿Ustedes trabajan en la otra vida?"

"Todas las entidades trabajan en la otra vida, pero la palabra trabajo es probablemente mal guiada para ustedes porque es sinónimo de difícil. Aquí todos disfrutamos mucho trabajando en nuestras áreas elegidas de esfuerzo. No es como en su plano, en donde trabajas para comer, vestirte y procurarte un techo. Nosotros no trabajamos para sobrevivir, trabajamos porque lo disfrutamos y obtenemos conocimiento".

"Eso es interesante", continuó Francine, "que todo el conocimiento adquirido en su plano Terrestre, las nuevas invenciones lo mismo que los redescubrimientos de la sabiduría de la antigüedad, es obtenido de nuestros investigadores y luego introducido dentro de su plano mediante la implantación en el cerebro de un investigador, científico o filósofo humano. Todas las invenciones, todas las curas médicas, todos los nuevos descubrimientos científicos son transmitidos desde nuestro plano hacia el suyo para su uso y beneficio. Incluso cosas tales como; la música, el arte y los nuevos diseños son implantados por nosotros dentro de individuos en su plano".

"Dado que como ustedes ya saben, el tiempo no existe en nuestro plano, tenemos mucho tiempo libre para buscar pasatiempos. Cada uno de nosotros disfruta de por lo menos una actividad adicional al 'trabajo'".

"Por supuesto, llevamos una cuenta del tiempo en nuestra dimensión de modo que podemos entender los eventos que ocurren en su mundo, así como lo que está ocurriendo en la vida de un individuo específico. Necesitamos tener conciencia de su tiempo para poder vigilar su progreso".

"Cuando sus seres queridos pasan a este plano, con frecuencia tienen dificultad para relatar los problemas de ustedes debido al factor tiempo. Ellos se dan cuenta casi inmediatamente de que muy pronto volverán a estar juntos y los problemas de la Tierra parecen cortos e insignificantes. Pueden faltarte varios años de vida, pero para tus seres queridos serán como unos cuantos minutos antes de que llegues a casa, sano y salvo."

"Es como cuando uno de tus hijos se pincha un dedo con una púa. Lo consideras y consuelas pero no te muestras preocupada porque sabes que el dolor va a pasar pronto y que el niño se estará riendo otra vez. Esta es la razón por la que un 'guía de comunicación' como yo tiene que pasar por un entrenamiento muy exhaustivo. Sin el cual no estaríamos en condiciones de relacionarnos con la experiencia humana. Olvidamos la negatividad que hay en el otro lado —en su lado—, y debemos volver a introducirnos en ella para poder trabajar con un médium como Sylvia, por ejemplo".

"De modo que no se sientan tristes si un ser querido muere y ustedes no sienten su presencia o reciben alguna forma de comunicación del más allá. Esta persona puede estar muy involucrada en su propio trabajo y solamente estar esperando a que pase el corto período de tiempo hasta que ustedes lleguen a casa".

Una mujer pequeña en sus 40s, sentada atrás del salón fue la siguiente en hablar preguntando, "¿Si la vida es para siempre, por qué tenemos tanto miedo de morir?"

"Tú naces con una memoria subconsciente de que la vida es para siempre, pero esa memoria muy pronto es bloqueada por la naturaleza de las experiencias de la vida en tu plano, las cuales te obligan a recordar conscientemente lo que has experimentado ahí. Es algo como esto: ¿Alguna vez has vivido en una casa que temías dejar porque tenías miedo de no encontrar otra? O, alguna vez has viajado lejos y pensado, *¿Volveré alguna vez a la antigua casa?* O tal vez, al regresar de otro viaje, te dices a ti mismo, *Había olvidado qué tan bien se siente estar en casa".*

"Esto se parece mucho a la vida en tu plano. ¿No sientes pena con frecuencia al darte cuenta que tu cuerpo te separa de otros? ¿No hay momentos en que deseas jalar a otra persona dentro de tí mismo? ¿No tienes a veces un sentimiento de aislamiento? Una vez que comiences a reconocer y a entender este principio, el miedo a la muerte se disipa y, cuando expires, la memoria irrumpirá sobre ti en ese preciso momento. Después, tu alma dará un suspiro de alivio. Eso ya terminó y estoy en casa".

La mujer suspiró en forma audible. "Parece muy hermoso, pero yo me pregunto, ¿entonces cuál es el propósito de todo esto? ¿cuál es el propósito de vivir?"

"Todos ustedes son mensajeros de Dios enviados aquí para llevar su palabra. Pero ese mensaje está codificado y ustedes deben descifrarlo. Es verdad que Dios existe dentro de ustedes, pero al mismo tiempo ustedes son parte de El. Ustedes vivirán por siempre, ustedes han vivido por siempre y nadie nunca estará perdido o será menos."

"Espiritualmente significa, en esencia, encontrarse a sí mismo, para encontrar a Dios dentro y afuera de uno mismo y para pelear la batalla en contra de la negatividad. Esto se puede ver incluso si sólo uno de ustedes va afuera e ilumina el camino para otro, algo de lo gris será borrado. Así es como se combate la negatividad y sólo se necesita dar una mano para completar esta gran tarea".

"Cada uno de ustedes está aquí para permitir la evolución de su alma. Ustedes han elegido experimentar la vida para poder perfeccionarse más rápidamente. Ustedes son una parte de Dios en evolución, perfeccionando un aspecto de El. Dios experimenta a través de Sus creaciones".

"Comiencen a ver la vida como algo que deben sobrevivir. A veces puede ser divertido, pero también puede ser tedioso. Piensen en la vida como en una escuela en la que el internado ofrece comida muy mala y no hay transportación que valga la pena. Sí, ayudará el mantener sentido del humor sobre todo esto".

El hombre mayor, de pelo cano, sonrió calurosamente a los otros, pero después preguntó , "¿Por qué Dios quiere que yo aprenda? ¿No puede El experimentar por sí mismo?"

"Dios, teniendo todo el conocimiento, necesitaba experimentar Su conocimiento. De ésta necesidad surge toda la creación, una manifestación del poder y del intelecto de Dios. Cada faceta de Dios puede ser encontrada en Su trabajo. El amor perfecto de nuestro Padre se volvió tan grandioso que comenzó a multiplicarse por sí mismo y en ese proceso nos creó a todos nosotros. Desde entonces hemos sido la experiencia directa, Su lado emocional".

"Ustedes son, literalmente, una parte de Dios. Como tales, cualquier cosa que experimenten también es experimentada por El. Si ustedes están en dificultades, entonces, Dios, lo experimenta. Si descubren una faceta gloriosa de la vida, entonces Dios también está ahí".

"Es verdad que Dios nos necesita para experimentar. Sin embargo, es más correcto decir que Dios *es* nosotros y, de ese modo, El experimenta directamente. Pero El tiene experiencia sobre y por encima de las nuestras. Esto es verdad porque El tiene todo el conocimiento, mientras que nosotros tenemos muy poco en comparación. Por ejemplo, digamos que alguien en tu plano tiene todo el conocimiento sobre biología —esa persona ha leído todo en el mundo acerca de este tema—. Pero digamos que él no tiene experiencia práctica en biología, entonces carece de sentido y de sentimiento, de la experiencia de esa ciencia. Mediante el conocimiento por sí sólo, él pueden experimentar mucho, pero no tanto como mediante la práctica directa de la biología. La gente es el sentido, el sentimiento de la conciencia de Dios. Y no obstante Su conocimiento limitado, Su percepción de nuestra experiencia es mucho más grandiosa que la nuestra".

El hombre asintió con la cabeza, considerando lo que Francine había dicho, después preguntó: "¿Qué señales marcan nuestro camino? ¿Cómo podemos saber si estamos en el camino correcto?"

"La auto-aceptación y el conocimiento propio es el mejor indicio de que lo están haciendo bien. Se sentirán bien con ustedes mismos. Comenzarán a darse cuenta que, no obstante las adversidades por las que atraviesen, pueden manejarlas espiritualmente. Las circunstancias pueden descarrilarte temporalmente, pero siempre habrá una fe interna y un resplandor que te lleva de regreso a la paz interna. Es como una conciencia intuitiva que te dice que estás bien, lo mismo que un amor por ti mismo que es absolutamente necesario. Esta voluntad, en cambio, trae un entendimiento intensificado y una sensibilidad que te permitirá escuchar a tus guías y sentir su presencia".

El salón entero estaba silencioso mientras cada persona evaluaba mentalmente su progreso. Por fin, una mujer de más de 20 años habló. "¿Tienen casas en la otra vida?"

Francine hizo una pausa, como si considerara la mejor forma de contestar esta pregunta. "Muchos de nosotros preferimos los departamentos comunales —ése es mi caso—, por la oportunidad de una vida social. Algunos otros, particularmente las almas gemelas, pueden preferir casas. Estas casas pueden ser de cualquier clase de arquitectura. Algunas laboriosamente amuebladas y otras muy sencillas. Algunas entidades deciden construir sus propias viviendas en la manera convencional, disfrutando de la construcción. Estos son carpinteros o artesanos en nuestro mundo quienes pueden hacer cualquier cosa".

"Otros crean un edificio con sólo pensarlo en la realidad. Por ejemplo, supongamos que queremos construir un nuevo foro. Después de seleccionar la ubicación, varios arquitectos delinean el contorno del edificio usando solamente sus pensamientos. Si pudieran ver esto, podrían en realidad apreciar las líneas formándose en pleno aire, casi como el arquitecto las dibuja en su mesa de dibujo. Algunas veces el constructor que delinea el contorno del edificio, decide que no le gusta y entonces borra las líneas de 'energía' y comienza uno nuevo."

"Una vez que se define el estilo del edificio, otras entidades se reúnen y juntas crean la substancia del edificio, —las paredes, techo, ventanas y decoración interior—. Todo esto hecho a través del proceso de concentración mental que condensa la materia real".

"Algunas veces seguimos el mismo tipo de procedimiento para determinar nuestra apariencia. Si por decir después de varios siglos deseas cambiar tu apariencia, simplemente tienes que concentrarte en el cambio que deseas y, así de fácil, cambias de pelo obscuro y ojos cafés a rubia de ojos azules".

La mujer asintió con la cabeza, asimilando la respuesta, después se aventuró a plantear otra pregunta. "¿Tienen alguna forma de gobierno en el otro lado?"

"No", contestó Francine. "No tenemos un gobierno *per se*, pero tenemos una jerarquía. Esta es en la forma de un Consejo de Ancianos. También tenemos, en un orden decreciente de responsabilidades, guías de comunicación, entidades de sexto nivel, entidades de quinto nivel, cuarto nivel y así sucesivamente".

"Los ancianos son almas seniles que tienen un amor divino sabio y hermoso por todos. Mucha de la información viene de los ancianos. Se les puede llamar voceros ante Dios, por lo menos en una forma verbal. Son humanos y, a diferencia del resto de nosotros, escogen, con su pelo blanco y barba, la apariencia de la edad. Los ancianos son sabios, amorosos y su conocimiento es basto. Cuando se pronuncia algún edicto ellos son los responsables de hacerlo."

"Los arquetipos también son de forma humana pero muy diferentes de las otras entidades de nuestra dimensión. Parecen todos iguales, casi como robots androides en forma humana. Otra diferencia es que se comunican entre sí por medio de la telepatía pero no lo hacen con otros. Esto no significa que no nos respondan, lo hacen, pero es como tratar con un sordo mudo. Todos ellos son brillantes y la verdad es que parecen brillar con una energía que nadie más posee. Muchas veces si te le quedas mirando a uno por un largo período de tiempo, tus ojos se encandilan como si tuvieras una luz intensa frente a ti. Los ancianos dicen que el propósito de los arquetipos es la protección de aquellos tanto en el plano terrestre como en el de nosotros. Son criaturas muy poderosas y espíritus guía usados con frecuencia para ayudar a guiar el progreso de la humanidad en la Tierra. En tu Biblia han sido llamados arcángeles y debido a su brillantez y energía han sido vistos algunas veces por aquellos en su dimensión y confundidos con apariciones de Cristo. No se conoce mucho acerca de ellos. Hay de todos modos algo de misterio incluso para nosotros pero no lo es el amor y la protección que nos brindan."

"Los guías de comunicación son entidades avanzadas y evolucionadas quienes actúan como espíritus guía pero realizan tareas adicionales, tales como la comunicación con su plano a través de un médium en varias formas. Esta comunicación se presenta en forma verbal a través de un médium en trance o a través de un médium clarioyente, ambos de los cuales soy yo. También puede involucrar la manifestación de fenómenos físicos a través de un médium físico y canalizando energía a través de un curandero psíquico. Todas estas funciones propias de un guía de comunicación requieren un entrenamiento extensivo, porque, si no son hechas adecuadamente, el médium puede resultar seriamente lastimado. Toma muchos de sus años de entrenamiento el convertirse en un comunicador. En cambio la mayoría realiza funciones de espíritu guía en un momento u otro".

"Con el propósito de organizar grupos de entidades por categorías, de acuerdo con su experiencia y vocación, existen siete niveles en el más allá. Estos no son niveles de desarrollo espiritual, sino sólo de experiencia. Los niveles primero y segundo son de orientación —estados temporales experimentados por las entidades que acaban de morir—, es decir, de pasar de tu plano al mío.

El tercer nivel abarca a todas las entidad que deciden trabajar en la ganadería, agricultura o en labores artesanales como la carpintería.

En el cuarto nivel están las entidades más ascéticas, tales como artistas, escritores, escultores o músicos.

Aquellas entidades que son consejeros en áreas de negocios, ciencia y medicina se encuentran en el quinto nivel.

El sexto nivel comprende a entidades que son organizadores, maestros y filósofos.

Las entidades del séptimo nivel son aquellas que escogen regresar a la Divinidad y en consecuencia no residen realmente en el otro lado por un período largo. Podría agregar que sólo unas cuantas entidades escogen el séptimo nivel, dado que la energía de su creación es llevada a la divinidad. Aquellas que eligen este nivel son muy espirituales y evolucionadas y porque su amor a Dios es tan grande deciden ser absorbidas por el nuevamente."

"Debido a la experiencia que necesitan los administradores en varios tipos de tareas vocacionales, los niveles quinto y sexto tienen más responsabilidades y encabezan proyectos de investigación y centros de orientación y manejan áreas residenciales extensas en el otro lado. "Si alguien pudiera decir que tenemos una forma de gobierno, esta sería parecida a la democracia Griega de la antigüedad. Hay una completa interacción con todo en esta dimensión y todos tienen el poder de actuar o contribuir si así lo desean. Dado que no hay ego involucrado, todo funciona en completa armonía y amor y con un deseo de hacer lo mejor para cada individuo y para todos."

"Sin importar el nivel que hayamos escogido para vivir, todos somos parte de la misma dimensión. Hay áreas en este lado en las cuales todos

La abuela materna de Sylvia, Ada, a la edad de 30, una reconocida psíquica en Springfield, Missouri.

La familia de la abuela Ada, de izquierda a derecha: Marcus Jr. (tenía parálisis cerebral, todos lo llamábamos "Brother"), Marcus Sr., Celeste (la mamá de Sylvia), Paul (también psíquico, murió a la edad de 21, le dijo a Celeste que tendría una niña a quien debía nombrar Sylvia) y Ada.

El hermano de la abuela Ada, Henry Kaufholtz, quien fue un médium y espiritista en los viejos "campamentos" de Florida y Oklahoma.

Sylvia a la edad de 2-1/2.

Sylvia a la edad de 6 con su madre.

Sylvia a la edad de 7 con su pequeña hermana Sharon. Sylvia cuidó de ella desde bebé hasta su vida adulta.

Sylvia, a la edad de 14 y su hermana Sharon, a los 8.

Sylvia, a la edad de 20 y su papá, Bill Shoemaker, en el baile de Padres e Hijas en el Colegio de Sta. Teresa.

La primera casa de Sylvia con su esposo Gary en Kansas City. Construida en los terrenos de un cementerio indio, imágenes extrañas aparecían en las paredes, el perro fue lanzado por la puerta, un tornado la golpeó (y sólo a esa casa); después, luego de que se cambiaron, se incendió.

Se mudaron a California en 1964, una vez más Sylvia acabó en una casa embrujada, pero con las instrucciones de Francine, realizó su primera bendición a una casa y trajo la paz a su hogar.

Paul Dufresne, el hijo mayor de Sylvia a la edad de 7, sosteniendo a su hermano menor, Christopher, de un año de edad. Ambos niños alcanzaron la estatura de 6'6".

El hijo menor de Sylvia, Christopher Dufresne, heredó el talento psíquico y comenzó a hacer lecturas a la edad de 16.

Retrato familiar tomado en 1994. A la izquierda, la familia de Paul Dufresne: Nancy, Jeffrey (de un año), Paul, después Sylvia en el centro. A la derecha se encuentra la familia de Chris Dufresne: Chris, Angelia (de 1 1/2) y Gina.

Angelia Sylvia Dufresne a la edad de 5, la nieta de Sylvia, hija de Christopher y Gina. Se renombró a sí misma "Eya", es psíquica y es la reencarnación de la abuela Ada para continuar el trabajo espiritual iniciado por Sylvia.

William Christopher Dufresne a los 5 meses de edad (¡ya pesaba 25 libras!), nieto de Sylvia, hijo de Christopher y Gina, nombrado en honor del padre de Sylvia.

Jeffrey Dufresne a la edad de 4-1/2, nieto de Sylvia, hijo de Paul y Nancy.

Christopher Dufresne, a los 32 años, un excelente psíquico en la tradición familiar, trabaja junto con Sylvia diariamente. El hijo mayor de Sylvia es un exitoso banquero de hipotecas.

El programa de *Montel Williams*—Sylvia graba nueve programas cada año con Montel. Este es uno de ellos en donde la "dinastía psíquica" estuvo junta: Chris, Angelia y Sylvia.

UNSOLVED mysteries

En Misterios sin resolver Sylvia vino a des-mistificar un trío de fantasmas en una taberna junto al mar.

Home Improvement: Tim Allen.

In the Heat of the Night: *Howard Rollins, Carroll O'Connor.*

"Wild Card": Cindy Pickett.

WEDNESDAY GUIDELINES

☐ With Halloween just around the corner, **Unsolved Mysteries** scares up some ghost stories. Psychic Sylvia Browne comments on theories about the "ghost" of Moss Beach, Cal., while another segment investigates reports that the Drum Barracks Civil War Museum in Wilmington, Cal., is haunted by the ghosts of Union soldiers. —8 PM ④ ⑥

for six months. Burns co-wrote and co-produced his brother Ken's *The Civil War.* —9 PM ㉘

☐ **Movie:** A seasoned performance by Powers Boothe as Preacher, a former Episcopal priest turned gambler, distinguishes 1992's **"Wild Card,"** a ★★ cable drama. Cindy Pickett costars as his love interest. Boothe also preached

'Mysteries' enlists psychic's help with ghost

■ **NBC series: Unsolved Mysteries:** 8-9 p.m. today, WPTV-Channel 5, WTVJ-Channel 4.

By PAUL LOMARTIRE
Palm Beach Post Staff Writer

Psychic Sylvia C. Browne talks to a ghost on a segment of NBC's *Unsolved Mysteries* tonight and doesn't care a bit about convincing people of her mental gift.

"That's right," Browne said last week by phone from her Campbell, Calif., office. "People either believe or not. Although I'll tell you the truth, I love skeptics because skeptics sometimes can be the easiest to topple.

"And it's OK if there's skeptics: Who wants somebody pushing something down your throat all the time?"

Tonight, Browne talks to ghost Mary Ellen Morley, who died in 1919 as the result of a car accident.

The woman, seen and heard by various people around Moss Beach, Calif., is known as

the "Blue Lady." She's been known to warn children to stay away from the area's steep bluffs and has spoken to employees of a restaurant called the Moss Beach Distillery. Morley also appeared, dressed in blue and covered with blood, to two men whose car ran off the road after they attended an uneventful seance at the Distillery.

Browne

The restaurant's owner brought Browne in to validate or dispel the rumor. But, according to the *San Francisco Examiner*, it took owner John Barbour a year to get Browne to take the job.

"When John Barbour called, he was kind of concerned about it because he was a big skeptic," she said. "Needless to say, he's not a

skeptic anymore."

Browne found there are four, not one, Moss Beach ghosts. Morley also told Browne about a love triangle Morley was involved in.

As Browne relates all this, her voice is even, reassuring. The 56-year-old woman with a staff of about 50, including family, works from offices in Campbell as well as Los Angeles. She charges $200 for a one-hour reading. She works with police departments, lawyers and those seeking facts about missing or murdered family members.

She has worked in television for 22 years including, she says, 15 of those as consultant for a network about audience research. But she turns down most TV invitations. "I don't want to be treated as entertainment.

"I will not go on a show in which it's going to be a silly thing ... I don't want any goofy

Please see 'MYSTERIES'/1D

Sylvia fue la estrella de este especial nacional de la CBS, el cual se transmitió al aire el 15 de mayo de 1991. Su brillante actuación ayudó a subir el nivel de audiencia de 10.3 a 19, ¡casi ganándole a Misterios sin Resolver! El programa fue tan bueno que las noticias de las cadenas CNN, Entertainment Tonight, NBC y CBS dieron la historia de Sylvia.

La Casa misteriosa de Winchester (San José, California) es uno de los sitios "encantados" cuando se trata de buscar espíritus. Hay tres fantasmas destinados a la tierra en la residencia quienes simplemente no la dejarán.

Imagen del Fantasma de Johnny Johnson —Durante el programa de televisión *That's Incredible* se le pidió a Sylvia que se comunicara con el espíritu que se aparece en una tienda de juguetes de California—. El fotógrafo captó a Johnny en esta foto infrarroja, arriba a la izquierda está la imagen de un hombre de pie, recargado a su izquierda. Sylvia es la luz blanca brillante que aparece abajo a la derecha.

Sociedad de Novus Spiritus —Sylvia fundó una nueva iglesia para celebrar al Dios todo amoroso—. Este es el primer grupo de ministros en su ceremonia de ordenación.

Sylvia con su nuevo esposo, Larry Beck. Se casaron en septiembre de 1994, con lo que se cumplió una predicción de Sylvia durante la primera lectura que le hizo a Larry en 1973.

Sylvia baila con Chris en su fiesta de 60 años, en 1996 —la fiesta fue planeada y ofrecida por Chris y Gina—.

Sylvia realiza lecturas psíquicas en todo el país cada año. Esta es una visita sorpresa de Montel en una de sus lecturas en Manhattan.

Sylvia y Montel Williams son definitivamente "almas similares", Sylvia dice que Montel es un ángel de Dios que ha sido clave en ayudarla a traer un nuevo mensaje espiritual al mundo. Montel también realiza el trabajo de Dios mediante la ayuda a la gente durante su programa de TV, así como dando asistencia detrás de las cámaras a muchos necesitados.

Esta es la foto más reciente de Sylvia, tomada en mayo de 1998. No muestra signos de disminuir su ritmo de actividad mientras entra a los 60.

están predominantemente en el mismo nivel, pero ese es un estado que se elige por conveniencia propia y estilo de vida o con un propósito vocacional. Todos los niveles son iguales y están diseñados con base en la experiencia y la vocación. Por lo general los niveles más altos son escogidos por entidades que tienen mayor experiencia en vida. Ellas han estado en el plano terrenal en más encarnaciones y por lo tanto han obtenido más experiencia con la negatividad".

El adolescente que había hablado anteriormente alzó de nuevo la mano. "No tienes que hacer eso", le recordó Dal. "No estás en la escuela".

"No lo sé", respondió el joven. "Quizá estoy, pero estoy seguro que esta escuela es mejor que la mía. "¿Cuál es el propósito de la negatividad?" le preguntó a Francine. ¿Por qué tenemos que experimentarla?"

"Mientras que el otro lado es el hogar y la realidad para todos nosotros, la mayoría de sus residentes deciden encarnarse brevemente en el plano terrenal para poder experimentar la negatividad y aprender a manejarla. Dado que la negatividad forma parte del conocimiento, estaríamos incompletos sin haberla experimentado".

"Es mucho más fácil ser positiva en un medio ambiente perfecto, así que sometemos a prueba nuestro coraje en el plano terrenal. Es algo que emprendemos en favor de la evolución de nuestra alma".

"¿Podemos ver a Dios o a Cristo en el otro lado?" Era la mujer de pelo cano hablando otra vez.

"Dios siempre está presente en nuestro plano, aunque no en una forma física. Su presencia es tan poderosa que se siente a través de cada poro de nuestro ser. Constantemente se comunica con todos a través de infusión mental. Esta manifestación de energía de Su amor está siempre ahí, pero hay otra forma de comunicación con El. Se llama, yendo detrás del séptimo nivel y es en esencia la energía de todas las entidades que han escogido irse al séptimo nivel".

"Dado que todos nosotros somos una porción de la energía de Dios y tenemos una porción de Su conocimiento, las muchas entidades que han elegido ir al séptimo nivel han magnificado su fuerza a un poder que potencialmente contiene todo Su conocimiento. No puede definirse o describirse".

"Cristo existe en nuestro plano en forma corpórea y vive con su alma gemela, María Magdalena. Su fuerza y bondad son constantes mientras camina y habla con las entidades en el otro lado. Debido a que puede dividirse y aparecer en muchos sitios, hay gran oportunidad para buscar su consejo en cualquier momento. En algunas ocasiones puede sentarse junto a una fuente en una conversación seria y amorosa con una persona al tiempo que ríe felizmente con un grupo en otra parte".

"Nuestro Señor tiene un maravilloso sentido del humor y disfruta de las fiestas, pero permanece como el filósofo y consejero supremo. Dedica todo su tiempo a estar simplemente ahí para todo aquel que lo necesita".

La joven que había hablado antes se movió ligeramente hacia enfrente y con una sonrisa pícara en su rostro preguntó. "¿Podrías decirnos algo sobre tu vida en el más allá Francine?"

"La mayoría del tiempo me la paso guiando a Sylvia y vigilando a sus seres queridos. Además, paso algún tiempo investigando para mejorar mi comunicación con aquellos de ustedes en el plano terrenal, a quienes hablo a través de Sylvia en una sesión de trance como esta. El resto de mi tiempo, tal y como la mayoría de las entidades lo utilizo para asistir a lecturas, conciertos y fiestas".

"Tengo una alma gemela, su nombre es David. Nos amamos mutuamente pero no hacemos todo juntos. Tenemos nuestros propios intereses individuales y otros que compartimos. Algunas veces, cuando David y yo queremos hacer algo juntos, le pido a Raheim —el control de Dal Brown— que cuide a Sylvia, pero nunca me alejo de ella por mucho tiempo".

"El ser la guía de comunicación de una médium como Sylvia puede tener algo de confinamiento en comparación con mi antiguo estilo de vida, pero en el esquema global de las cosas, es muy temporal. El lapso de la vida de Sylvia en la Tierra parece mucho más largo para ustedes que para nosotros en el otro lado".

"Yo hablo lo más que puedo acerca de mi trabajo con amigos y consulto con frecuencia con Raheim, con los ancianos y con Cristo sobre Sylvia y su trabajo en la Tierra. Me mantengo en contacto con los más recientes desarrollos de las artes y de la ciencia en su plano para poder entender mejor las diversas fuerzas que afectan la vida de Sylvia, lo mismo que la vida de aquellos quienes acuden a ella en busca de ayuda".

"Cuando termine mi trabajo como guía de Sylvia, regresaré a mi estilo de vida normal, más relajado. Regresaré a mi trabajo en el centro de orientación en donde ayudo a aquellos quienes están haciendo su transición, del plano terrenal a esta nueva vida".

"He elegido evolucionar y perfeccionar mi alma mediante el trabajo en este plano en lugar de ir a un gran número de reencarnaciones. Mi vida como Iena fue mi primera y última encarnación en su mundo. Este método es más lento pero, ¿cuál es la prisa? Tengo una eternidad".

Dal quitó un mechón de pelo de la frente de Sylvia. "Esta ha sido una sesión larga. No queremos cansar a Sylvia", le recordó a los asistentes. "Francine puede tener una eternidad, pero Sylvia es una dama muy ocupada con lecturas programadas para mañana a primera hora".

Gentilmente le dio la orden para regresar a su conciencia. En unos instantes, Sylvia era Sylvia, sentándose, sonriendo y bromeando. "¿Te dijo Francine quien va a ser tu pareja en tu fiesta de graduación?" le preguntó a la linda chica sentada en el piso frente a ella.

"Me olvide de preguntarle. Por cierto, hay todavía unas cuantas preguntas que me gustaría hacerle alguna de estas noches".

"¿Sólo unas cuantas? Qué niña tan afortunada eres". El hombre mayor, su abuelo, se había acercado a agradecer a Sylvia. "Temo que la mayoría de nosotros tenemos muchas preguntas más. ¿No es afortunado que haya toda una eternidad para trabajar en ellas?"

༄ ༄ ༄

CAPÍTULO OCHO
El cuarto de lecturas

La oficina de Sylvia era lo mejor que ella y Dal pudieron rentar, pero era horrible. Tenía dos cuartos pequeños, una minúscula sala de espera y la oficina de Sylvia apenas un poco más grande. Se estableció ahí la mañana del 11 de junio de 1974, colocó una fotografía de la abuela Ada sobre el escritorio frente a ella y se recargó hacia atrás, Sylvia había anticipado un sentimiento de placer al tener su propia oficina, pero en lugar de eso, sentía un pánico creciente. Las paredes se cerraban sobre ella. *No puedo soportar esto ni un momento más*, se dio cuenta. *Me está dando claustrofobia.* Arregló el problema con un viaje rápido a una tienda departamental cercana.

Cuando Dal pasó por ahí en la tarde, se quedó paralizado de la sorpresa. "No recordaba una ventana aquí", dijo. Intrigado corrió las cortinas. La tela se abrió para revelar una pared lisa.

"Me hace *sentir* como si hubiera una ventana", le explicó ella.

Otros problemas fueron resueltos también fácilmente. El olor, por ejemplo, algunas veces parecía abrumador. Esa semana una de sus primeras clientes mencionó el fuerte olor a Lysol.

"Bueno, sí, supongo que es muy fuerte", admitió Sylvia, "pero pensé que era mejor que el otro olor".

"¿El otro olor?"

"Sí, ¿no puede olerlo? No importa que tanto Lysol rocíe en este lugar, no me puedo deshacer de ese olor a amoniaco. Simplemente no me puedo imaginar de dónde viene".

La clienta, un tipo de abuela gorda, se rió, "Tal vez deberías poner más atención a *este* mundo, querida. ¿No te has dado cuenta que hay un servicio de pañales en el local de enseguida?"

Sylvia se rió con su cliente pero más tarde reflexionó. Se acordó del antiguo refrán "Como es arriba, es abajo". El universo no estaba en condiciones de dejarla ser demasiado espiritual. Le gustara o no, tenía buenos conocimientos en el mundo cotidiano, pero había ido más lejos que eso.

Ahora, parecía como si todos los factores que habían ensombrecido su vida —las infidelidades de su padre, su aventura amorosa con Ski, su depresión, enfermedades y su matrimonio infeliz— habían tenido un propósito. Ella había necesitado todas esas experiencias para entender mejor todos los aspectos de la condición humana. Ella no era, se dio cuenta, una sacerdotisa comunicándose desapasionadamente desde el aire. Podría ser un cliché el decir, "Yo sé de donde vienes", pero en el caso de Sylvia era cierto. Sylvia había estado ahí también.

No sólo podía adivinar para sus clientes, podía sentir su pánico. Este entendimiento personal le permitiría evitar el peor peligro que había observado en lecturas abiertas en dónde el médium soltaba información sin aparente preocupación ante cualquiera sutileza de sentimientos dentro del individuo receptor, era un alivio para Sylvia el darse cuenta que su compasión adquirida con sacrificios le permitía sanar en lugar de herir.

Mirando ahora a la mujer frente a ella, Sylvia vio a un esposo sufriendo de esclerosis múltiple. Entonces le preguntó gentilmente. "¿Tú sabes que tu esposo está seriamente enfermo, verdad?"

La mujer bajó la cabeza y replicó, "Sí".

Mientras Sylvia demostraba sus habilidades psíquicas, se dio cuenta que su clienta estaba lista para toda la verdad. "El se va a ir en dos años".

"Por eso es por lo que vine a verla", replicó la mujer. "Necesito saber cuánto tiempo vamos a estar juntos. Necesito arreglar algunas cosas de modo que podamos hacer la mayoría de ellas".

∞

En aquellos primeros días, era el dinero lo que más preocupaba a Sylvia. Una cosa había sido el recibir un sueldo como maestra, una habilidad que había logrado luego de años de entrenamiento, pero el hacer lecturas era algo completamente diferente. Sylvia siempre había sido psíquica; ahora parecía que de repente cobraba por ser simplemente ella. Cuando Sylvia oficialmente abrió las puertas de su local en el número 249 al Este de Campbell Avenue, su tarifa era de $7.50. La primera semana tuvo cinco clientes, uno de ellos un escéptico declarado. Se sentó con los puños apretados en el sillón de segunda mano, un poco maltratado, que estaba frente a Sylvia. Mientras ella hablaba el sacudía su cabeza violentamente.

"¿Qué ocurre?" le preguntó Sylvia por fin. "¿Le duele el cuello?"

"Estoy sacudiendo mi cabeza. No. Usted está totalmente equivocada. Ese asunto del matrimonio, olvídelo. Me quité de encima a una esposa; no hay manera de que pase por eso otra vez".

"¿Qué quiere decir con no?" lo retó Sylvia. ¿Como puede negar con la cabeza cuando yo estoy hablando acerca del futuro? Si usted puede predecir el futuro, debería sentarse aquí y yo allá. Ahora, vayamos al meollo del asunto. ¿Quién es esta persona Penny a quien usted llama Puff?"

La pregunta identificada lo paró en seco, tal y como Sylvia lo había planeado. Las declaraciones sobre el presente establecen la credibilidad de un médium para predecir el futuro, calmando y consolando a los clientes y permitiéndoles beneficiarse de la lectura. Algunos de los primeros clientes de Sylvia eran tan escépticos que ella se sentía como si estuviera tratando de someterlos a una lucha de vencidas, pero esto la llevaba a obtener el verdadero negocio de encontrar material valioso.

La segunda semana, hubo 30 clientes. Uno de ellos era una mujer algo delgada mayor de 40 años. Su cara estaba tensa, su actitud ansiosa. Apenas se había sentado frente a ella cuando Sylvia obtuvo la visión de una joven muriéndose en el piso de un callejón obscuro, su pecho estaba cubierto de sangre.

Si recibo el mensaje, ella está supuesta a escucharlo, se recordó Sylvia pero su corazón se sumergió ante el calvario de tener que describir su visión. "Veo a una mujer joven, delgada con pelo rubio", comenzó Sylvia.

"Sí, sí, le dijo la mujer, reclinada hacia adelante, sus manos apretaban la orilla del escritorio de Sylvia.

"Su piel es áspera, con marcas de acné", continuó Sylvia. "Ella está distante, en el este, en una ciudad grande".

"Es mi hija. Es por ella que vine a usted. Lo último que supe es que estaba en Nueva York. ¿Se encuentra bien?"

Sylvia suspiró hondamente. "No, no está bien. Se lo tengo que decir, ella va a morir. Tal vez, ya debe estar muerta".

"Gracias", respondió la mujer con una voz suave, bajo control. Su silenciosa dignidad tranquilizó a Sylvia. "Le puede sorprender escuchar esto, pero sabía desde hace tiempo que mi niña iba directo al desastre. Ha estado involucrada en drogas desde la adolescencia. Se metió en un circulo de drogadicción, sin salida". La mujer comenzó a sollozar calladamente. "No hubo nada que yo pudiera hacer, nada que alguien pudiera hacer, sino esperar, la incertidumbre es terrible. He vivido imaginándome lo peor, que la están lastimando, torturando y me siento sin esperanza".

"No", Sylvia se sintió aliviada y feliz de poder decir. "No es así. Fue algo repentino, una herida de bala. Ella tal vez ni se dio cuenta de lo que pasó".

"Gracias", dijo nuevamente la mujer. Se impulsó a sí misma para ponerse de pie.

"Le gustaría, debo intentar ver que más hay", comenzó Sylvia.

"No, quizá regrese en otra oportunidad. Esto es suficiente por ahora. No se sienta triste. Usted piensa que me ha dado malas noticias, pero en realidad me ha hecho un favor, ya no tendré que temer, ni de que arrepentirme. Usted me ha dicho lo peor y aun así no es tan malo como pudo haber sido".

Sylvia se levantó, cruzando el pequeño cuarto en un instante y abriéndole la puerta a la mujer. Las dos se abrazaron brevemente. "Tiene un regalo maravilloso; por favor, no deje de usarlo", le pidió la mujer y luego se fue. Sylvia cerró suavemente la puerta detrás de ella y se recargó por un momento, ciertamente había tomado la decisión correcta.

Era tiempo, por cierto, de salir del armario, de honrar en realidad la confianza de Bob en ella.

❦

En un mes, estaba claro que Sylvia no sólo necesitaba más espacio, sino también ayuda. Su padre, Bill, renunció a su trabajo y se vino a trabajar a la Fundación Nirvana como jefe de oficina. Muy pronto, se unió al equipo Larry Beck, un estudiante de la Universidad de San José. No mucho después la amiga de Larry, Laurie Halseth también formaba parte del personal.

Un día Laurie se acercó a Sylvia con vacilación: "¿Piensas que Larry y yo nos casaremos algún día?"

Sí, sé que lo harán", le dijo Sylvia. "Ustedes se van a casar, pero sólo van a durar juntos cinco años. Hay alguien más ahí para ti y alguien para Larry, también". (En realidad el matrimonio de los Beck duró cinco años y once días).

Mientras tanto, la Fundación Nirvana se cambió a unas oficinas más grandes. El sofá usado apoyado sobre ladrillos fue reemplazado por un modelo nuevo. Sylvia incrementó su tarifa a $15. No mucho después, fue necesario otro cambio, y luego otro. Para cubrir el costo de su personal creciente y actividades, la tarifa de Sylvia subió a $30. Reflexionando en las firmas de contadores, abogados, finanzas y leyes que compartían el edificio con ella, pensaba algunas veces en sus anteriores vecinos hippies y en su música ruidosa.

Hoy, la Corporación Browne, cómodamente amueblada (sucesora de la Fundación Nirvana) ocupa una oficina de 3,000 pies cuadrados y tiene un pasillo amplio hasta la primera oficina. El personal de tiempo completo está formado por 14 personas incluyendo a Larry, quien funge como gerente de negocios; el hijo de Sylvia, Chris, quien también hace lecturas y la hermana de Sylvia, Sharon. Se ofrecen con regularidad clases y otros servicios, al mismo tiempo se distribuye una gran variedad de cassettes y folletos. Pero el punto central sigue siendo el cuarto de lecturas.

Fue obvio para Sylvia desde el principio que con cada cliente que llegaba, estaba leyendo esencialmente un plano. "¿De dónde viene éste?" le preguntó a Francine.

"Cada persona en particular crea su propio plano desde su nacimiento. Cada persona decide la clase de padres y de niñez que va a tener, el tipo de matrimonio, carrera, salud, muerte".

"¿Pero cómo es posible que alguien escoja las cosas horrible que pasan a menudo?"

"Las lecciones de la vida son necesarias. Sólo mediante la adversidad el alma humana progresa. Piensa en ello, Sylvia, ¿Qué has aprendido de las cosas buenas que te han ocurrido?"

Sylvia lo consideró, después admitió que los resultados no eran impresionantes. Los tiempos difíciles, sin embargo, la habían hecho más fuerte. Recordó vívidamente los días obscuros de su depresión y el sentimiento de complacencia que sentía cuando pensaba, *Lo hice. Quizá he pasado por mucho, pero al menos me levantaba, me cepillaba el cabello y caminaba, cuidaba de Paul, enseñaba en la escuela, cocinaba para Gary, limpiaba la casa, todo eso.* Ahora, seguramente, aquellos recuerdos aumentaban su buena relación con los clientes que enfrentaban la misma clase de problemas. Debido a sus experiencias, estaba en mejores condiciones de ayudar a otros y eso, aparentemente era *su* plano.

Pero hubo algunas personas a las que Sylvia no pudo ayudar. Una de ellas era Curtis Bitney.

Curtis llegó a su vida como amigo de su hijo, Chris. Cuando era un adolescente, las actividades en Nirvana eran como alimento y bebida para Curtis. Asistió a su primer trance público, Curtis sorprendió a todos al tratar a Francine como a una vieja amiga. Mientras otros permanecieron sobrecogidos ante el espíritu, Curtis caminó hacia el frente y se sentó justo a un lado del sofá donde se encontraba Sylvia. "Hola Francine", le dijo animadamente, "¿Cómo estás?"

"Muy bien Curtis", contestó ella. "Qué gusto verte por aquí".

Curtis estaba ansioso por aprender todo lo que se relacionara con lo sobrenatural. Participaba en proyectos de investigación, ayudando a Sylvia en cualquier forma posible. Se inscribió en sus clases de hipnosis, esperando aprender la regresión de la vida pasada. Un día mientras Sylvia lo miraba sentado en la primera fila, tuvo una terrible visión, estaba tendido muerto en la autopista 17, su motocicleta apachurrada detrás de él.

"Esto es importante", le dijo ella. "No quiero que manejes tu motocicleta en la autopista. Manténte lejos de la autopista 17. Lo digo en serio. ¿Me lo prometes?

"Sí, sí, seguro", acordó el joven. Riéndose desvió su mirada de ella. Tres días después murió. Un auto lo arrolló en su moto en la autopista 17.

Sylvia estaba desconsolada. ¿Por qué el joven no había puesto atención a su advertencia? Con amargura, pensó en aquellos quienes la acusaban de intentar controlar la vida de sus clientes a través de sus habilidades como médium. Era imposible. Cada quien cumple con el destino que se ha creado. Por alguna razón, Curtis se había programado a sí mismo para morir en ese tiempo y de esa manera exactamente. Algunas veces el plano era inalterable, ella no podía cambiarlo.

Pero en otras ocasiones a Sylvia le parecía que ella misma era parte del plano de sus clientes, de modo que su mensaje era dirigido a desviar el desastre. Cuando Kent Herkenrath vino a ella para una lectura a principios de 1979, ella vio los restos del accidente de un avión y sintió que era en el medio oriente en el mes de mayo. "No viaje en avión a ningún lado en mayo", le advirtió.

"Pero es exactamente cuando voy a regresar a Chicago de un viaje de negocios", le dijo. "No puedo dejar que algo como esto arruine mi vida".

"Depende de usted, por supuesto, pero lo veo claramente. Usted está en un aeropuerto corriendo para alcanzar un avión. Yo dejaría ir ese avión si fuera usted".

Dos meses más tarde, Herkenrath estaba en el Aeropuerto O'Hare. Llegaba tarde, corriendo para alcanzar el avión que lo llevaría de regreso a San José. Mientras se retiraba del mostrador, vio en forma ausente el calendario de la aerolínea. Era mayo. Las palabras de Sylvia resonaron en su mente. Casi corriendo se aproximó a la sala. Los pasajeros habían comenzado a abordar.

Herkenrath comenzó a dar su pase de abordar al agente y de repente lo jaló. El hombre lo miró asombrado. "Disculpe, creo que cambié de opinión. Voy a tomar un avión que salga más tarde", turbado, tartamudeando y avergonzado se dio la vuelta.

Ese avión, un American Airlines DC-10 se estrellaría poco después de despegar, matando a 275 personas. Ocurrió el 25 de Mayo de 1979.

Sylvia pensaba con frecuencia en esos dos hombres, el que había seguido su consejo y vivido y el otro, el que prefirió morir. ¿Podría ser, se preguntaba ahora, que por alguna razón, era parte del plano de Ken Herkenrath el haber ido a ella para recibir el consejo que salvaría su vida?

Sylvia había estado consciente desde su niñez de la existencia de los planos que guían la vida de la mayoría de los sujetos. Pero ahora, mientras más y más gente venía hacia ella, se daba cuenta que cada guión particular carecía de un componente.

"Mi vida es un desastre", era en lo que cada cliente insistía invariablemente. "Todo está mal". Pero mientras Sylvia indagaba psíquicamente, se daba cuenta que no era que todo estuviera mal, era *una* sola cosa la que no andaba bien. Y curiosamente, era esta única área problemática la más difícil de leer. Como siempre, con una excepción, la vida del individuo era psíquicamente accesible para ella, cada aspecto delineado claramente. Invariablemente, un área resultaba vaga, la conclusión sin resolver. Con algunos eran las finanzas, con otros el amor, con otros una carrera.

Intrigada, consultó a Francine "¿Qué significa esto?" "Esas áreas —las vagas, las que están sin resolver—, son líneas opcionales", le explicó su espíritu guía. "Cada individuo, cuando decide sobre su plano, también selecciona un área para dejar abierta. Esto es lo que hace a la vida interesante".

Sylvia no estuvo de acuerdo. "Esto" es lo que hace a la vida dolorosa.

Todo lo que veía alrededor de ella era lamento y frustración. Cada vez era más obvio para ella que poca gente venía a verla en un estado psíquico de felicidad. La mayoría de las personas estaban minadas por la batalla, de modo que se encontraban muy cansadas. Sylvia sentía que el cuarto de lecturas era una clase de unidad "MASH"(unidad médica móvil de cirugía del ejército) en donde tenía que arreglar provisionalmente y en forma rápida a los individuos para enviarlos de vuelta a su camino debido a que afuera había muchos otros esperando su ayuda.

Por otro lado, un buen amigo de Sylvia, William Yabroff, un profesor asociado de psicología de la Universidad de Santa Clara, quien había comenzado a trabajar con ella en investigaciones psíquicas, observaba su proceso excepcional en acción. Una y otra vez Sylvia estaba en condiciones de penetrar en el corazón mismo del problema casi instantáneamente y de este modo estaba en posibilidades de efectuar curaciones que podrían haber tomado años a un terapeuta convencional.

Ahora, como en los primeros días, mucho del trabajo de Sylvia se enfoca en las líneas de opción. Hay siete de ellas: salud, carrera, espiritualidad, amor, finanzas, vida social y familia. A pesar de evitar la subjetividad, Sylvia se vino a dar cuenta casi inmediatamente que su propia línea de opción era la familia. No importa qué tan duro lo había intentado siempre, había sido imposible reconciliar a los miembros de su familia unos con otros. Bill y Celeste continuaban peleando y sus propios hijos, Paul y Chris, no siempre eran los mejores amigos. La continua lucha de Sylvia para complacerlos a todos es con frecuencia un esfuerzo inútil.

La diferencia hoy es que Sylvia está consciente de lo que está pasando. Consciente de que, en un momento dado por lo menos, ella tuvo alguna opción en el asunto. Sylvia eligió mientras se encontraba en el otro lado, antes de esta encarnación, confrontar problemas familiares como su línea de opción durante esta vida. Fue esta apertura de conciencia la que la llevó a mantener su equilibrio ganado a pulso. Es la impotencia, el sentirse víctima, lo que hace a la vida más difícil, concluye ahora.

Muy pronto, Sylvia notó que los problemas con líneas de opción provocan que la gente crea que su vida entera es un desastre. "Todo es terrible", se quejó un cliente una vez.

Ella miró al hombre distinguido de más de 40 años y sacudió su cabeza. "No, no lo es", lo sorprendió diciéndole. "Su salud está bien, lo mismo que sus finanzas, su carrera", ella mostraba con sus dedos cada área mencionada. "Es sólo su vida amorosa la que está fatal, fuera de lugar. Usted ha elegido a una ninfa tras otra. Tarde o temprano se encontrará aburrido, el panorama completo se convertirá en una total desilusión y usted se deprimirá. O peor aún, las mujeres lo dejan por alguien más joven, aumentando aun más su depresión.

"Sí, tiene razón", admitió. "Ese parece ser mi patrón. A dónde quiera que voy, acabo sólo y sintiéndome pésimo. Quizá el resto de mi vida está más o menos bien, ¿pero de qué sirve tener otras cosas si no hay alguien con guien compartirlas? ¿Por qué, me pregunto, siempre tengo que conocer a la mujer equivocada?"

El cuarto puede estar lleno de mujeres y usted seguiría eligiendo a las equivocadas, —por lo menos seguirán siendo equivocadas para usted si verdaderamente desea una relación duradera—.

"Eso es lo que yo quiero en realidad", insistió. "Me siento fatal, estoy harto de eso".

"Entonces prográmese usted mismo", le aconsejó Sylvia. "Decida lo que realmente quiere en una mujer. Escríbalo, si le parece más fácil. Cualquier cosa que haga, póngalo en claro. 'Deseo una mujer cuatro años más joven, quiero alguien con una mente sana, sentido del humor, alguien que se lleve bien con toda la gente, alguien que sea cálida y afectuosa', cualquier cualidad que usted desee en una mujer. Asegúrese de saber lo que realmente quiere en una mujer, después vaya detrás de eso y no acepte substitutos. Usted tiene el control. Usted no es una víctima. No tiene que ir detrás de la próxima mujer atractiva y de pocas luces que vea. Usted puede tener a la mujer que realmente quiere, la relación que quiere, la vida que quiere, si se decide a programarse a sí mismo para ello".

Sylvia encontró que este tipo de consejo funcionaba bien en otros problemas de líneas de opción. Una mujer con cáncer terminal literalmente invirtió su vida de tal manera que tres años más tarde estaba llevando una vida saludable y normal. Un hombre a punto de la quiebra programó su vida para su solvencia.

Una línea de opción es literalmente una opción. Con frecuencia esta área difusa parece impregnar la vida completa de uno, pero Sylvia siente que el proceso de curación comienza al identificar el problema central y decidir las medidas para remediarlo. Se puede decidir ya sea conscientemente para hacer cambios positivos sin verborrea, o se puede elegir el reconocer la línea de opción, dándose cuenta que fue seleccionada personalmente por una razón y aprender a vivir con ella.

La misma Sylvia ha elegido la última. Mediante el reconocimiento de su situación familiar por la oportunidad de crecimiento que ésta representa; ella ha aprendido a vivir con eso. La frustración, el deseo frenético de moverse sin control, se han ido, dándole la oportunidad de seguir adelante con su vida.

⚜ ⚜ ⚜

CAPÍTULO NUEVE

Expresiones hechiceras:
El protocolo caza—fantasmas

Cuando el Dr. Marshall Renbarger se cambió a una nueva oficina en San José, a principios de 1975, estaba encantado por la conveniente ubicación en la Avenida Crown. Sin embargo, poco después comenzaron a ocurrir cosas muy extrañas.

Primero, escuchó un fuerte repicar de campanas de iglesia. Pero no había una iglesia. Después, comenzó a sentir que no estaba solo cuando estaba solo. Finalmente la presencia de un hombre vestido de negro deslizándose silenciosamente por su oficina.

Cuando descubrió que nadie más oía o veía las cosas que el estaba experimentando, el Dr. Renbarger se preocupó. "Quizá me estoy volviendo loco", le confió a una amiga. "Espera a que te diga lo que está ocurriendo aquí".

La amiga lo detuvo. "Ahí estaré para verlo por mi misma".

Afortunadamente para la tranquilidad mental de Renbargers, su amiga era Sylvia Browne, quien estuvo en condiciones de enfocarse en la situación inmediatamente.

En cuanto entró en la oficina, la asaltó repentinamente el olor a incienso. "¿Qué estás quemando?" le preguntó. "Está muy fuerte". Renbarger la miró, intrigado. "Nada", replicó. "Absolutamente nada".

Mientras Sylvia recorría con la mirada la sala de espera de la oficina, comenzó a ver una serie de escenas que parecían sobrepuestas unas con otras. Vio una torre, después una campana. Mientras miraba hacia ella, las paredes parecieron separarse. Había una pequeña pila de bautismo y, al lado, una fila de pequeñas celdas dentro de las cuales, vio a monjes hincados en oración. Después, justo frente a sus ojos, otro monje caminaba a través de la sala de espera de Renbarger sonando una campana.

"¿Qué es lo que ves?" le preguntó el doctor. "¿Qué es lo que estás mirando?"

"Sé que te va a parecer una locura, pero hay otro mundo completo aquí, viviendo simultáneamente con nuestro mundo. Hay una clase de iglesia. Es muy pequeña, en realidad una capilla".

"¿Cómo es?"

"Es muy sencilla, primitiva, vieja; nunca había visto nada semejante".

"¿Cómo una misión?", se aventuró a decir Renbarger.

"¡Sí!" Eso es exactamente. Es una misión pequeña, una misión española".

"¿Y la gente?" preguntó, casi en un susurro. "¿Vez gente?"

"Sí, veo a varios monjes. Usan largas sotanas cafés. Andan muy ocupados. Moviéndose por todos lados realizando diferentes tareas. Parecen muy felices aquí".

"La verdad es que yo no me siento muy contento de tener que compartir mi oficina con un montón de gente muerta".

"En realidad, no tienes nada que temer", le aseguró. Renbarger estaba dudando, pero la llegada de su primer paciente interrumpió la conversación.

Sylvia le sugirió a Renbarger realizar una investigación en las oficinas de expedientes del condado, en donde encontró la verificación de lo que estaba buscando. Durante los primeros días de California, se había levantado una capilla española justo en el sitio que hoy ocupaba la oficina del Dr. Renbarger.

"Sylvia, tenías razón, los mapas antiguos muestran una misión en esta propiedad".

"No te preocupes", le aseguró ella una vez más. "Todo es muy pacífico. Los monjes parecen haberse establecido felizmente dentro de su rutina terrenal; no quieren dejarla. Tú no existes en su dimensión, pero por supuesto, aun si así fuera ellos nunca te lastimarían".

La experiencia de Renbarger trajo otra a la mente de Sylvia, la suya propia. Las vibraciones apacibles de la oficina del doctor no se comparaban con el aura siniestra que parecía envolver la casa de Missouri en donde había vivido algunos años atrás con Gary. Qué asustada se había sentido entonces, qué desconsolada se había sentido. ¿Pero no había sido parte de eso un reflejo de su propia condición emocional en aquella época?

Ahora que Sylvia tenía un nuevo matrimonio y una carrera floreciente se sentía confiada y entusiasmada, lista para iniciar una nueva etapa de investigación paranormal. Su fundación ya estaba dedicada a documentar fenómenos de supervivencia. ¿No eran los fantasmas y casas embrujadas simplemente otro aspecto de esto?

A diferencia de la mayoría de los investigadores psíquicos, Sylvia tenía acceso a una persona que contaba con información confidencial, una verdadera experta. "¿Qué es lo que provoca una aparición?" le preguntó a Francine. "¿Cómo es que surge?"

"Las apariciones con frecuencia son causadas por espíritus establecidos en la tierra, entidades quienes sienten que dejaron algún asunto inconcluso", contestó su espíritu guía. "Los monjes que viste son un ejemplo. Ellos simplemente no saben que están muertos por lo que continúan haciendo sus rituales cotidianos. En este caso la vida que recuerdan es de paz y de felicidad, pero no ocurre siempre así con todos los espíritus que permanecen en la tierra. Con frecuencia tienen un sentimiento de confusión o frustración. Buscan alguna persona u objeto perdido; intentan corregir algo que está mal".

"No obstante", continuó, "el fenómeno que tú llamas apariciones puede tener otra causa. Los implantes de energía[1] pueden ser también responsables. Algunas veces la energía es positiva —tiempos felices evocan una luz, un ambiente placentero—, pero otras veces ocurre lo contrario".

Sylvia inmediatamente se acordó de la casa de Sunnyvale en la que ella y Gary habían vivido hasta su separación. La casa dúplex, aun en

---

[1] Los implantes de energía, también llamados "residuos de apariciones" resultan de un fuerte impacto emocional que deja una impresión psíquica capaz de ser detectada por gente sensitiva. Piensen en esto como un puño marcado en un pedazo de arcilla—la impresión del trauma permanece-, pero no el evento real.

propiedad de sus padres, había sido escenario de muchos pleitos entre la pareja. En años recientes, sus padres la habían rentado a varias parejas con desastrosos resultados para los matrimonios. Ahora, Bill y Celeste estaban considerando venderla.

Muchos de los inquilinos habían sido recién casados y todos se veían inicialmente felices y cariñosos. Pero, sin importar que felices parecían al principio, muy pronto los vecinos se quejaban del ruido, los gritos y pleitos de esa casa dúplex. La violencia ocurría casi entre cada pareja. La casa se desocupaba con frecuencia y siempre por la misma razón, divorcio.

"No sé qué me pasó", el hombre casi siempre decía, tratando en vano de explicar su brutal conducta. "Es muy extraño; nunca había sido de ese modo", se quejaba su mujer.

Con seguridad, Sylvia razonaba ahora, había algo que se podía hacer sobre eso.

"Ha llegado el momento de que hagas un exorcismo", la sorprendió Francine al decirle eso.

Sylvia estaba escandalizada. No sabía nada acerca de exorcismo ni tenía idea de cómo realizar uno.

"Es muy simple", le aseguró Francine, "usa una vela blanca, sal y agua bendita. Encierra la casa en un círculo de sal y sella cada puerta y ventana con el agua. Haz esto de noche, iluminando tu camino con la vela blanca".

Sylvia tenía sus dudas. "¿De dónde voy a sacar el agua bendita?"

Hazla tu misma. El agua bendita es creada dejando agua ordinaria bajo el sol por tres horas. Haz el signo de la cruz sobre ella tres veces durante ese período de tiempo".

Ahora Sylvia tenía aun más dudas. Todo parecía muy extraño.

"No es extraño", le dijo Francine. "Dichos rituales tienen poder porque son muy ancianos. Nada más hazlo como te digo y verás por ti misma".

De mala gana, Sylvia asintió. Se daba cuenta que, si el exorcismo tenía que ser hecho después de todo, debía intentarlo lo más pronto posible. Sylvia se aventuró sola muy avanzada la noche, esperando que los inquilinos estuvieran durmiendo. Con alivio descubrió que la casa estaba totalmente a obscuras. Salió del auto lo más calladamente que pudo, caminó alrededor del edificio con su vela, deteniéndose ante cada puerta y ventana para salpicar sal y rociar agua.

Al principio, Sylvia se sentía boba, pero mientras se enfocaba en las vibraciones de la casa, pudo sentir la hostilidad y el dolor. Suavemente se puso a rezar por la paz, una paz que pudiera sanar no sólo a la joven pareja que dormía en el interior, sino a la misma casa.

Mientras se arrodillaba frente a la puerta francesa y comenzaba a poner una línea de sal a través del escalón de la entrada, se abrió una ventana de la puerta contigua.

"¿Qué demonios está usted haciendo?" le preguntó un hombre.

"Aquí nomás matando caracoles". Fue la mejor excusa que se le ocurrió. Pasaron unos instantes de silencio que le parecieron horas mientras Sylvia se veía a sí misma ardiendo por practicar la brujería, o por lo menos, quemada en el periódico matutino. Entonces, se cerró la ventana. Lentamente, suavemente, deliberadamente, Sylvia continuó con su trabajo. Cuando cada apertura había sido cuidadosamente sellada, Sylvia regresó a su auto y manejó a casa.

Para su gran alivio, el exorcismo fue un éxito completo. Nunca más se reportaron problemas de ninguna clase, ni violencia. Los inquilinos y los vecinos son felices. El problema se disipó tan misteriosamente como había llegado.

❦

Ya sea causados por implantes de energía o por espíritus estancados en la tierra, el fenómeno de las apariciones continuó absorbiendo a Sylvia. Estaba determinada a buscar historias de casos válidos y a documentarlos. Afortunadamente, no fue necesario ir muy lejos. Una de las casas encantadas más famosas en el mundo estaba localizada a unas cuantas millas de su casa.

Se trataba de la famosa mansión llena de misterio de Sarah Winchester en San José, en donde cada noche hay un verdadero Halloween. Un aura de obscuro desasosiego rodea a la estructura masiva, desperdigada; las torres de aguja, minaretes y cúpulas se irguen obscuras e inmóviles. Su silueta resalta sobre lo que siempre ha parecido ser un cielo furioso. El interior está lleno de trampas en las puertas, pasajes secretos y puertas que se abren solas. La casa gótica victoriana es un monumento viviente a la muerte. La leyenda de Sarah Winchester, quien trató de ocultar la realidad desoladora de la vida y la muerte, está por todos lados.

La historia de Sarah Winchester—posiblemente la mujer más enigmática en la historia del Oeste—, es tan fascinante como la leyenda de la misma casa. Para los pioneros del siglo XIX, el rifle de repetición fue "el arma que conquistó el Oeste". Pero para Sarah Pardee Winchester, heredera de la fortuna de la Compañía de Armas de Repetición Winchester, el rifle fue un instrumento de fatalidad y un portento de su destrucción final.

De acuerdo con la historia, Sarah, la viuda del único hijo del fabricante del rifle, fue informada por una médium de Boston que los espíritus de todos aquellos muertos por los rifles Winchester—y particularmente los indios—, habían puesto una maldición solemne sobre ella. La médium le dijo a Sarah que podía escapar de la maldición si se cambiaba al oeste y construía una casa. Mientras durara la construcción, se le aconsejó, los espíritus vengativos estarían frustrados y Sarah viviría.

La infeliz heredera obedientemente tomó su "dinero sangriento" como ella lo llamaba y se fue a vivir a San José en donde compró una casa de campo de ocho recámaras. Procedió a remodelarla y expandirla exactamente como había sido instruida. El proyecto de construcción se inició en 1884, ocuparía los siguientes 38 años de su vida y emplearía a cientos de artesanos trabajando las 24 horas del día, incluyendo domingos y días feriados, todo de acuerdo con los planos proporcionados por los espíritus de Sarah Winchester.

Se llevaron a cabo conferencias de diseño en el salón de espiritismo, en donde Sarah se retiraba a solas cada noche. Por la mañana, el jefe de los carpinteros recibía los planos resultantes, completos en cada detalle. Cientos de cuartos fueron añadidos, muchos de los cuales sólo para ser rápidamente destruidos y dar lugar a nuevas ideas de los arquitectos nocturnos de la señora Winchester. Estos espectros consultores eran caprichosos e insaciables, exigían más y más cuartos, balcón tras balcón, chimenea tras chimenea, torre tras torre. El extraño crecimiento se expandió hasta alcanzar un granero distante, moverse a través de él, adherirlo como si fuera un tumor y finalmente devorarlo. Una y otra vez, emergieron torres de observación, sólo para ser estranguladas por una construcción posterior.

Hoy, 160 cuartos de este laberinto incomprensible todavía están en pie. Los sobrevivientes de un estimado de 750 cámaras interconectadas por puertas con trampas, balcones entrelazados y escaleras sin salida. Literalmente, millas de corredores retorcidos y desconcertantes serpentean por toda la casa. Muchos de los numerosos pasajes secretos están ocultos dentro de las paredes. Algunos terminan en armarios, otros en paredes. La puerta de uno es la parte trasera de un frigorífico. Los pasillos varían en amplitud, van desde dos pies al tamaño normal y algunos techos son tan bajos que una persona de estatura regular se tiene que agachar para evitar golpearse la cabeza.

La explicación para todo esto es que la casa fue diseñada por fantasmas para fantasmas. Si las historias de estos dominios son creíbles, a los espíritus les encanta desaparecer por las chimeneas y Sarah, siempre atenta, los proveyó no de uno, sino de 47 de estas puertas de escape. El cuarto de sesiones de espiritismo, en donde Sarah recibía sus instrucciones, era fuera de límite para otros humanos. Aquellos que entraban al santuario prohibido después de su muerte decían haber encontrado un cuarto azul pequeño amueblado solamente con un gabinete, una silla de brazos, una mesa, papel y una ouija con lapicero para escribir los mensajes de espíritus automáticamente.

A pesar de sus esfuerzos por ganarle, la muerte vino a Sarah Winchester un 5 de septiembre de 1922. Hoy, se puede ver una fila de clavos a la mitad en donde los carpinteros suspendieron el trabajo luego de que se anunció que la reclusa de 85 años había muerto tranquilamente mientras dormía.

De su herencia de $21 millones, la viuda había gastado por lo menos cinco y medio millones de dólares antes de la inflación tratando de complacer a sus amigos descarnados. A menos que los fantasmas sean unos ingratos, la Sra. Winchester debe haber sido muy bien recibida.

Pero la historia no termina aquí. La mansión, conocida como "la mayor unidad habitacional más rara del mundo" se convirtió en museo poco después de la muerte de Sarah. Después, fue declarada monumento histórico de California y registrada por el Servicio Nacional de Parques como un lugar histórico. Las habitaciones, lo mismo que los extensos jardines fueron remodelados. El mantenimiento de un lugar tan grande es continuo. Hoy en día muchos de los sonidos que se escuchan durante el día son espectrales. De hecho, los ecos de los martillos de los carpinteros se oyen tal y como se escuchaban durante el apogeo de la mansión.

Pero ha habido otros sonidos también extraños, intrigantes. Al paso de los años, los turistas y el personal han reportado una variedad de fenómenos —cadenas arrastrando, murmullos, pasos, áreas frías, apariciones tenues. Para Sylvia, esta trama gótica revivida fue diseñada para investigación, un lugar ideal en el cual tomar experiencia como investigadora psíquica.

El primer pensamiento fue el de actuar e inmediatamente hizo arreglos con los propietarios para pasar una noche en la casa. Sería un grupo de cinco, Sylvia, Dal, un fotógrafo, un investigador de la fundación y esta escritora. Sylvia se preparó para esa noche sin ninguna preparación, es decir, sin tratar de indagar la historia de la casa ni de sus habitantes. En aquel tiempo, Sylvia no sabía nada de Sara Winchester salvo que había sido en algún tiempo la dueña de la mansión.

En cuanto entraron a la casa, Sylvia estableció su base en la sala de sesiones espiritistas de Sarah Winchester, uno de los pocos cuartos con electricidad. Debido a la susceptibilidad de la construcción ante incendios, la mayor parte de la casa no ha sido electrificada. El cuarto de espiritismo, vacío ahora con un sólo foco colgando del techo, pronto le pareció al grupo como un asilo confortable. Los pasajes sinuosos que intimidaban durante la luz del día, eran aun más terribles en la obscuridad. La grabadora estaba sin desempacar junto con 12 paquete de cassettes todavía con el papel celofán, 6 cámaras, rollos y un detector de metales.

Desde el cuarto de espiritismo, el pequeño grupo incursionó en otras partes de la casa. Cada miembro del grupo sintió ráfagas de viento helado y lugares fríos para los cuales no había una aparente explicación, una clase de luz psicodélica explotó repentinamente proveniente de ningún lugar sólo para desaparecer de la misma manera. En la recámara de Sarah Winchester, mientras estaban sentados en total obscuridad, la determinación del grupo fue puesta a prueba por la repentina aparición de dos grandes globos rojos que se acercaron agresivamente al grupo y después parecieron explotar ante sus ojos para finalmente desintegrarse en la obscuridad.

Sylvia fue la única en escuchar música de órgano. Al siguiente día, sin embargo, cuando escucharon los cassettes grabados esa noche, los otros también pudieron escuchar el sonido de la música. Esto resultó particularmente importante cuando se descubrió en investigaciones subsecuentes que a Sarah Winchester le encantaba tocar el órgano y lo había hecho repetidamente toda la noche cuando los dolores de la artritis no la dejaban dormir.

Mientras el resto del grupo estaba sentado en el suelo de la recámara, aferrados a sus cuadernos y cámaras, Sylvia susurró la descripción de una pareja observándolos desde la puerta. Durante los 38 años que Sarah Winchester vivió en la "casa misteriosa", su sirvienta y otros empleados permanecieron ferozmente leales a su servicio, protegiendo su intimidad y defendiéndole cada excentricidad. La describían como una dama de carácter fuerte y firme pero siempre justa y amable. Les pagaba muy bien y con frecuencia los premiaba con pensiones vitalicias o con propiedades.

A su muerte, todo parece indicar que Sarah recibió las mismas atenciones. "El hombre y la mujer que veo están vestidos con ropa de principios de siglo," explicó Sylvia. "La mujer —cuyo nombre es María—, parece hispana. Se está limpiando las manos en el delantal. El hombre a su lado es pelirrojo. Usa un overol con un pañuelo rojo alrededor del cuello. Hay un enorme perro negro con ellos, un labrador. Ellos son como conserjes, su actitud no es precisamente amenazadora, pero nos están vigilando cuidadosamente, no les gustan los extraños en la casa. No están contentos de que nosotros estemos aquí. Quieren que nos vayamos".

Mientras la noche avanzaba, el sentimiento de temor al saber que estaban siendo observados no disminuyó. Sylvia y sus acompañantes permanecieron sentados por alrededor de una hora viendo la sombra de un fantasma jugar a través de las paredes obscuras. Cada uno intentó explicar la luz espectral en términos terrestres. ¿La luz de la luna? No había luna. ¿Automóviles pasando?

En momentos, la tensión era casi intolerable. Fue una noche muy larga.

Había sido un inicio espeluznante dentro de lo que se convertiría en un trabajo adicional, una clase de cazador de fantasmas y exorcista. Al día siguiente Sylvia y su equipo de investigadores supieron que la naturaleza solitaria de Sara Winchester había incluso impedido el paso a Teddy Roosevelt cuando este vino a visitarle. Parecía ahora, que la atormentada mujer se había ido, sin duda, encontrando en el más allá la paz que nunca había tenido en este mundo.

Por la razón que haya sido, los sirvientes se habían quedado atrás, guardando la casa en su muerte tal y como lo habían hecho en vida. Los dueños actuales encuentran alguna ventaja en mantener la reputación de la casa "embrujada", pero Sylvia se siente preocupada sobre el par espectral, mirando hacia los visitantes en una solitaria vigilia. Ha regresado a la casa misteriosa de Winchester varias veces específicamente a hablar con los sirvientes de Sarah. Esperaba comunicarse con ellos para decirles que estaban muertos y exhortarlos a seguir a su señora terrestre hacia la luz, en donde ellos también pueden encontrar el trabajo que va a llenar su propio destino. Sin embargo, los criados permanecen incólumes en su determinación de quedarse en la casa. En una ocasión, un camarógrafo que había acompañado a Sylvia logró fotografiar una aparición caminando hacia adelante y hacia atrás frente a una ventana del segundo piso.

Desde esa fría noche de enero, a principios de 1976, —el primer viaje de Sylvia a la Casa Misteriosa de Winchester—, sus viajes la han llevado a muchas locaciones extrañas. Una investigación la llevó a la región de Mother en California para investigar un asesinato cometido hacía más de cien años. Robert Chalmers, el príncipe comerciante de la capital Gold Rush, no sólo era miembro de la legislatura estatal, sino también un vinatero prestigiado ganador de premios. Su hermosa esposa, Louis, con su elegancia y su orgullo, sus modales autoritarios, fue la líder social indiscutible del área.

En la cumbre de su éxito, esta pareja de grandes riesgos mandó construir una mansión de cuatro pisos que llegó a ser la meca de la elite de Mother Lode. Entre las atracciones de la casa conocida en inglés como "Vineyard House" estaba un salón de baile de 90 pies y un cuarto de música.

Sin embargo, el placer de Robert Chalmer fue breve. Muy pronto, después de completar la obra en 1878, su manera de ser comenzó a cambiar. El antiguo orador hablaba ahora en secreto. Viendo que una tumba estaba siendo excavada en el cementerio al cruzar la calle de su casa, caminó hacia allá y se acostó dentro para ver si cabía. Poco después, de acuerdo con Louis, se convirtió en un maniático loco quien la obligaba a encadenarlo en el sótano de su casa. Se decía que ella venía con frecuencia para mofarse de él, parándose siempre justo al lado de su frenético asimiento. La miseria de Chalmer duró casi tres años. Después, en 1881 murió bajo circunstancias misteriosas. Algunos decían que Louis lo había envenenado, aunque nadie nunca estuvo seguro de ello.

Visitando la escena de la tragedia cien años después, Sylvia estuvo en condiciones de enfocarse en ambos espíritus. La triste verdad es que Robert Chalmers se dejó morir literalmente de hambre debido a su miedo a que Louis lo matara. "Nunca quizá hacerle daño", el espectro de Louis insistió. "Sólo hice lo que tenía que hacer para protegerlo. Si el hubiera sido libre, probablemente se hubiera suicidado o matado a alguien más".

Otra memorable investigación ocurrió en la playa nudista de un centro turístico al norte de California. Incluso en un día soleado, el lugar parecía como una escenografía para una historia gótica de terror. Coast Road desviaba su camino a través de extensiones desérticas de colinas y del mar. Durante el fin de semana de noviembre, durante la visita del equipo de investigación de Nirvana, había muy poco tráfico.

Un camino sin pavimentar se desviaba de la carretera de alta velocidad, torciéndose y rodeando colinas y pequeñas montañas. Mientras Sylvia se aproximaba a la granja aislada que funcionaba como oficina, sintió que había retrocedido cientos de años en el tiempo. Si alguna casa parecía embrujada, sin duda era esta. Para Sylvia, la estructura de dos pisos parecía como un centinela solitario, un sobreviviente mudo de la neblina penetrante y de los vendavales del mar. *¿Pero de qué más?* Se preguntó.

Ralph Edward se reunió con el grupo en la entrada. Se trataba de un hombre alto, patilargo y de aspecto taciturno. "He oído que tienen un fantasma", le dijo Sylvia.

"Mejor hable con mi esposa".

"¿Quiere decir que usted nunca lo ha visto?"

"No dije eso". Se dio la vuelta y siguió con su jardinería.

Cathy Edwards era lo opuesto de su lacónico esposo. Estaba llena de historias, todas ellas espantosas. "Las cosas están relativamente tranquilas ahora —esos pasos, no son gran cosa en realidad—. Pasan muy seguido, Ralph no dormiría por las noches si tuviera que pararse a revisar la casa cada vez que los escuchamos. Y las puertas que se cierran solas, tampoco es nada. Lo hacen la mayoría del tiempo durante el día. Mis frascos de perfume danzan alrededor y oímos el sonido de cristal rompiéndose, pero nunca hemos encontrado nada quebrado.

"Sin embargo, cuando las muchachas estaban viviendo en la casa, era cuando había mucha actividad. Mis hijas solían tener noches terribles. Parecía que algo o alguien estaba determinado a aventarlas fuera de la cama. Algunas veces hacían camas en el suelo pensando que se iban a librar de eso, pero no había escapatoria. En cuanto se cubrían con las cobijas, alguien se las jalaba. Recuerdo cuando Ronda estaba trabajando como secretaria médica —un trabajo muy exigente que la mantenía muy ocupada—. Algunas veces la escuchaba suplicándole a la cama que le permitiera dormir".

"Mi hijo Roger, no les creía a sus hermanas, de modo que una noche se acostó en la cama de Ronda. No pasó nada y muy pronto se quedó dormido. Después, a media noche, despertó pensando que había un terremoto. La cama se sacudía tan violentamente que parecía brincar del suelo.

"Desde que las muchachas se casaron y se fueron, cualquier cosa que sea parece haber cambiado su atención a la planta baja. La gente simplemente no quiere pasar la noche en esta casa. Nuestro último huésped estuvo aquí hace varios años. Era un pariente joven que durmiendo en el sofá fue despertado por el canto de un gallo. Pudo ver su silueta en el brazo del sillón, a sus pies, pero cuando prendió la luz no había nada".

Los Edwards nunca han tenido gallinas.

"Una noche", dijo Kathy, la foto de "Ralph" en la naval salió volando de la sala y se estrelló a sólo cinco pies antes de chocar contra el piso. La fuerza del estallido del cristal fue tal que aun se encuentran pedazos de vidrio incrustados en la madera. El clavo que sostenía a la foto aun permanece en la pared.

"Si usted piensa que cualquiera de esto es chistoso, no se ría muy fuerte", le aconsejó Kathy. "Una vez le conté a un visitante acerca de nuestro fantasma y se rió de mi. Ese escepticismo no divirtió ni un poquito a quien habita aquí. Repentinamente un cajón se abrió sólo y un zapato de bebé salió volando y le pegó al hombre al lado de la cabeza. Inmediatamente paró de burlarse".

El día de la celebración de Thanksgiving de 1975, Kathy Edwards estaba a punto de abrir el refrigerador cuando una enorme planta se separó de su base y voló hacia ella, a una distancia de alrededor de 12 pies. Su hija previno una herida seria agarrando la pesada maceta en pleno aire. El tiradero no pudo evitarse, la planta con todo y tierra en la maceta se estrelló adentro del refrigerador regando toda la tierra. ¡No se sirvió ensalada de fruta en esa cena!

Ronda fue el blanco de otro ataque que ocurrió una noche enfrente de nueve personas. Un vaso de vino que estaba sobre el piano voló por el aire y deliberadamente se vació sobre el escote del vestido de la joven.

Sylvia había escuchado en silencio mientras sus sentidos se enfocaban en las vibraciones de la casa. "Usted siente una pesadez en su pecho por las noches, ¿Verdad Ralph?"

"Sí", asintió.

Sylvia continuó. "Las cosas se mueven alrededor de esta casa. Parecen estar perdidas, desaparecer sin aparente razón".

"Por supuesto", comentó Kathy. "El primer año que vivimos aquí, estabamos listos para el divorcio. Yo pensaba que él tomaba las cosas, él estaba seguro que yo lo hacía. Ahora sé que ninguno de los dos es responsable. Es alguien más, algo más. Una vez escribí una carta para ser entregada por uno de los campistas. Desapareció de mis manos y apareció al día siguiente en una bolsa de lavandería".

"Veo a un hombre mayor", dijo Sylvia. "Usa una gabardina y sombrero. Puedo sentir la humedad, la lluvia, la neblina. Pienso que fue un capitán de la marina. Camina sobre la tierra. En vida, mató a un intruso. Desde entonces no le gusta la compañía".

Emocionada, Kathy explicó que había encontrado una gabardina vieja y una gorra colgando de un gancho en el patio de atrás cuando se cambiaron. "Por lo menos una docena de personas al año me dicen haber visto a un hombre viejo con una gabardina. Me pregunto algunas veces si se trata del capitán que construyó esta casa en 1857".

"Sí", asintió Sylvia con la cabeza, "Pienso que se trata de él". Calló un momento y después agregó, "La gente que vivía aquí antes era muy infeliz, una familia que siempre estaba enojada. Había mucho odio, muchos problemas sin resolver. Veo a jóvenes infelices, a una joven hermosa . . . sangre. Hubo un incidente a puñaladas aquí. Hubieron actos diabólicos cometidos en el pasado".

Kathy lanzó un grito ahogado. "Una jovencita desapareció misteriosamente mientras visitaba a su tío, quien era dueño del lugar. Eso ocurrió a principios de 1900. Nadie supo de ella jamás. Pero hace algunos años, cuando Ralph y yo decidimos poner un asador excavamos y nos topamos con un esqueleto. Pensamos que quizá se trataba de terrenos que sirvieron para enterrar a los indios y llamamos a un experto de la Universidad de California. El nos dijo que los huesos eran los de una mujer enterrada desde principios de siglo".

∞

Una de las apariciones más espeluznantes jamás investigada por Sylvia Browne ocurrió en la isla de Alcatraz. "Descubierta" en 1775 por Juan Manuel de Ayala, la isla de Alcatraz era conocida por los indios Miwok como un cielo para los espíritus diabólicos. En 1934, se construyó una prisión de máxima seguridad, los más odiados y temidos del sistema penal de los Estados Unidos. El notable Machine Gun Kelly se encontraba entre los cientos de asesinos, ladrones, violadores quienes terminaban ahí sus días.

Debido a la reputación diabólica que tenía el lugar, Alcatraz se cerró finalmente en 1963. Hoy la isla desolada está vacante, es un santuario de gaviotas Pero mientras la prisión se viene abajo, su leyenda aumenta.

El 5 de septiembre de 1984, Rex Norman, un guardacostas que pasaba la noche solitario en la isla, fue despertado por el sonido de una pesada puerta abriéndose y cerrándose en una de las celdas del bloque C. Luego de investigar, Norman no pudo encontrar nada que justificara el disturbio. Cuando el ruido continuó las noches subsiguientes, decidió traer a Sylvia a resolver el caso.

El 10 de septiembre, Sylvia, acompañada por un equipo de noticias de la cadena de televisión CBS, inició la investigación. Una de las primeras áreas visitadas fue el hospital de la prisión. Cuando Sylvia se disponía a entrar a uno de los cuartos, se detuvo en la puerta. "No entiendo esto, pero veo las paredes llenas de toda clase de tarjetas y notas. Parecen estar por todas partes".

Norman se detuvo a su lado. "¿Vez algo más?"

"La letra S. Veo una S. No sé que significa".

"Quizá es la S de Stroud", se aventuró a decir Norman. "Robert Stroud, el famoso "Hombre pájaro" (Birdman) pasó diez años y medio en este cuarto. La gente pensaba que tenía pájaros en su celda, pero eso no era cierto. Solamente estudiaba las aves. Tenía cientos de notas y tarjetas pegadas en su celda, cosas que iba aprendiendo sobre los pájaros".

Siguiendo a lo largo del pasillo, Sylvia entró a otro cuarto. "¡Ay, esto es horrible!" exclamó. "Siento tanto pánico, tanta angustia. Es casi incontenible. Hay algo más . . . está frío, está terriblemente frío aquí".

"Este era el cuarto de terapia", explicó Norman. "Los prisioneros psicóticos más violentos eran traídos aquí para bañarlos en agua helada y envolverlos en sábanas congeladas. Parecía tener efectos tranquilizantes. Posteriormente, por lo general, se quedaban dormidos".

Sylvia se adentró aun más en la prisión y cuando llegó a la lavandería tuvo otra fuerte reacción. "Aquí hubo violencia. Veo a un hombre. Alto, calvo, con ojos muy pequeños. Estoy obteniendo la inicial M, pero lo llamaban Butcher".

Norman sacudió la cabeza. "Puede ser", dijo, "Pero no lo sé". Leon Thompson, un ex convicto quien había pasado tiempo en Alcatraz y quien había sido invitado a unirse al grupo de Sylvia, caminó al frente y se detuvo junto a Sylvia. "Recuerdo a un hombre al que llamaban Butcher. Su nombre era Malkowitz, Abie Malkowitz, pero le decíamos Butcher. Había sido un hombre clave con la organización Murder Incorporated antes de que lo agarraran. Otro prisionero lo mató aquí en la lavandería".

Sintiendo compasión por el espíritu de este prisionero quien, por alguna razón inexplicable decidió permanecer en la isla fortaleza, Sylvia realizó una sesión de espiritismo en el comedor de la prisión. Con la ayuda de Dal rápidamente estuvo en condiciones de entrar en trance. Muy pronto

Francine estaba presente.

"¿Qué está ocurriendo?" Preguntó Thompson. "¿Lo puede ver. Qué está haciendo?"

"Está caminando hacia nosotros. Ahora se encuentra al otro lado de la mesa viéndonos", explicó. Francine se dirigió al espíritu. "No tiene que tener miedo de nosotros. Nadie quiere lastimarlo", le aseguró.

" ¿Qué dice él?" le preguntó Dal.

"Dice, he oído eso antes". Luego se dirigió a Butcher otra vez. "Cuando deje este vehículo mortal, regresaré al otro lado. Venga conmigo, sígame hacia la luz. Estará mucho más feliz allá. Encontrará gente que cuidará de usted, gente que lo quiere ayudar".

"¿Qué dice?" preguntó Dal una vez más.

Francine suspiró. "No me cree. Se va a quedar aquí". Y aparentemente así sucedió porque los guardias quienes vigilaban la isla fortaleza, ahora convertida en un parque estatal, continúan reportando disturbios extraños por la noche. El prospecto de lo que parece una eterna sentencia de Butcher en el penal abandonado continúa en la mente de Sylvia. Ella espera que le permitan regresar y realizar otra sesión espiritista.

En búsqueda de lugares encantados potenciales, Sylvia pudo a sí misma haber sido inicialmente atraída a Charles Addams, una mansión victoriana de corredores largos y obscuros, plataformas arriba de los techos y escaleras dramáticas. Pero los fantasmas mismos muestran una profunda indiferencia a tales cosas.

El fantasma, al parecer, está preocupado con lo que le ha pasado a él, no en dónde ocurrió. En la mayoría de los casos de hechizos, algunos espíritus regresan para borrar, reconstruir, vengar, o simplemente para rumiar algún evento horrible o por un anhelo frustrado. Otros, mientras tanto son inclinados a continuar en patrones más cómodos aquí en la Tierra.

A juzgar por el número de individuos que reportan contacto con espectros, no se necesita ser un médium profesional para ver un fantasma. Ellos atraen creyentes y escépticos indiscriminadamente. Lo que parece ser necesaria es la habilidad para enfocarse en el campo electromagnético o "vibraciones". Muchos pueden tener la habilidad de hacer esto sin siquiera darse cuenta.

Para ser un caza fantasmas sólo se necesita una perspectiva racional, buena memoria, sentido del humor y una mente inquisitiva y flexible. El equipo básico se compone de un cuaderno y lápiz. Grabadoras, termómetros, cámaras y medidores *Gauss* que pueden ser adquiridos conforme aumenta el interés.

De todos los lugares investigados por Sylvia, su favorito sigue siendo la juguetería encantada.

La tienda Toys "R" Us en Sunnyvale aún no ha puesto un letrero que diga, "Cuidado con los osos de peluche", pero bien podría hacerlo debido a la creencia popular de que ese lugar está hechizado. Todo comenzó a principios del verano de 1978 con una muñeca que hablaba que no habló. Un cliente regresó el juguete a la cajera Margie Honey, quejándose de que estaba defectuoso. Margie movió la muñeca para todos lados y efectivamente no emitió ningún sonido. Convencida de que nada se podía hacer puso la muñeca en su caja de cartón para regresarla al fabricante pero aún no terminaba de cerrarla cuando la muñeca comenzó a llorar, "¡Mamá, Mamá!"

Margie sacó la muñeca pero no pudo emitir sonido alguno. Tanto el cliente como ella la sacudieron repetidamente sin obtener ningún resultado. La pusieron nuevamente en la caja, colocaron la tapa y claro, el llanto comenzó otra vez .

"Dejó de parecernos chistoso", le comentó Margie a Sylvia. "Llamé a un empleado para que se llevara la muñeca. Iba llorando todo el camino al almacén.

Días después una noche, Margie estaba sentada en el cuarto de descanso de los empleados. De repente, un boletín puesto en la pared comenzó a mecerse.

Después, otra noche, Charlie Brown, otro empleado sin ninguna relación con Sylvia o Dal se encontraba cerrando la tienda. Acababa de poner llave cuando escuchó disparos en el interior de la tienda. Abrió la puerta pero no había nadie. Cuando volvió a salir y a echar llave el sonido de los disparos se volvió a escuchar. Así estuvo varias veces hasta que finalmente Charlie se dio por vencido y se fue.

Judy Jackson la gerente de la tienda, recibió una queja de una clienta, "Algo raro está pasando en el baño de mujeres".

Judy escuchó con asombro la explicación de la mujer. "Cerré la llave del agua, pero al llegar a la puerta se había abierto otra vez. Me regresé a cerrarla, pero sólo para ver como se abría sola otra vez. Esto ocurrió tres veces, ahorita está abierta nuevamente".

En otra ocasión, otro empleado apiló un montón de patines en un estante poco antes de la hora de cerrar. A la siguiente mañana regresó y los encontró todos en el suelo acomodados en una forma muy complicada.

Ninguno de estos fenómenos ha podido ser explicado. Estos y otros casos similares, entre ellos los que se relacionan con el movimiento y cambio de mercancía o equipo de un lugar a otro durante la noche, son particularmente curiosos. El negocio es serio y extremadamente bien organizado. Los incidentes descritos están totalmente fuera de lo normal.

Los empleados han llegado a creer que los estantes que se caen inexplicablemente, los pasos que se escuchan en los áticos vacíos y las luces que se prenden y apagan solas sólo pueden significar una cosa, un fantasma. ¿Pero de quién o de qué?

Margie Honey y otra empleada, Regina Gibson, decidieron iniciar su propia investigación. La búsqueda las llevó a la Biblioteca Pública de Sunnyvale. Entre los archivos, encontraron una nota críptica que decía: "Se dice que el fantasma de Martin Murphy es visto en las noches de luna llena".

Con la fama de ser descendiente de los reyes de Irlanda, Murphy fue el padre fundador no sólo de Sunnyvale, sino de los pueblos vecinos de Mountain View y Los Altos. Uno de los pioneros que llegaron en el primer tren de vagones a California procedente de las montañas de Sierra Nevada. Murphy compró un rancho de 5,000 acres y se estableció en lo que eventualmente se convertiría en Sunnyvale.

El 18 de julio de 1881, Martin y Mary Murphy celebraron sus bodas de oro con una gran fiesta en su mansión; una gran estructura que había sido traída desde Boston, por barco, alrededor de Cape Horn. Era tan grande que fue necesario dividirla en secciones y reensamblarla como un enorme rompecabezas. Alrededor de 10,000 invitados se divirtieron durante tres días y tres noches.

Muchos creen que la saga Murphy no terminó con la muerte de Martin en 1884. Antiguos y nuevos empleados de Toys "R" Us dicen que es un espíritu sin descanso todavía atado a los placeres de la tierra. Ellos llaman a su fantasma residente "Martin". Lo consideran muy travieso y especulan acerca de sus intenciones. Algunos están muy asustados.

Martin Murphy nombró las calles de la ciudad por sus numerosos descendientes, pero su interés por la gente joven se extendió más allá; el padre de la ciudad ayudó a fundar la Universidad de Santa Clara y el Colegio de Notre Dame cerca de Belmont. De este modo, algunos especulan, ¿Qué mejor posición podría haber encontrado el fantasma de este hombre —dado que amaba a los niños— para mirar pasar al mundo, que la juguetería de una esquina de la ciudad que fundó?

Sylvia decidió encontrar la respuesta por sí misma. Hizo arreglos con la gerente de la tienda para pasar la noche en Toys "R" Us. Ella y un pequeño grupo de investigadores entraron mientras salían los últimos clientes. Como siempre, el personal acomodó toda la mercancía, puso cada juguete en su lugar, después se barrieron los pisos. Cada empleado perforó su tarjeta de salida y la alarma fue puesta. Nadie podía salir o entrar antes de las nueve de la mañana siguiente sin que se accionara la alarma.

A pesar de estas precauciones, durante la noche una bola grande de malabares puesta hacia atrás en un estante se cayó al suelo. Varias pelotas de playa que pertenecían al Pasillo 107, aparecieron sobre el piso del Pasillo 206. Más tarde, esa misma noche, una pelota pesada fue encontrada en el centro de un corredor y vuelta a poner en su estante con una caja a manera de barricada. En una hora, la pelota estaba puesta nuevamente en el piso —la caja había sido hecha a un lado—.

A la medianoche, la hora sugerida por los reporteros de televisión presentes, Sylvia comenzó su sesión espiritista en un intento por "enfocarse" psíquicamente en la tienda. Para sorpresa de todos, no comenzó a describir a Martin Murphy como habían anticipado, sino a un predicador a quien "vio" desasosegado por un amor no correspondido.

El nombre del clérigo era John Johnston, aunque le parecía que la mayoría lo llamaba Yon o Yonny. Sylvia lo vio claramente sacando agua de un manantial que, le parecía a Sylvia, brotaba de una de las esquinas de la tienda. Yonny había estado con una familia que residía en la propiedad, explicó. Se enamoró de una bella joven llamada Beth, hija de una familia prominente a quien se le prohibió acercarse y antes de que sucediera cualquier cosa la casaron con alguien más. Yon o John se quedó soltero. Sylvia lo vio cojeando dolorosamente alrededor de la tienda, la sangre le brotaba de una pierna herida.

Los nombres Murdock, Josiah Abrams y Kenneth Harvey también aparecían en la conciencia de Sylvia. Habló de una tremenda actividad dentro del área ahora ocupada por Toys "R" Us durante los años 1881 y 1923.

Al siguiente día, un equipo de investigación de la Fundación Nirvana intentó validar los hallazgos psíquicos de Sylvia encontrando y descubriendo que un manantial, ahora tapado, brotaba en donde hoy se levanta el edificio de Toys "R" Us. El agua era bombeada indudablemente de ese lugar. Pero lo más importante, ¿Pudo Beth haber sido Elizabeth la hija de Martin Murphy, quien eventualmente se casó con William Taafee, un ciudadano prominente del área? Una cosa, sin embargo, parece cierta. Los Murphy, católicos devotos, jamás hubieran considerado a un predicador protestante ambulante como un esposo apropiado para su hija.

La fiesta de aniversario de los Murphy —un evento de tal magnitud que la corte fue cerrada por tres días completos para permitir a jueces, jurados, fiscales y defensores atender— se celebró en 1881. Los eventos de 1923 fueron menos fáciles de precisar. Los periódicos de ese tiempo no contenían nada notable —pero el equipo difícilmente sabía qué era lo que se estaba investigando—. Los eventos significativos que

Sylvia encontró eran probablemente de una naturaleza personal.

Aunque no se descubrió ninguna conexión con Josiah Abrams o Kenneth Harvey, un abogado llamado Francis Murdoch resultó ser el dueño del periódico *San Jose Weekly Telegraph*. En 1860, Murdock vendió el periódico a la familia Murphy.

El hallazgo más dramático fue que John Johnston, cuya vida está registrada en el documento Historia del Condado de Santa Clara, fue uno de los llamados 49 que se establecieron en el Valle de Santa Clara. Se convirtió en ministro y fue importante en la fundación de la llamada First Presbyterian Church de San José. Nunca se casó y murió desangrado en 1884 debido a un accidente ocurrido mientras cortaba madera.

Antes de la sesión espiritista, Bill Tidwell, un fotógrafo profesional había colocado su cámara cerca de Sylvia. "Si ve cualquier cosa, nomás jale este cordón", le instruyó. Mientras veía a "Yonny" acercándose, Sylvia siguió las instrucciones. Cuando el rollo fue revelado, mostró inexplicables manchas blancas iluminando el cuarto obscuro.

Por supuesto, fueron consideradas todas las explicaciones ordinarias —falla del equipo, doble exposición, fugas de luz o reflexiones, falla en el revelado, refracciones y, naturalmente, la imaginación del espectador—. Cualquiera de ellas pudieran haber explicado el fenómeno, pero fueron finalmente rechazadas en favor del espíritu.

Sylvia estaba contenta de que su información había sido verificada, pero no podía quitarse de la mente a John Johnston. Parecía como una figura trágica, estancado para siempre en la que debió haber sido una situación muy infeliz. Con seguridad había algo que ella pudiera hacer para liberarlo de ese penar triste e improductivo.

Se programó una segunda sesión espiritista. Sylvia regresó una vez más a la tienda Toys "R" Us en donde John Johnston mantenía su vigilia. "Es tiempo de que sigas adelante John. Hace mucho que moriste", le dijo Sylvia con urgencia.

"No, no", respondió el espíritu sacudiendo la cabeza. "Estoy esperando que Beth me vea".

"Beth también murió hace mucho tiempo, si te vas al más allá la encontrarás. Estarás en condiciones de hablar con ella mucho más fácilmente que aquí. Todo será mucho mejor, te lo prometo".

John sacudió la cabeza una y otra vez y comenzó a alejarse, Se había puesto agitado. "Tengo que quedarme aquí. Tengo que cuidar muchas cosas", explicó, después hizo una pausa, recorriendo con la mirada la tienda. "Es diferente ahora; hay mucha gente. Tienen mucha compañía ahora".

"Sí, debe ser diferente", acordó Sylvia. "Muchos niños corriendo alrededor".

"Sí, los niños son muy ruidosos . . . los gemelos corren, gritan . . . "

"¿Gemelos? ¿Los ve claramente?"

"Oh si, tengo miedo de que vayan a romper algo. Tengo que cuidar las cosas. Beth no está aquí. Yo soy responsable".

"John, usted era un ministro usted *es* un ministro debe saber que hay un cielo. Está esperándolo. Por favor, no se me desaparezca. Escuche lo que le estoy diciendo", le rogó Sylvia. "¿Ve la luz?" Camine hacia ella, John".

Pero John seguía sacudiendo la cabeza y esfumándose. Era obvio que le molestaba oírla hablar de muerte o que le sugiriera que dejara sus alrededores familiares. Sylvia llamó a John, urgiéndole a regresar, pero no lo hizo.

Cuando las luces se encendieron, la gerente de la tienda se apresuró adelante. Por supuesto sólo pude oír su parte de la conversación, ¿pero no dijo algo sobre unos niños gemelos?"

"Si, John se estaba quejando de ellos. Dice que son muy ruidosos".

"¡Que si lo son!" Esos niños estuvieron aquí otra vez hoy, el diablo sobre ruedas. Su madre ni siquiera intenta controlarlos, quizá no puede; son mucho para ella. Ellos realmente destrozaron el lugar".

Intentos posteriores de parte de Sylvia para persuadir a Johnny de dejar Toys "R" Us e irse al otro lado, fallaron. El no tiene intenciones de abandonar su hábitat familiar. En la perspectiva confusa de John Johnston, su asumida responsabilidad de cuidar el lugar permanece como la tarea más importante.

"Deben recordar que su tiempo y el nuestro son muy diferentes", les dijo Sylvia gentilmente a los trabajadores de la juguetería. "Algún día— quizá la próxima semana o quizá dentro de cientos de años —finalmente se dará cuenta que su propósito en este mundo ha sido cumplido. Entonces se irá fácilmente hacia la luz y ocupará su lugar en el mundo espiritual".

El personal de la juguetería no tiene prisa ahora porque Johny se vaya. Se han convencido, por fin, de que su fantasma no significa un daño para ellos, lo han adoptado como una clase de mascota.

Esta aceptación del fenómeno espiritual y la disposición de coexistir con fantasmas no es del todo inusual, según se ha dado cuenta Sylvia. Quizá la explicación más persuasiva de la continua popularidad del fenómeno fantasmal es su optimismo implícito. Un espíritu ha conquistado la muerte y regresa a probarlo. Es al mismo tiempo una clave y una invitación a un mundo más allá de nuestro propia realidad limitada, un ofrecimiento a ampliar nuestra conciencia para abarcar todo y cualquier cosa que pueda ser posible.

¿Y quién puede resistir esa clase de reto?

Como resultado de las muchas exploraciones de Sylvia sobre supuestas viviendas embrujadas, se ha desarrollado un protocolo para aspirar a ser caza fantasmas.

PROTOCOLO CAZA-FANTASMAS

NO USAR ALCOHOL O DROGAS ANTES O DURANTE EL TRANCE

1. La primera visita al lugar debe ser de investigación. Toda la gente involucrada tiene que asistir; no debe haber ensayo previo por parte de ningún miembro del grupo de investigadores.

2. Para eliminar la posibilidad de telepatía, no se debe conducir ninguna investigación sobre la localidad antes de la visita de investigación.

3. Todos los miembros del equipo deben apuntar todo lo que saben acerca del lugar antes de su llegada.

4. El equipo debe determinar, antes de la visita de investigación, qué es lo que desean aprender acerca del lugar mientras están ahí —qué es lo que desean revisar psíquicamente, qué esperan fotografiar y qué información requieren de la médium en trance—. El propósito de la visita debe determinarse. ¿Es para descubrir si la casa está encantada? Si es así, ¿Qué material respaldaría esta hipótesis? ¿Qué preguntas deben hacerse al médium? ¿Qué impresiones psíquicas son importantes? ¿El propósito de la visita es el de determinar la historia de la casa a través de implantes de energía? Si es así, ¿Qué eras históricas particulares son importantes? Si no hay ninguna, aquellos que asistan deben prepararse para hacer una variedad de preguntas relacionadas con diferentes períodos históricos.

5. Los investigadores deben entrar juntos a la casa y mantenerse en silencio hasta que termine el recorrido inicial. Aquellos participantes en el recorrido deben grabar sus impresiones en forma individual y sin comunicarse entre ellos. Dado que tales investigaciones con frecuencia involucran a los propietarios o residentes del lugar bajo investigación, un miembro del equipo debe ser asignado como compañero no silencioso para entrar a la casa antes que el resto y asegurarse que el grupo tendrá acceso inmediato. Esta persona puede también informar al grupo sobre áreas que pudieran ser designadas

"fuera de los límites". Los dueños/ocupantes deben estar presentes, pero no deben dar información durante el recorrido.

6. Después del recorrido en silencio, el grupo debe reunirse para discutir sus impresiones. Si fuera necesario, cada uno puede regresar a áreas específicas para percibir sensaciones adicionales. Antes de la discusión general, todos los investigadores deben entregar sus apuntes o cassettes a un miembro neutral (posiblemente al coordinador no silencioso). Aunque esto puede parecer una maniobra de desconfianza, su propósito es el de proteger a los miembros del grupo de ser acusados de cambiar sus notas para hacerlas coincidir con las de otros miembros.

7. Previo al trance, el grupo de investigadores debe discutir lo que desean saber acerca del sitio, con base en las impresiones recabadas durante el recorrido. Deben abarcarse dos áreas: a) información de la guía de comunicación que bien puede validar o invalidar las impresiones reunidas y b) información que pueda ser verificada históricamente mediante investigaciones en bibliotecas, museos y/o archivos.

8. La sesión en trance debe ser grabada.

9. Aunque sea para levantar la moral del grupo de investigación, los antecedentes del sitio deben ser investigados tan pronto como sea posible.

CAPÍTULO DIEZ

¿Por qué estoy aquí?
Los temas de la vida

El niño de dos años miraba intensa y confiadamente a los ojos de Sylvia. "En tu vida pasada moriste por envenenamiento en la sangre", le explicó ella. *"Tú-no-tienes-que-morir-ahora. No nos dejes"*.

El pequeño David, un paciente de leucemia, se recuperó desafiando todas las predicciones médicas.

Más tarde, sus padres regresaron a buscar a Sylvia, ampliamente felices pero no obstante intrigados. "¿Cómo pudo David entender lo que usted le estaba diciendo —porque sí lo hizo, verdad—?" le preguntó el padre.

"Los niños saben mucho más de lo que la mayoría de nosotros creemos", le contestó Sylvia. "Entienden qué es lo que está pasando desde el principio. La próxima vez que vea a los ojos de un bebé, dígame si no ve, 'Ay, caramba, aquí estoy otra vez'. Eso es lo que *realmente* está pensando. Pero lo que generalmente decimos es. 'El bebé parece viejo y sabio'. ¡Y eso no es todo! En verdad está diciendo, 'qué mierda'".

"¿Es así de malo, ajá?" preguntó el papá de David, sacudiendo la cabeza. "No entiendo. ¿Cuál es el propósito de todo esto? ¿Por qué lo hacemos?"

"Francine dice que el propósito de la reencarnación es el de perfeccionar el alma mediante la adquisición de diferentes clases de experiencia y conocimiento en un plano negativo de existencia, nuestra Tierra. Quizá, por cualquier razón, fue necesario para ustedes y su hijo experimentar leucemia. Eso ha sido completado ahora y ustedes están experimentando algo más, una curación. Su niño ha sanado literalmente sólo porque así lo decidió. ¿Puede alguno de nosotros ser realmente el mismo después de una experiencia como esta?

"¿Pero por qué necesitamos reencarnar?" preguntó la madre. "Si es tan malo aquí en comparación, ¿Por qué no podemos simplemente permanecer en el otro lado?"

"Bueno, usted puede si así lo quiere", le dijo Sylvia. "Por lo menos esto es lo que dice Francine, pero la cosa es, lo que todos realmente queremos es avanzar, ser mejores de lo que somos ahora. Algunas entidades eligen trabajar en su perfección en el otro lado, pero el problema está en su medio ambiente, en donde todo es perfecto este proceso tarda mucho. La mayoría de las entidades deciden regresar a la tierra cada cien años más o menos para tener otro monto de perfección. Hay incluso unos cuantos que eligen pasar todo su tiempo aquí encarnando dentro de una vida tras otra. Yo llamaría a esos masoquistas".

"¿Entonces, quién nos juzga? ¿Quién decide cuando alcanzamos la perfección?", insistió la madre.

"Nosotros mismos", le dijo Sylvia. "Somos nuestros propios jueces. ¿No tiene sentido? Somos los únicos que sabemos lo que necesitamos aprender. Francine dice que cuando estamos en el otro lado somos mucho más entendimiento que otra cosa. Estamos totalmente consciente de nuestros puntos buenos, también, así como de los malos. Ahí no nos confundimos. Recordamos no solamente todo lo que aprendimos aquí en nuestra última vida, sino lo que hemos aprendido en todas nuestras vidas anteriores. Después, sumado a eso, está todo el conocimiento que hemos acumulado mientras trabajamos en el otro lado".

Cuando la madre de David continuó mirándola dudosa, Sylvia le aseguró. "Nadie se va a poner a un lado de tus hombros para decirte que tienes que trabajar duro, que seas mejor. Eres la única responsable de tu proceso de aprendizaje. Qué tan rápido o lento es este proceso depende de ti. No hay nada bueno o malo asociado con eso. Es realmente más como una evaluación de cómo te está yendo en tu propio progreso. Ni San Pedro ni nadie más te va a condenar. Si decides que tus logros en una vida determinada no te llevaron al nivel en el que quieres estar, puedes decidir vivir otra vida muy parecida, para ver si puedes hacerlo mejor en la segunda oportunidad. Esta es parte de la razón por la que existe la reencarnación —dar a cada uno de nosotros tantas oportunidades como sean necesarias para aprender algo, algo en lo que hayamos fallado—. Piénsenlo de este modo: Dios es un patrón que practica la igualdad de oportunidad para todos. Cada uno recibe todas las oportunidades que desea para trabajar en favor de cualquier meta deseada".

El hombre asintió. "Nunca creí en la reencarnación, pensé que era algo sin sentido. Pero escuchándola a usted hablarle a nuestro pequeño y después viendo en realidad cómo se curaba cuando nadie pensaba que era posible . . . ¿Cómo podemos no creer que algo como eso existe? Pero lo que no entiendo es por qué olvidamos esas otras vidas, olvidar acerca de su sangre envenenada, por ejemplo. ¿Por qué no nacimos con una conciencia continua de nuestras experiencias anteriores?"

"Francine dice que es de ese modo como podemos aprender mejor, mediante lecciones difíciles en la vida. Ella cree que de esta manera tienen un significado más profundo y por tanto mayor influencia en el desarrollo de nuestra alma".

"Pero aparentemente la vida pasada de David le afectó en *esta* vida. ¿Hay alguna forma de explicar eso?"

"El estaba muy confundido, pero afortunadamente estuve en condiciones de llegar a él. Todo lo que necesitaba era un recordatorio. No es común cargar con un achaque de una vida pasada, pero llega a pasar algunas veces. Después, tal recordatorio puede ayudar a disipar el nuevo problema. Es una clase de negocio pendiente, algo como los espíritus que andan merodeando en una de las llamadas "casas embrujadas".

Sylvia pensó por un momento y después siguió. "Hay otra clase de aplazamientos también. Traemos con nosotros las cosas que nos gustan y las que nos disgustan. Nuestra personalidad ha sido profundamente afectada por otras encarnaciones. Las vidas pasadas pueden tener una tremenda influencia en la salud física, apariencia, raza, credo, religión, sistema de valores, riqueza, hábitos, talentos, sexo —y así podría seguir—, No hay casi nada sobre nosotros que no esté enraizado en una vida pasada. Algo de eso que traemos es positivo, pero no todo —el fanatismo, por ejemplo—. Todos hemos sido, en algún momento de alguna vida, tanto el perpetrador como la víctima".

"Todas estas cosas son nuevas para nosotros, es como abrumador", admitió la madre de David.

"Quizá usted quiera mirar a sus vidas y analizarlas desde la perspectiva de la reencarnación", le sugirió Sylvia. "Vean cuántos de sus intereses, hábitos, gustos y cosas que les desagradan pueden ser el resultado directo de una vida pasada. ¿Está su casa amueblada con una decoración particular? ¿Prefiere una cierta clase de comida étnica? ¿Va de vacaciones al mismo sitio año tras año porque se siente atraída a él? Podría sorprenderse de hasta dónde la podrían llevar estas respuestas".

La pareja dejó el cuarto de lecturas con muchas cosas pendientes de qué hablar. Mientras Sylvia los veía retirarse, sonrió en forma ausente, pensando en conversaciones similares que ella misma había tenido con Francine a lo largo de los años. El concepto de la reencarnación siempre le había parecido natural a ella, pero la mecánica era otra cosa. Una vez, durante un período particularmente bajo en su vida, ella y Francine habían hablado del suicidio. "¿No podría sencillamente irme ahora y regresar en otra oportunidad?" se aventuró a decirle.

"¿Piensas por un instante que simplemente puedes correr como dicen ustedes los humanos?" Replicó Francine. "Es casi imposible. No hay descansos, sólo tus puntos de salida predestinados. No hay una vida de escape. Sólo tendrías que volver a enfrentar los mismos problemas otra vez desde el principio".

"Pero estaré descansada, será más fácil", razonó Sylvia.

"No, no lo será, no será más fácil", dijo Francine enfáticamente. "Serías empujada de regreso a la tierra inmediatamente. Estarías de regreso en la misma ubicación geográfica, con el mismo tipo de padres, en la misma clase de matrimonio o relación, con los mismos problemas en el trabajo, la misma situación financiera. *Todo* sería exactamente lo mismo y tendrías que confrontarlo otra vez". Nada ganarías al tratar de escapar. Piénsalo de este modo. Qué pasa cuando los niños huyen de la escuela? ¿No los llevas otra vez y los mantienes ahí hasta que se gradúan?

Por supuesto que lo haces y es hasta que ellos han aprendido sus lecciones y se gradúan cuando se abren otras oportunidades ante ellos".

Sylvia recordó, casi podía sentir su cansancio durante el momento de la conversación, su frustración exhausta. "¿Qué es lo que va a pasar conmigo cuando llegue al otro lado?" se había preguntado, como un niño cuando ruega por un cuento antes de dormir.

"Lo mismo que le pasa a todos. Vas a pasar por un túnel obscuro hacia una luz brillante en donde un ser amado te estará esperando para guiarte. Al final de ese túnel, encontrarás un centro de orientación. Nuestro Vestíbulo de Sabiduría. Ahí, te sentarás ante una pantalla y verás pasar tu vida entera. Es entonces que decidirás si has completado o no las tareas auto asignadas de esa vida. Quizá puedas elegir reencarnar inmediatamente, pero es más probable que decidas proseguir con tus estudios en el otro lado durante algún tiempo."

"¿Por qué elegiría regresar?" Había suspirado Sylvia con cansancio.

"Cualquiera que sea tu decisión, recibirás ayuda", le había asegurado Francine. "Un consejero revisará toda tu vida contigo —tu plano, el propósito de tu vida— todo. Ustedes decidirán juntos cuál es el mejor camino a seguir para poder alcanzar tu propia perfección".

"¿Pero por qué cargué con tanto esta vez?" le había preguntado Sylvia. ¿Por qué me hice la vida tan difícil a mí misma?"

"Esa es una tendencia general", había admitido Francine. "La vida en el otro lado es demasiado idílica y uno se siente tan fuerte que tiende a olvidar que difícil es en la Tierra. Tu recibes consejo en contra de asumir demasiado, pero una vez más, la decisión final es tuya".

"Debo ser una bocona horrible".

"Así es Sylvia", Francine le había dado la razón. "Como te dije antes, en el otro lado, retenemos mucho de nuestra personalidad en la Tierra".

"Es un consuelo, supongo".

"Pero es totalmente una elección personal. Había insistido Francine. "Desde el comienzo de tu creación, tú, como cada otra entidad, sabías lo que querías perfeccionar, cual sería tu propósito en la vida y cuantas vidas necesitarías para alcanzar la perfección. Es este conocimiento innato el que nos empuja a cada uno hacia adelante. El primero en saber cuando es tiempo de encarnar eres tú. Es como una campana que comienza a sonar, un reloj interno que dice: 'Ahora'".

"¿Y qué pasa después? ¿Cómo, cuándo fallé? ¿Cómo me metí en todo esto?" Le había preguntado Sylvia, sintiéndose y sonando petulante.

"Tú no fallaste", le aseguró Francine. "te estás moviendo de acuerdo con tu plan, tu propio y único plan. Lo primero que hiciste antes de encarnar —en esta vida así como en las anteriores— fue revisar tu historia pasada. Al principio, en los primeros días de la creación, todas las entidades probaron el futuro de todos los planetas que estaban promulgando la reencarnación esquemática. Ellos estudiaron todos los períodos o edades de los planetas —pasado y futuro— buscando uno que contuviera el escenario adecuado para su perfección particular. La evolución del planeta Tierra contiene una serie de etapas de estancamiento —la Era de la Atlántida, el período Neandertal, el período Cro-magnon, la Era de Piedra, la Era de Hierro, la Era de Bronce, la Era de Oro, las eras Obscuras, el Período Renacentista, la Era Atómica—. En cada una de estas eras, todas las entidades pudieron encontrar el escenario particular que mejor se acomodaba a ellas".

"¿Siempre obtenemos lo que pedimos?" Había un dejo de coraje en la voz de Sylvia.

"En cierto modo. En los primeros días, todos estabamos sentados en un basto foro viendo todos esos períodos en un gran pizarrón —algo así como un pizarrón del mercado de valores o como la lista de contrataciones de un sindicato— los cuales nos mantenían al corriente de todas las oportunidades disponibles".

Sylvia estaba intrigada. "¿Quieres decir, oportunidades de vida?"

Sí. Los pizarrones tenían listas de información como ubicaciones geográficas, origen, antecedentes étnicos y raciales, política, economía, todo acerca de una oportunidad de vida, incluyendo el detalle más finito. Después algunos de nosotros —tú, entre ellos— tomaron esta información y, sabiendo nuestras necesidades individuales, participaron en varias subastas de oportunidades".

Todo le parecía muy extraño a Sylvia. "Subastar", había repetido. "No entiendo".

"Al principio, las subastas eran necesarias porque había demasiadas entidades que querían encarnar temprano. Tenían curiosidad y entusiasmo para ver como era la vida en la Tierra y no había suficientes oportunidades para cada uno a la vez. Ahora, por supuesto, con una población mucho mayor, ya no es un problema".

"Estoy segura que le hubiera dado *gustosa* mi lugar a alguien más". Pensando en la situación de su vida, una vez más Sylvia se había sentido desconsolada.

"No, tú fuiste siempre muy entusiasta, tenías mucho coraje para realizar las tareas que te asignabas a ti misma. Todavía tienes mucha determinación, Sylvia. No tienes idea cuanto das de ti misma a otros y la inspiración que tú eres".

Sylvia había sacudido la cabeza auto censurándose. La vida le había parecido muy difícil en un momento, sobreviviendo cada día con gran esfuerzo. Sólo la responsabilidad para con sus hijos —y en alguna extraña forma que todavía no lograba definir para con Francine—, la mantuvieron en pie.

Pero a pesar de la depresión de Sylvia, había estado fascinada con el relato de su espíritu guía. "¿Y qué paso después?" le preguntó.

"Tú, como todos los demás, fuiste al consejo, al cuerpo gobernante en el otro lado y sometiste a su consideración un plan para tu encarnación propuesta. Una entidad no tiene que hacer esto y unos pocos han encarnado sin la autorización del Consejo. Pero la mayoría prefieren hacerlo y todos se benefician de la asesoría involucrada. Es como tu existencia terrenal diciendo 'es mejor tener dos cabezas que una'. La experiencia y el conocimiento del Consejo de Ancianos se une a tu propio conocimiento para seleccionar el mejor escenario de encarnación posible. El consejo desarrolló tu plan con gran detalle. Los miembros te previnieron sobre peligros que no habías considerado y señalaron eventos que podían cambiar la total perspectiva de lo que querías lograr".

"Como me gustaría poder recordar", suspiró Sylvia con nostalgia. "¿El

Consejo era agradable?"

"Oh sí, muy agradable. Muy amoroso y cuidadoso. Ellos existen para nuestro beneficio y bienestar. Con frecuencia una sesión con el Consejo ocasiona que las entidades revisen sus planes hasta que se alcanza un curso final que incluya todos los factores de contingencia. Muy a menudo, a una entidad se le advierte acerca de una encarnación particular y se le trata de convencer de que no vaya a una vida que es muy difícil o ambiciosa. Algunas veces el Consejo puede aconsejar a una entidad de que tome dos o tres vidas para lograr lo que pretendía en una sola. Por supuesto, siempre hay entidades que no escuchan. Alegan con los miembros del Consejo e insisten en estar haciendo lo correcto".

"¿Qué hace el Consejo en esos casos?" le había preguntado Sylvia.

"Nada, absolutamente nada. Si la entidad se rehusa a seguir su consejo, éste asume una postura pasiva. Todas las entidades tienen libre voluntad y pueden encarnar de acuerdo con su elección. Pero yo puedo verdaderamente decir que nunca he visto al Consejo cometer un error al revisar los planes para una encarnación, en cambio, he visto muchos errores desastrosos hechos por entidades demasiado optimistas".

"¿Fue, es ese el paso final?"

"Oh, no. después de eso, regresas al centro de orientación en donde discutes el plan, que tú y el consejo han establecido, frente a por lo menos un Maestro. En este proceso se invierte mucho tiempo porque el Maestro tiene que familiarizarse con cada detalle de lo que la entidad quiere lograr. Algunas entidades pasan muchos años de tu tiempo —años como los miden en la Tierra— en el centro de orientación preparándose para la vida. Cuando se ha completado esta preparación final, comienzas a buscar con la ayuda de un aparato similar a una computadora a los padres adecuados, el cuerpo adecuado, la ubicación geográfica adecuada. Usando este aparato, decides los defectos que podrías tener, los trabajos que podrías desempeñar, la clase de niñez que es mejor para llenar tu destino, la clase de juventud, la clase de pareja o de niños, incluso la clase de muerte".

De acuerdo con Francine, todos estos factores son sopesados. "Tú misma decidiste si va a ser mejor para ti ser rica o pobre", le explicó. "¿Quieres un padre que será un matriarcado o patriarcado? ¿Quieres padres que se divorciarán o morirán? ¿Quieres tener hermanos? ¿Te vas a casar? ¿Qué entidad o entidades te permitirán alcanzar mejor la perfección? ¿Tendrás hijos? ¿Cuántos? ¿De qué sexo? ¿Qué clase de disposiciones deben tener? ¿Qué clase de asociaciones? ¿Qué clase de traumas? ¿Cuántos retos negativos debes enfrentar? ¿Abrigarás alguna, muchas o ninguna religión? La lista de posibilidades y decisiones necesarias es muy larga".

Sylvia había suspirado nuevamente. "Con tanta planeación, ¿cómo podemos equivocarnos?"

"Es que no fallas. En realidad no hay nada equivocado", insistió Francine. "Las cosas sólo te parecen mal a ti en este momento. En realidad, no te he dicho todas las decisiones involucradas en una encarnación. Hay más. Después de finalizar el plan básico, tú y tu maestro ven los principales eventos de esta encarnación planeada en un aparato muy parecido a una televisión de circuito cerrado. De esta manera, estás en condiciones de ver los acontecimientos más destacados y elecciones en la vida que has planeado con el objeto de calibrar tu reacción y analizar tu respuesta emocional. Tú puedes mirar tu prospecto de vida en cientos de formas diferentes —las variaciones son posibles debido a cambios inesperados—".

"¿Entonces puedo hacer cambios al plan?" Le preguntó Sylvia.

"Hay muchos caminos que una entidad puede seguir, pero sólo una 'ruta trazada', el camino que debe ser seguido para cumplir con la perfección deseada. Si la entidad se sale de esta ruta, puede surgir alguna forma de perturbación".

Sylvia había considerado esta posibilidad. "¿Perturbación? ¿Qué quieres decir exactamente?"

"El alcoholismo puede ser un tipo de respuesta, o quizá alguna otra forma de enfermedad física o mental. En la mayoría de casos extremos, puede tomar la forma de suicidio. Por supuesto, la entidad que planea la encarnación está programada cuidadosamente para evitar la tensión que producen tales problemas".

"¿No funciona muy bien, verdad, ese tipo de programación?" le preguntó Sylvia.

"La mayoría de las veces *sí* funciona", Le argumentó Francine. "En la mayoría de los casos la entidad sobrevive la encarnación, aunque no siempre en la senda elegida. El problema surge, como te he dicho antes, de la diferencia entre tu plano y el otro lado. El superar el problema es la razón de la planeación exhaustiva y, particularmente, la revisión intensa. El plan debe estar programado dentro de la mente subconsciente de la entidad de modo que esta pueda no solamente sobrevivir la encarnación sino encaminarse hacia la perfección".

Sylvia se había recargado en el respaldo, pensando sobre todas las cosas que Francine le había dicho. "Y eso es todo?" le preguntó por fin.

"Sí, eso es todo, finalmente". Cuando toda la planeación, asesoría y programación han sido completadas y la ruta trazada ha sido incrustada en la mente subconsciente de la entidad, ésta encarna".

"Y después andamos aquí debatiéndonos solos", le había contestado Sylvia.

"Bueno, no realmente solos", la corrigió Francine. "Nosotros, los espíritus guía siempre estamos con ustedes. ¡Si sólo unos cuantos más de ustedes nos escucharan!"

⚬⚬⚬

Aunque hasta este momento el mecanismo de reencarnación había sido un misterio para Sylvia, ella había estado consciente de sus principios operando en su vida desde su niñez. Cuando era apenas una bebé, recordaba haber sido envenenada en una vida anterior e insistía en que su padre probara toda su comida antes de que pudiera comerla. Mientras Sylvia crecía, recuerdos agradables de la vida de convento contribuyeron a su deseo de convertirse en monja en su actual encarnación.

Posteriormente, poco después de su matrimonio, Dal hipnotizó a

Sylvia y regresó a una vida anterior en Japón. "¿Eres psíquica?" le preguntó.

"Sí", contestó ella. Después, mientras todavía estaba bajo el trance hipnótico, Sylvia hizo que su marido se sobresaltara al preguntarle, "¿Eres tú una de mis voces?" fue un momento revelador que aparentemente trascendió el tiempo y el espacio. Por un instante, dos vidas separadas por cientos de años se habían fusionado en una sola. Esta fue una vida trágica, una en la que Sylvia escogió enfocarse por un breve tiempo. Su habilidad para oír voces que otros no escuchaban, para ver cosas psíquicamente que otros no veían, fue altamente amenazante para aquellos a su alrededor. Al principio, sus palabras fueron descartadas como los delirios de una demente, pero eventualmente una mujer aterrorizada por una predicción acerca de sí misma, apuñaló a la entidad quien era Sylvia en esa encarnación. Ella murió de esas heridas.

Hoy en día, Sylvia cree que fue necesario que ella experimentara ese potencial negativo de la vida de una psíquica para comprender de lleno el poder inherente en este don.

Más tarde, una indicación de una cadena de vidas influenciadas por la habilidad psíquica en el pasado de Sylvia surgieron cuando otra regresión reveló una vida como un oráculo en Delfos. Como siempre, Dal la había relajado, llevándola profundamente a un trance hipnótico. "Ahora abre tus ojos", le instruyó por fin. "Mira hacia ti . . . ¿Qué es lo que ves?"

"Montañas, montañas pronunciadas y escarpadas . . . están alrededor de mí".

"¿Qué estás haciendo?"

"Estoy escalando una montaña muy pronunciada y rocosa".

"¿Eres hombre o mujer?"

"Soy mujer".

"¿Qué estás usando? Mira primero a tus pies. ¿Qué clase de zapatos traes?"

"Sandalias, estoy usando sandalias. Sandalias y un camisón blanco largo, una clase de túnica".

"¿Estás sola?"

"No, hay una niña pequeña conmigo. Está vestida como yo. Estoy sosteniendo su mano. Es mi hija".

"¿Estás feliz?"

"No, es temprano por la mañana, pero me siento muy cansada, demasiado cansada. Al final de la cima hay un grupo de cuartos como celdas. Voy a ir dentro de uno de ellos. Hago esto todos los días. Muy pronto filas de personas escalarán esta cima para verme, hacerme preguntas".

"¿Tú les adivinas el futuro?"

"Sí, hago esto todos los días desde temprana hora hasta muy tarde por la noche. Mi pequeña hija se está entrenando para hacer esto también".

"¿No te gusta tu vida?"

"No tengo vida —no vida propia—. Todo mi tiempo lo paso adivinando a otros. Veo muy poco sobre mi niña".

"¿Dónde está el padre?"

"Se fue . . . hace mucho . . . No puedo ni recordar. Estoy muy sola en esta vida. Es puro trabajo, puras lecturas. Tengo muy poco contacto con la gente. Las personas que viene a verme se paran a través de una pequeña ventana de mi celda. Siempre estoy ocupada, pero en realidad estoy muy solitaria".

"¿Cómo moriste?"

"Tuberculosis. No lo lamento. Se siente muy pesado, no sólo en mi pecho, pero en todo, estoy lista para irme".

Después de regresar a la conciencia, Sylvia había recordado totalmente esa pasada encarnación. Después de meditar en ella, llegó a la conclusión de que el recuerdo había surgido para inculcarle en su conciencia la necesidad de equilibrar su vida como médium.

En 1983, mientras se encontraba de vacaciones en Grecia, Sylvia se enfermó y no pudo acompañar a Dal en una excursión planeada con entusiasmo a Delfos. Ante la urgencia de Sylvia él hizo el viaje solo. Esa noche, a su regreso a Atenas, comenzó a describirle el santuario de la montaña. "Un momento", le dijo Sylvia, interrumpiéndolo, "olvidas que yo también he estado ahí". Y después se puso a describir las rutas pronunciadas hacia la cima, las cumbres colosales, las columnas masivas y las estatuas.

Y aún con toda su experiencia —no sólo con base en los recuerdos de sus propias vidas pasadas, sino en la ayuda prestada a otros para recordar las suyas— Sylvia no estaba preparada para la ola de nostalgia que la asaltó en 1981 mientras descendía del avión en Nairobi, Kenya. El viaje había sido contemplado por mucho tiempo pero nunca planeado. Unos clientes amigos quienes se habían ido a vivir a Africa habían invitado a Sylvia y a Dal a visitarlos. Los Brown habían aceptado pero los frenéticos horarios los habían mantenido muy ocupados incluso para pensar siquiera sobre del país. Sylvia sabía muy poco de Africa, por lo menos conscientemente. Sin embargo, en cuanto sus pies tocaron tierra africana, sintió inmediatamente una sensación de haber regresado a casa. Al pasar los días, imágenes e incidentes aparecieron en los ojos de su mente. Sylvia estaba convencida de haber vivido tres vidas muy dichosas en Kenia.

En la primera de ellas, se vio vestida en la túnica roja de la tribu Masai. En esa encarnación el marido de Sylvia había muerto en una expedición de cacería, pero su hijo —quien es Chris en esta vida— la cuidó en una forma amorosa y dulce a lo largo de toda su vida. En otra encarnación, era miembro de la tribu Kikukyu, fue Sylvia la que fue muerta por un animal salvaje. Recuerda esta encarnación como una vida corta, casi idílica. En cada una de sus existencias en Africa, Sylvia fue tanto mujer y chamán. Recuerda ésta como algo natural integrado a su vida sencilla y aceptado como normal por quienes la rodeaban. Sólo en la última encarnación, la de un Samburu, alcanzó una gran prominencia. Esto ocurrió cuando estuvo en condiciones de efectuar la dramática curación de un niño de la villa, pero incluso esto no fue una experiencia grandiosa y tuvo poco efecto sobre el ritmo sencillo de su vida.

Sylvia cree que el propósito de estas vidas fue el de aprender el valor de la sencillez y de una existencia natural sin complicaciones. Estas vidas también la ayudaron a alcanzar el conocimiento de una cooperación amorosa con los demás. Cada una de sus encarnaciones en Africa estuvo dedicada a estos principios y su regreso a esas áreas sirvió para recordar las verdades que siempre había sabido pero que algunas veces tendía a olvidar.

Parece que todavía hay una parte que Sylvia tiene que desempeñar en Africa. Durante el curso de los días de fiesta, fue entrevistada por una periodista local, Kathy Eldon. Eldon había cumplido la asignación con cierta inquietud. Nunca antes había conocido a una psíquica y no estaba muy segura de querer hacerlo. Más tarde ella escribiría, "Fui con cautela, determinada a limpiar de mi cerebro cualquier pensamiento transparente que ella pudiera 'ver' y utilizarlo para ponerme al descubierto. Pero en persona, Sylvia no transmite temor. Es una dama grande, cómoda, con el pelo teñido de rubio, enormes ojos delineados con sombra azul y una voz profunda y ronca".

En la entrevista, Sylvia habló íntimamente sobre sus experiencias, comenzando con las premoniciones en su niñez. Describió la llegada de Francine a su vida y expuso a grandes rasgos el ámbito de la Fundación Nirvana. "Repentinamente", Eldon recuerda, "a la mitad de nuestra conversación, Sylvia comenzó a hablar sobre mí. Me dijo cuantos niños tenía, sus sexos y me describió con precisión cada una de sus persoalidades".

"Habló sobre un viaje que haría, el cual había planeado apenas un día antes. Habló sobre un libro que escribiría y discutió algunas quejas médicas que había experimentado en el pasado. Usó palabras para describirme que sólo mi mejor amigo hubiera podido escoger y señaló un incidente de dos años atrás que me llevó a mi presente trabajo. Yo estaba asombrada. Sylvia no tenía forma de hacer una investigación sobre mi vida y, por cierto, mucha de la información que me dio era únicamente conocida por mí".

Sus primeras inquietudes se desvanecieron completamente, Eldon llevó a Sylvia a conocer a Mark Horton, un profesor de Oxford quien había excavado unas antiguas ruinas en la costa de Mombasa. Sylvia estuvo en posibilidades de fechar exitosamente monedas que él le mostró y de identificar, en un mapa de Kenia, los sitios en donde habían sido encontradas. Después, señaló un lugar en donde podrían encontrarse otros artefactos significativos.

La periodista después le presentó a Sylvia al caballero más escéptico, al Dr. Richard Wilding, director del Museo Nacional de Sitios y Monumentos de Coastal. Después de decirle a Wilding que sentía mucho lo del problema de su cadera que padecía desde su nacimiento, pero el cual no era visible para nadie, Sylvia fue con Wilding y Eldon hacia Gedi, una ciudad desierta, abandonada misteriosamente en el siglo XV. Después de caminar alrededor del lugar por unos minutos, Sylvia comenzó a sentir las vibraciones de la gente que habitó el lugar. "Esta área atrajo a muchos niños", le dijo Sylvia a Wilding, señalando un montón de piedras antiguas. "Niños de todas las edades venían aquí con sus padres".

Wilding miró hacia ella con asombro. "Creemos que éstas son las ruinas de una familia mosque", le dijo. "¿Tiene algún sentimiento acerca de por qué la ciudad fue abandonada? ¿Por qué se fueron todos?"

"La gente murió aquí . . . muchos de ellos al mismo tiempo. Fue el agua. Algo contaminó el sistema de agua y la mayoría de ellos murió. El resto se fue y nunca más volvió".

"¡Sí! ¡Sí!" exclamó asintiendo con la cabeza, su escepticismo se había ido. "Eso puede explicar el éxodo muy bien, por cierto".

El artículo que Eldon escribió acerca de Sylvia para su periódico, The Nation, tocó una parte muy sensible de muchos lectores. En menos de una semana, la periodista había recibido más de 50 cartas y llamadas de gente ansiosa por hacer contacto con Sylvia, quien para ese entonces, desafortunadamente, había regresado a casa. Sin embargo, dos de estos lectores llamaron a Sylvia a California para solicitar lecturas.

Una mujer, preocupada por la desaparición de un hijo adolescente pidió información sobre su paradero. "¿Está vivo?" Quería saber. "¿Está siendo detenido bajo coacción? ¿Cómo puedo recuperarlo?"

La respuesta de Sylvia fue instantánea. Describiendo los eventos que habían llevado a la desaparición del niño, ella dio detalles acerca de la gente que estaba con él, describió el lugar donde había estado y agregó. "No se moleste en buscarlo. No lo va a encontrar. El volverá a casa cuando esté listo". La familia dio la información a la policía quien continuó su búsqueda. A pesar de sus esfuerzos por seguir las pistas dadas por los amigos del muchacho, el joven no fue encontrado.

Después, un Domingo de Pascua, el niño perdido regresó a casa —tal y como Sylvia lo había pronosticado—. Más tarde, él confirmó la mayoría de la información de la predicción de Sylvia.

La segunda llamada a los Estados Unidos fue hecha por un lector del periódico The Nation en Tanzania quien estaba tan afligido por una misteriosa enfermedad que tenía su esposa, que sintió que era esencial discutir el caso con Sylvia.

Pero una vez más no hubo necesidad de entrar en detalles. "Su esposa sufre de severos dolores de cabeza que le obstruyen la circulación", le dijo Sylvia. Después de relatarle más información sobre la condición de la mujer, la cual fue corroborada por el marido, ella le recomendó una medicina específica.

La paciente, quien había consultado a varios doctores en su país durante meses, decidió probar la nueva medicina. Después de una semana en lugar de estar en cama incapacitada diariamente a causa de los dolores de cabeza, reportó sólo dos dolores medianos en seis días. Parecía, de acuerdo con conversaciones con Kathy Eldon, estar recuperándose.

El artículo que Eldon había escrito para The Nation apareció en febrero de 1982. En ese entonces, Sylvia pronosticó que habría serias dificultades en Kenia durante finales de julio o a principios de agosto. El primero de agosto, un golpe de estado dejó como saldo varias muertes y una reestructuración del gobierno.

Al año siguiente, cuando Sylvia regresó, fue contactada por un miembro del gabinete Philip Leaky, hijo de los mundialmente famosos antropólogos. Durante el curso de la lectura, Sylvia expresó preocupación sobre la seguridad del presidente de Kenia, Daniel Moi. "El debe ser muy cuidadoso en Mombasa . . . Lo veo ahí rodeado de banderas.

El no debe estar ahí. Es en septiembre. Está en una clase de, bueno, en casa lo llamaríamos los terrenos de una feria. Alguien ahí quiere herirlo . . . él no debe ir", advirtió.

Al final de cuentas, las tareas ejecutivas del presidente Moi lo llevaron a Mombasa, en donde asistió a un festival anual, muy parecido a una feria estatal. La atmósfera era muy tensa. Al tanto de la advertencia de Sylvia, Moi ordenó seguridad adicional y, lo más importante, redujo el tiempo de su visita, posiblemente impidiendo violencia y muerte.

Hoy en día Sylvia es conocida en Kenia con el título Kykukyu de "Mumbi-1", que significa "Primera mujer del mundo". Ella ha hecho varios viajes desde 1981 y considera a Kenia su segundo hogar.

❧

Francine le había dicho a Sylvia que ella había tenido 54 vidas. Ella recuerda fragmentos de 12, pero no tiene particular interés en indagar más a fondo su propia historia pasada. Estos recuerdos han llegado a ella, cree, con un propósito específico que tiene alguna conexión con *esta* vida. Son recuerdos lejanos de hace mucho tiempo. No consigue recordar experiencias más recientes. A menos que en algunas ocasiones deban surgir recuerdos de vidas pasadas las cuales tengan un efecto inmediato sobre la presente, Sylvia está satisfecha con dejarlas enterradas.

Una vez satisfecha para la continuidad del espíritu humano, la mera curiosidad no es suficiente para justificar el uso del tiempo en regresión hipnótica. Ella prefiere usar su tiempo e invertir su energía en ayudar a otros a sanar a través del conocimiento de sus experiencias de vidas anteriores.

Una dramática demostración de esto fue documentada en la televisión, el 9 de octubre de 1982. El sujeto fue Edwinna Moore, conductora del programa de TV, *Pacific Currents*, de San Francisco. El problema de Moore era un terrible miedo a las alturas que la había limitado severamente en su vida.

Sylvia comenzó calmando a Moore, dándole instrucciones de sentirse relajada paulatinamente en todo el cuerpo, comenzando por sus pies y moviéndose hacia arriba. "Con cada respiración, vas a ir más y más profundamente", le dijo Sylvia solemnemente. "Ahora cierra tus ojos y mira el tabique de tu nariz". En pocos minutos, Moore estaba en un profundo trance hipnótico.

"Ahora, regresa al momento en que comenzó tu miedo a las alturas", le indicó Sylvia. "Dime que está pasando".

"Estoy escalando una montaña", dijo Moore, su voz era como un susurro. "Tengo miedo, mucho miedo".

"Ve más atrás de ese momento . . . háblame de ti. ¿Cómo eres?

"Soy joven, como 15. Tengo piel morena".

"¿Dónde estás?

"En una isla, una isla muy exuberante . . . es Hawaii".

"¿Qué está pasando?"

"Estoy corriendo . . . estoy escapando de alguien, pero es difícil, las montañas tan pronunciadas . . . ¡algo terrible va a pasar!"

"Ten calma, le ordenó Sylvia. "Respira profundamente, sepárate de la entidad que ves, salte de la escena a una posición de observador. Ahora estás en calma, segura, protegida; simplemente estás mirando los siguientes eventos, los cuales no te provocarán angustia".

Sylvia continuó, "Ahora simplemente como observadora de los eventos, dime, ¿De quién estás escapando? ¿Por qué tienes miedo?"

"Una mujer me está persiguiendo. Está muy enojada . . . quiere matarme".

"Por qué está ocurriendo esto?"

"Su esposo —el se enamoró de mí—. Ella me odia. Me echa la culpa.

"He alcanzado un puente de reata.. estoy corriendo a través de un abismo profundo. Si logro cruzarlo, estaré segura . . . el puente se está columpiando, es difícil sostenerme. Hay muchas rocas abajo . . . Ay, ella también está en el puente . . . lo está alcanzando. No puedo alejarme de ella . . . Me estoy agarrando de las tablas del piso, pero ella está columpiando el puente . . . No puedo sostenerme más. ¡Me voy a caer! ¡Ay, me caigo!"

"Todo está bien", La tranquilizó Sylvia. "Todo se ha terminado ahora. No tienes que experimentarlo. Esta es una nueva vida que no tiene nada que ver con la otra. No tienes que tener miedo de las alturas nunca más. Sabes qué era lo que provocaba ese miedo y se acabó. Esta es una vida totalmente nueva y eres completamente libre. Voy a contar hasta tres y después te vas a despertar sintiéndote bien y descansada. El miedo a las alturas se habrá ido. Uno . . . dos . . . tres . . . ¡Despierta!"

Edwinna Moore por cierto se despertó sintiéndose muy bien y descansada. Cuatro meses más tarde, el 10 de febrero de 1983 le escribió a Sylvia:

> Quiero decirte que desde nuestra sesión, mi miedo a las alturas virtualmente ha desaparecido. Ahora estoy en condiciones de manejar en la autopista 1 sin sentir temblor en mis piernas. Me puedo incluso parar en la orilla de un acantilado y no sentirme mareada. Gracias por liberarme de ese problema debilitante.

No todos los clientes aceptan inmediatamente el principio de la reencarnación. Una mujer se quejó con Sylvia acerca de problemas de comportamiento repentinos que había desarrollado su hija de cuatro años. Se acababan de cambiar a un departamento nuevo sin tina de baño. Cuando la niña se enfrentó a la regadera, comenzó a gritar.

"Pobre criatura", se compadeció Sylvia, ¿Cómo la puede culpar? A ella le dieron muerte en una cámara nazi de gas. La última cosa que recuerda es que le dijeron que la iban a llevara a las 'regaderas". Usted le tiene que explicar a ella. No entiende que ésta es una nueva vida".

La cliente se quedó boquiabierta. "¡Usted no puede saber algo como eso!" le argumentó.

"¿Por qué no?" le replicó Sylvia. "No es diferente de decirle a usted que su nuevo lugar luce como cuando yo no había estado ahí".

La mujer seguía sin convencerse. "¡Pues para mí es diferente! Yo no creo en la reencarnación". La mujer descartó la idea como absurda, pero al siguiente día llamó. La noche anterior estaba a punto de meterse

a la regadera, cuando la pequeña comenzó a chillar. "¡No, mami, no. Gas!"
La trágica reacción fue demasiado para que la madre lo pudiera negar.
"Usted puede tener razón", admitió frente a Sylvia, ¿Pero qué significa
esto? ¿Por qué mi pequeña niña eligió una vida tan terrible? ¿Y qué hay
sobre Hitler y los otros nazis? ¿Por qué pasan estas cosas tan horribles?"

"Yo también solía preguntarme sobre ello", le dijo Sylvia. "Soy
parte judía y por supuesto he pensado mucho en Hitler y en los nazis.
Francine dice que hay de verdad encarnaciones en grupo. En el caso del
Holocausto, tanto los perseguidores y sus víctimas acordaron representar esos horrores antes de vivir en la Tierra".

"¿Pero por qué? ¿Con qué propósito?"

"Fue con la intención de dar una lección global a toda la humanidad.
Lo mismo ocurrió hace cerca de 2000 años en Roma. Tanto cristianos
como romanos encarnaron juntos para representar ese escenario deso-
lador pero inspirador".

"¿Entonces usted en realidad cree que Hitler escogió ser Hitler?"

"Sí, de verdad así lo creo", le aseguró Sylvia. "Lo que hizo, sus
acciones, fueron sin duda terribles, pero nosotros nunca podemos juzgar el alma de ninguna persona. Francine me está recordando siempre
que todos escogemos vidas para expresar muchas cosas. Pero la última
razón es la evolución de nuestra alma y, finalmente, de la humanidad.
Algunos de nosotros seleccionamos vidas en las cuales somos peones,
de ese modo le damos la oportunidad a otros de alcanzar perfección en
alguna forma. Quizá la entidad quien es ahora su pequeña hija fue uno
de esos peones en su última vida".

"Sencillamente no entiendo nada", protestó la madre.

"Algunas veces encarnamos para crear una determinada situación
o medio ambiente para alguien más", le explicó Sylvia. "En nuestro plano
cada víctima debe tener un victimario, cada seguidor un líder. Todos
nosotros estamos aquí para ayudar a otros. Todos nosotros queremos terminar la cadena de reencarnación de modo que ninguno de nosotros
debamos vivir más tiempo del necesario con negatividad".

"Pero el holocausto fue tan terrible, tan excepcionalmente terrible".

"Terrible, seguro, pero no tan excepcional como podría imaginar. Muchos más fueron muertos por la inquisición, la cual duró un período más prolongado, —más de 500 años— y abarcó toda Europa así como México, Centro y Sudamérica. Tendemos a pensar que cada cosa que nos toca ver o vivir es excepcional. Siempre estamos diciendo, 'Me pregunto si todos piensan igual que yo'. Puedes tener la certeza de que alguien lo ha hecho, lo está haciendo o lo hará en el futuro. Ningún pensamiento nuevo llega a tu cabeza. Alguien, en algún lugar ha tenido ya el mismo pensamiento. En los primeros días, nuevas situaciones en la Tierra tenían gran demanda por las entidades encarnadas, pero ahora no hay en realidad nada nuevo. Puedes imaginar que estás atravesando por una situación única, pero ten la seguridad de que alguien ya la ha experimentado. Todos somos hermanos y hermanas por experiencia".

"¿Pero cuándo terminará?"

"Terminará cuando toda la gente haya adquirido el monto de conocimiento necesario para su perfección, cuando todos nosotros hayamos estado expuestos a la suficiente negatividad y aprendido todo lo que podamos aprender de ella".

"Entonces, en otras palabras, ¿usted está diciendo que Hitler fue simplemente un voluntario o posiblemente un actor desempeñando un papel?"

"Exactamente", dijo Sylvia asintiendo con la cabeza. "Tan diabólico como los actos que ha cometido, la entidad fue una clase de actor desempeñando un papel de villano en un drama cósmico".

"¿Pero qué hay acerca de todo el karma del que la gente siempre está hablando? Parecería que Hitler hubiera tenido un karma terrible".

Sylvia suspiró con exasperación. "Estoy enferma de esa palabra. Parecería que justo cuando hemos logrado abandonar el miedo al infierno, algún burro tenía que substituirlo por karma".

Profundamente intrigada la mujer preguntó, "Bueno pero, ¿qué es el karma?"

"La verdadera definición de karma es simplemente experiencia", le dijo Sylvia. "No es nada más que la experiencia que buscamos mientras encarnamos en la Tierra. Desafortunadamente, mucha gente la interpreta en un sentido muy negativo. Piensan que si yo te abofeteo en esta vida, tu me tienes que abofetear en la próxima y luego yo te abofeteo otra vez y así nos la llevamos, de cachetadas una a la otra durante la eternidad. ¿No es algo tonto? Como si no tuviéramos suficiente qué hacer".

"Pero si esto no es cierto, ¿de dónde viene la connotación negativa?"

Sylvia le explicó. "Comienza con la filosofía oriental, en la cual se cree que las acciones "malas" incurren en karma mala. Algunos son tan extremosos que si tienes un accidente de cualquier clase, un creyente puede rehusar a ayudarte por miedo a interferir con tu karma. En nuestra sociedad, la creencia en un Dios vengativo e iracundo algunas veces se lleva dentro de la reencarnación, brindando una falsa interpretación de negatividad para el karma. En lo que ambas teorías fallan es en darse cuenta que el propósito total de la vida es que las personas se ayuden unas a otras. Es solamente en esta forma que podemos progresar hacia la perfección".

"Es difícil para mi pensar siquiera en cosas como Hitler y el Holocausto, mucho menos imaginar apuntarme de voluntaria para ellos". Admitió la mujer. "Pero me pregunto acerca de mi hija y de mí misma. Somos muy cercanas. Usted piensa que quizá hicimos alguna clase de contrato antes de nuestra encarnación para estar juntas?"

"Muy probablemente", le dijo Sylvia. "Francine dice que cada encarnación individual es parte de una red altamente sofisticada de otras encarnaciones —las propias así como las de otros—. La mayoría son planeadas con muchos años de anticipación de modo que todas las entidades involucradas estén subconscientemente al tanto de todas las principales influencias involucradas. Probablemente usted y su hija se eligieron una a la otra incluso antes de encarnar. Quizá estaban juntas en el otro lado y planearon seguir juntas. Muy probablemente ustedes pudieron haber hecho esto con sus esposos también y posiblemente con sus padres".

"Por supuesto", continuó Sylvia, "hay otros casos en donde se dedica menos tiempo a planear, pero las entidades participantes todavía saben básicamente que esperar, aunque ellas no necesariamente hayan estado de acuerdo unas con otras. Por ejemplo, una entidad puede encarnar sin saber realmente qué alma encarnará como su hijo. Todo lo que sabe es que de alguna manera esa 'criatura' entrará dentro de su plan completo. Este método es usado menos frecuentemente, pero no es inusual".

"¿Entonces el hacer contratos es parte del proceso de reencarnación?"

"Oh sí, definitivamente", le contestó Sylvia, "Pero el contrato más significativo es hecho con su espíritu guía".

"¿Cómo funciona eso?"

"Francine dice que mientras estamos en el otro lado, generalmente escogemos un amigo o alguien a quien respetamos y le tenemos confianza para que se convierta en nuestro espíritu guía cuando encarnemos. Esta es una elección muy seria e importante, el espíritu guía debe conocer todos nuestros planes para la encarnación con el objeto de darnos oportunidad de completar lo más posible. Si por alguna razón nos salimos del camino, nuestros guías nos llevan de regreso. Ellos también observan todas nuestras acciones en vida y nos ayudan a evaluarlas después de que pasamos a la otra vida. La devoción y el esfuerzo de los espíritus guía son dadas con felicidad, porque ellos también han usado los servicios de un guía en algún momento —todos lo hacen— y desean ayudar a otros tal como ellos han sido ayudados. Después de todo, así es como todos progresamos".

"¿Entonces cómo nos reunimos? ¿Cómo llegamos aquí?"

Sylvia estaba contenta con la perspicacia que la mujer demostraba en las preguntas. "Recuerda, yo tampoco recuerdo nada de esto", le recordó. "Yo estaba tan confusa como tú lo estas ahora. Sólo te estoy diciendo lo que he aprendido de Francine, pero al parecer entramos a una clase de túnel, el mismo que usamos para salir cuando se termina nuestra vida física. El túnel conecta al plano terrenal y al más allá. Es aquí en algún lugar en donde nuestra memoria consciente comienza a desvanecerse. Muchos de nosotros tratamos de mantenerla, pero no tiene ninguna utilidad. Dado que los pensamientos son todavía cosas en el túnel, mientras están en el otro lado, podemos pensar que nuestro camino es un vehículo que hemos escogido. Entramos a este vehículo mediante la glándula pituitaria. El proceso completo tarda un poco más de dos minutos. Algunas veces la madre se da cuenta cuando esto pasa, pero en la mayoría de los casos no".

"¿Esto ocurre durante la concepción?"

"No, en algún momento entre el cuarto y el octavo mes de embarazo. Algunas veces en este momento, la entidad, por algún número de razones, cambia de opinión. Por ello hay tantos abortos naturales. También explica muchas muertes de cuna y la alta tasa de mortalidad infantil en los países del tercer mundo. Una entidad puede regresar al otro lado a su voluntad hasta la edad de cuatro años y lo hace si el alma encuentra que no puede aclimatarse a la negatividad de la Tierra. Si pensamos que es difícil para nosotros tener niños, es incluso más difícil para ellos llegar aquí. La salida del vientre es muy traumática —esas luces brillantes, las manos ásperas, la atmósfera fría y pesada y ese cuerpo menudo y pequeñito—. Francine dice que es terriblemente difícil para las almas que llegan, adaptarse, pero desafortunadamente, el proceso de nacimiento es la única manera de encarnar. La experiencia del nacimiento te hace entender clara y rápidamente el hecho de que la vida en la Tierra está llena de experiencias verdaderamente negativas".

Como una demostración del descubrimiento de la supervivencia del alma, la reencarnación tiene una fascinación particular para Sylvia. Ella ha estado activamente involucrada en investigaciones sobre reencarnación casi desde el inicio de la Fundación Nirvana y hoy en día tiene 1,700 casos archivados. Nunca un sujeto ha fallado en recordar algún detalle, aunque sea menor, de una vida pasada, —y más frecuentemente éste ha estado relacionado con algún problema en esta encarnación—.

Todas las regresiones en Nirvana son grabadas con el objeto de que el individuo tenga un récord permanente de todo lo que pasó, así como una copia para propósitos de investigación. Imaginación, paciencia y sencillamente suerte son esenciales para aquel que pretenda investigar su previa existencia. No todos han llevado una vida anterior reciente, o incluso una vida durante cientos de años. Algunos clientes de Sylvia han recordado vidas pasadas en otros planetas. Una mujer describió una vida como operador de una computadora en Uranio.

Al principio, Sylvia hizo un esfuerzo para documentar las memorias encubiertas a través de sus numerosas regresiones con un éxito sorprendente. Un ejemplo fue una mujer que no sólo recordó su nombre en una vida pasada —Selena Franklin—, sino su ciudad de residencia —Peoria, Illinoi—. Selena recordó el nombre de su esposo, Edward, y dijo que ambos nacieron en 1804 y habían vivido en Peoria. Un miembro de la fundación que viajó a Peoria estuvo en condiciones de localizar las dos tumbas en un cementerio local y de verificar varios detalles más proporcionados durante la regresión.

Durante un tiempo, Sylvia estuvo muy emocionada por dichas validaciones y trabajó extensivamente con el Centro Federal de Archivos y Récords en San Bruno, California, pero ahora, siente que el potencial de curación de la regresión ofrece una satisfacción mucho más real. No sólo muchas de las vidas recordadas son muy antiguas para documentarse, sino el tiempo involucrado en este tipo de investigación parece desperdiciado cuando comparas los beneficios de las curaciones por sí mismas. ¿Vale realmente la pena el esfuerzo de intentar localizar la tumba de la adolescente seductora que fue Edwinna Moore en una encarnación previa, cuando simplemente determinando la causa de su muerte en esa vida la puede curar del miedo que tenía virtualmente paralizada a la entidad en *esta* encarnación?

Una conclusión única que Sylvia ha obtenido de sus numerosas regresiones hipnóticas es que todas las entidades no sólo escogen perfeccionarse a sí mismas, sino que seleccionan un tema importante en la vida con el cual puedan alcanzar esa perfección. Algunas veces hay dos o tres propósitos menores también. Recientemente, Sylvia ha comenzado a comparar este concepto con la elección de una carrera regular y una maestría en la universidad.

Cada entidad, Sylvia cree, lleva consigo ese tema principal a través de toda su encarnación dentro de una variedad de ambientes y estilos de vida. Tal y como cada entidad tiene la elección de un tema, también decide el grado de conocimiento en ese tema. Una vez más, las comparaciones pueden ser llevadas a la educación. Mientras que algunas personas pudieran estar satisfechas con terminar la preparatoria, otras no se sentirán cómodas con menos de un doctorado.

Mientras continuaba la investigación, Sylvia se asombraba ante el número y la variedad de temas. "¿Cómo cuántos hay ahí, de todos modos?" le preguntó por fin a Francine. Se quedó más asombrada cuando Francine le respondió que hay 45.

Muy pronto, se hizo obvio para Sylvia que cuando los individuos pierden la visión de sus temas —su misión interior—, se vuelven ansiosos o incluso enferman. Lentamente comenzó a poner los temas en categorías para estudiar cómo cada uno se manifiesta por sí mismo en su entidad particular. ¿No es ésta la clave real a la pregunta *Por qué estoy aquí* que acosa a casi todo el mundo?

Sylvia sugiere la meditación después de una cuidadosa lectura de la lista.

Cada quien estará en condiciones de identificar su tema personal y su reconocimiento puede contribuir de manera significativa a mantener y restaurar el orden en su vida.

Los temas de la vida

Activador.- El enfoque aquí es el de realizar las tareas que otros no han podido completar. Estas pueden ser verdaderamente colosales o completamente penosas, pero el enfoque es siempre el de hacer el trabajo bien. Los activadores son los artistas que enderezan el mundo o los pacificadores que resuelven los problemas, aquellos quienes exitosamente invierten el fracaso. Naturalmente, estas entidades tienen gran demanda y por lo tanto tienden a extenderse por sí mismas. Los activadores deben hacer cada esfuerzo para confinar sus energías hacia las tareas en donde hay una genuina oportunidad para obtener un cambio benéfico.

Búsquedas estéticas.- La música, el drama, las artesanías, la pintura y escritura están incluidos en esta categoría. Un tema estético no debe ser confundido con esas pequeñas "dotes" para alguna de esas empresas. Cuando un tema estético está presente, la entidad es atraída por su talento innato. La necesidad de crear se manifiesta por sí misma desde temprana edad y domina la vida entera del individuo. Si el tema es secundario entonces es complementario y la entidad tiene una carrera larga y productiva. Si no, la aclamación y el privilegio que la entidad recibe sólo conduce a la disipación y con frecuencia a la tragedia. La vida de Richard Burton es un reciente ejemplo de esto. La existencia agonizante de Vincent Van Gogh refleja una muy diferente pero igualmente trágica aplicación de un tema secundario conflictivo.

Analista.- Esta entidad no solamente quiere saberlo todo, sino cómo funciona y por qué. Los analistas tienen miedo de perder algo o de que algún detalle se les pase por alto. El resto de nosotros aprende de su continuo escrutinio de la mayoría de los detalles. Estas entidades florecen en posiciones científicas o de alta tecnología, en donde sus habilidades son esenciales. En situaciones de la vida cotidiana, el reto es ir y confiar en los sentidos. Los analistas deben, después de un análisis discreto del comportamiento de otros, pedir al Espíritu Santo el entendimiento espiritual para trascender la evidencia física.

Portador de pancarta.- El primer teniente de la lucha por la causa puede encontrarse protestando, demostrando, o posiblemente intercediendo a favor de algo; estas entidades también pelean la batalla en contra de la injusticia. La clave para tener éxito en lograr este tema es la moderación, el tacto y la distinción. Es mucho mejor para estas entidades el seleccionar una causa y verla a través, que dispersar su impacto sobre muchas.

Edificador.- Estas entidades son la piedra angular de la sociedad, los héroes y heroínas olvidados de guerras y organizaciones. Buenos padres con frecuencia son edificadores, permitiendo a sus hijos tener oportunidades mucho más grandes. Gorbachev es un ejemplo característico visible de este tema de la vida en acción. Sin estas piezas del engranaje, las ruedas jamás se moverían; sin embargo, los edificadores raramente reciben crédito por los logros resultado de sus esfuerzos. Ellos necesitan tener presente que no todos los premios son ganados en este plano de existencia. Con frecuencia aquellos que obtienen el crédito en la Tierra no perfeccionan tan rápidamente como los edificadores quienes ayudan a que se alcancen los logros.

Catalizador.- Aquí están los pensadores e innovadores, aquellos agentes de acción quienes hacen que ocurran las cosas. Los catalizadores son las estrellas en la escuela como quienes todos aspiran ser, los que siempre están invitados a las fiestas para asegurar su éxito. Los catalizadores —Ralph Nader es un ejemplo digno de mencionarse aquí—, son esenciales para la sociedad por sus innovaciones. Los catalizadores generalmente tienen energía ilimitada y en realidad parecen florecer mejor en un ambiente de tensión. Tienen que tener una arena en la cual actuar, de lo contrario se vuelven morosos y contraproducentes.

Luchador de causas.- El número de causas es infinito, —paz, ballenas, hambruna y así sucesivamente—, y el luchador de la causa será atraído a ella o bien creará más. Estas entidades desempeñan una importante función al hablar por otros quienes quizá están demasiado absortos en sus propios temas de la vida como para atender asuntos sociales. Los luchadores de una causa tienen una tendencia hacia la impulsividad que los puede poner a ellos mismos *y a otros* en peligro. Es también esencial que los luchadores de causas consideren la posibilidad de que la causa por sí misma es mínima comparada con su ego involucrado.

Controlador.- El reto para esta entidad es obvio. Napoleón y Hitler fueron ejemplos típicos de este tema manifestado en su sentido más negativo. El controlador se siente comprometido no sólo a dirigir el espectáculo completo sino a dictarles a otros cómo deben realizar hasta el más mínimo detalle de su vida. Para poder perfeccionarse, estas entidades deben aprender a tener control sobre sí mismos.

Sentimentalismo.- No sólo las altas y bajas, sino que cada matiz sutil de emoción será experimentada por estas entidades. Con frecuencia, el sentimentalismo es un tema secundario en la vida de poetas y artistas. Como tal, permitirá mejorar la creatividad mientras impone un reto severo. Aquí, el reconocimiento de la necesidad de equilibrio es esencial, lo mismo que el establecimiento del auto control.

Experimentador.- No es inusual para esta entidad el pasar de *hippy* a presidente de un banco y luego a vagabundo recorriendo el mundo en su propia embarcación. Los experimentadores se entretienen con casi todo y dominan muchos de sus aficiones. Howard Hughes es un ejemplo bien conocido. La riqueza es simplemente la consecuencia de una experiencia con múltiples facetas. La buena salud es esencial para un experimentador; es importante no exponerla en exceso.

Falibilidad.- Estas entidades parecen estar siempre en el lugar y tiempo equivocados. Han llegado a la vida con una desventaja física, mental o emocional. Helen Keller, quien siendo niña contrajo una fiebre que la dejó sorda y ciega, es un excelente ejemplo. Su triunfo sobre estas incapacidades es una inspiración para todos. Es importante para las entidades con el tema de falibilidad recordar que ellos escogieron este camino para poder establecer un ejemplo para el resto de nosotros.

Seguidor.- Inicialmente estas entidades pudieron haber preferido ser líderes, pero en algún nivel decidieron no tomar el compromiso necesario. El reto de un seguidor es el de darse cuenta que el liderazgo es imposible sin ellos y de ese modo reconocer su propia importancia. La perfección viene de la aceptación del tema auto-elegido y de proporcionar al líder con el mejor apoyo posible. La diferenciación aquí es esencial para decidir exactamente a quién y a qué hay que seguir.

Armonía.- El equilibrio permanece como lo más importante para estas entidades quienes irán a cualquier distancia para mantenerlo. Sus sacrificios personales son admirables hasta cierto punto, pero el reto verdadero consiste en la aceptación de las asperezas de la vida. Lo que no puede ser cambiado debe adaptarse y aceptarse.

Curandero.- Las entidades con este tema son naturalmente atraídas a algunos aspectos de las profesiones de curación, física o mental. Lo bueno de ellos es obvio. El único peligro es que puedan fácilmente volverse muy identificados con alguien. Es esencial que aquellos con el tema de curación se controlen a sí mismos de modo que eviten agotarse.

Humanitario.- Mientras que los luchadores de causas y portadores de pancartas gritan en contra de los crímenes cometidos por y en contra de la humanidad los humanitarios toman a estas entidades dentro de la acción misma. Los humanitarios están muy ocupados vendando, enseñando, sosteniendo, construyendo y así sucesivamente, como para tener tiempo para protestar. Aquellos en esta categoría no están tan preocupados con el concepto del diablo y tienden a justificar a la humanidad de sus fallas. Dado que los humanitarios rara vez se detienen con familia y amigos, alcanzando más allá para cualquiera y todos a quienes tocan, ellos están en peligro de dar demasiado de sí mismos. El reto para los humanitarios —el reto de Sylvia Brown— es el de evitar el desgaste físico a través del amor y el alimento a sí mismos.

Infalibilidad.- Estas entidades nacen ricas, atractivas, ingeniosas y todo lo demás. Cuando consideramos que esta perfección es una meta universal, este tema se convierte en uno de los de mayor reto. Hay con frecuencia una tendencia hacia los excesos de toda índole. Es casi como si la entidad quisiera tentar el destino. Curiosamente, puede haber con frecuencia una falta de auto estima que provoca a la entidad el temor de no ser amada como individuo. La meta aquí es aceptar verdaderamente el tema y aprender a vivir con él.

Intelectualidad.- Este es el tema del estudiante profesional. Charles Darwin, quien usó el conocimiento que adquirió a través del estudio intensivo para experimentar, hipnotizar y eventualmente publicar, es un excelente ejemplo de alguien quien ha perfeccionado este tema. Pero dado que el conocimiento para su propio bien es frecuentemente la meta entre los intelectuales, existe con frecuencià el peligro de que el conocimiento que ha sido tan ardientemente buscado y dolorosamente adquirido se vaya a ningún lado.

Irritante.- Deliberadamente intachables, las entidades con el tema de irritante son esenciales para la perfección de otros porque, en su compañía, nos obligamos a desarrollar la paciencia y la tolerancia. Es importante no jugar con el pesimismo innato del irritante y evitar asimismo ser juiciosos. Tenemos que recordar que los irritantes están perfeccionando su tema de modo que nosotros podemos perfeccionar los nuestros a través de ellos.

Justicia.- Muchos de nuestros padres fundadores, preocupados como estaban con la justicia y la igualdad, son ejemplos del tema de justicia en acción. Aquellos con justicia como un tema darán ávidos su nombre cuando presencien un accidente o crimen. Tan admirable como todo este sonido, es esencial que estas entidades usen discreción en sus elecciones. La violencia callejera es otro intento mal guiado de corregir algo malo. Es imperativo que aquellos con justicia como tema permanezcan centrados en Dios.

Legalidad.- El practicar o enseñar leyes son elecciones obvias para estas entidades, quienes casi están obsesionadas con los asuntos legales. A algunas de esas entidades se les puede encontrar también dentro de mesas de trabajo de gobierno. Cuando estas almas se encuentran elevadas, mantienen al mundo seguro y equilibrado, pero siempre deben estar en guardia en contra de la posibilidad de usar su poder en una manera de auto servicio.

Líder.- Aquellos que persiguen este tema están controlados y premeditados —raramente son innovadores—. Se convierten en líderes en áreas que están previamente establecidas. Se inclinan hacia el éxito más que a la creación. Su reto es el evitar viajes de poder.

Solitario.- Aunque con frecuencia en la vanguardia de la sociedad, aquellos con el tema solitario invariablemente escogen ocupaciones o situaciones en las cuales se mantienen de alguna manera aislados. Sylvia, por ejemplo, ha reconocido esto como un tema secundario en su vida. Siendo una psíquica se ha separado de otros. Los solitarios son generalmente felices consigo mismos pero deben poner atención a sus niveles de irritación cuando la gente invade su espacio. Si cada tema reconoce la presencia y la importancia de los otros temas, el resultado será una mayor tolerancia y entendimiento en el mundo y, eventualmente, la paz.

Perdedor.- Las entidades con el tema de perdedor son extremadamente negativas, aunque a diferencia de aquellas con falibilidad como tema, han nacido sin ninguna incapacidad. Con frecuencia tienen muchas cosas buenas, pero deciden ignorarlas. Aunque su tema puede parecerse al irritante en su propensión a criticar constantemente, son diferentes en que invariablemente se culpan a sí mismos diciendo "pobre de mí". Estas entidades son primeramente mártires que pasan de una novela complicada a otra. Mediante la observación de este tema en acción, determinamos el ser más positivos. Es importante que no juzguemos a la gente que tiene este tema, recordando que sus patrones fueron elegidos para darnos oportunidad de perfeccionarnos a nosotros mismos.

Manipulador.- Este es uno de los temas más poderosos, los manipuladores están fácilmente en condiciones de controlar situaciones lo mismo que personas. Observando a la gente y a las situaciones como una mesa de ajedrez, aquellos con un tema manipulador pueden mover a las personas y a las circunstancias para su beneficio, tal y como si fueran peones. El presidente Franklin Roosvelt fue un ejemplo palmario de un manipulador en acción. Cuando dicha persona trabaja para lo bueno de otros, este tema es elevado a su máximo propósito. Cuando el tema es mal utilizado, la meta final de perfección tarda mucho tiempo para alcanzarse.

Pasividad.- Sorpresivamente, las entidades con un tema de pasividad son en realidad muy activas —pero acerca de nada—. Aunque algunas veces toman posturas en algunos asuntos, siempre lo hacen en una manera no violenta, aunque cualquier extremo es hiriente para el individuo, es posible que se necesite algo de tensión para poder obtener la perfección de esta alma.

Paciencia.- El tema de la paciencia es claramente uno de los caminos más difíciles hacia la perfección. Aquellos con este tema parecen tener mayor ambición por la perfección que entidades con temas menos retadores. Con frecuencia, ellos cargan gran cantidad de culpa cuando sienten que se han desviado de su meta y se vuelven impacientes. Esta actitud puede conducir a la auto degradación y, algunas veces, a reprimir el enojo. Estas entidades deben ser indulgentes con ellas mismas, el vivir a través de circunstancias que ellas mismas han escogido para expresar este tema es bastante difícil.

Peón.- El judas bíblico fue el clásico ejemplo de este tema. Sin importar si la forma es negativa o positiva, los peones convierten algo de gran magnitud en realidad. No podríamos evolucionar hacia la perfección universal sin los peones, pero aquellas entidades que seleccionen este tema, deben preservar su dignidad seleccionando solamente causas que valgan la pena.

Promotor de paz.- Las entidades que seleccionan el tema de promotores de paz no son tan pacíficos como su nombre lo implica. Los promotores de paz son en realidad avasalladores en su deseo y búsqueda de paz. Trabajan sin cansancio para frenar la violencia y la guerra, enfocándose en audiencias más grandes que las de aquellos que han optado por el tema de armonía. Su meta de paz excede con mucho la lealtad a un grupo o país en particular.

Actuación.- Aquellos con un tema de actuación lo encontrarán altamente gratificante pero frecuentemente exhaustivo. Estas entidades son verdaderos fiesteros. Algunos decidirán seguir carreras relacionadas con el entretenimiento, pero otros simplemente se conformarán con divertir a familiares y compañeros de trabajo. El reto aquí es para aquellos con la actuación como tema, combatir el agotamiento mediante la búsqueda interna, para entonces adquirir la habilidad de nutrirse y "entretenerse" a sí mismos.

Persecución.- Este tema arduo es escogido para permitir a otros crecer espiritualmente. Las entidades con un tema de persecución viven su vida anticipando lo peor, convencidos de que han sido señalados para la persecución. El experimentar placer puede llevarlos al pánico debido a que están convencidos de que de alguna manera ellos deben pagar por eso.

Perseguidor.- Aquellos con un tema de perseguidor pueden ser desde esposas agresivas y niños abusivos hasta asesinos múltiples. Es difícil ver el propósito de este tema dentro de una sola vida, pero estos que parecen "malas semillas" tienen un papel auto elegido que desempeñar que permite a la humanidad evolucionar hacia la perfección. Una vez más, es imperativo que no intentemos juzgar al individuo.

Pobreza.- El tema de pobreza aparece más frecuentemente en los países del Tercer Mundo, sin embargo, puede representar un reto mayor en sociedades afluentes. Algunas entidades con la pobreza como tema pueden incluso tener todo lo que ellas necesitan para estar cómodas y sin embargo *sentirse* pobres. Con progreso, el frenesí se desvanece y es reemplazado lentamente por un sentido de beatitud mientras llega la realización, que la parafernalia de este mundo equivale a cosas transitorias cuya importancia pasará rápidamente.

Psíquico.- El tema del psíquico es más un reto que un regalo, por lo menos en las etapas iniciales. Una entidad con este tema puede oír, ver o sentir cosas en una manera más allá de una percepción natural. Con frecuencia llega a aquellos en antecedentes estrictos en donde las figuras de autoridad se esfuerzan por negar o reprimir el regalo o don. Eventualmente la entidad aprenderá a aceptar y a vivir con esta habilidad, usándola para bien en una manera espiritual, si no profesional. Sylvia, incidentalmente no lleva este tema; la habilidad psíquica nunca a sido un desafío en su vida.

Rechazo.- Este tema retador se manifiesta por sí mismo temprano, con rechazo o alienación experimentada en la niñez. El síndrome se acelera con la entrada a la escuela y subsecuentes relaciones con la gente. Con frecuencia estas entidades son dejadas por aquellos a quienes aman —incluso sus propios hijos adoptarán figuras de madre o padre substitutos—. Este patrón puede romperse una vez que la entidad reconoce lo que está pasando y entrega la acción y el ego involucrado a Dios.

Salvador.- Con frecuencia encontramos al salvador trabajando junto con el luchador de causas, pero cuando el luchador de causas se mueve a otra causa, el salvador se queda a cuidar de la víctima. Incluso cuando es obvio que la víctima ha creado sus propios problemas, el salvador se muestra determinado a "salvarla". Con frecuencia, al hacer esto, es el salvador el que resulta víctima. Una entidad con un tema de salvador tiene un alto grado de consideración y puede manifestar fuerza para aquellos en necesidad. Este tema presenta un camino difícil de recorrer, pero la recompensa espiritual es grandiosa por cierto.

Responsabilidad.- Los individuos que han elegido la responsabilidad como tema, la abrazan con fervor más que como obligación y se sienten culpables si no cuidan a todo aquel que llega dentro de su órbita. El reto es el de decidir cuál es inmediato y necesario y entonces hacerse a un lado y permitir a otros compartir las supuestas responsabilidades.

Espiritualidad.- La búsqueda del centro espiritual puede abarcarlo todo para las entidades que persiguen un tema espiritual. Cuando el potencial completo de este tema ha sido alcanzado, estas entidades son visionarias, compasivas y magnánimas, pero mientras se encuentran en la búsqueda, estas entidades deben estar alerta para evitar ser cerradas y hacer juicios a la ligera en sus opiniones.

Supervivencia.- Por muchas razones, reales o imaginarias, la vida es una lucha constante para aquellos que seleccionan el tema de supervivencia. En el mejor de los casos, en una situación de crisis, estas almas tienen una opinión desoladora de la existencia cotidiana. El reto obvio aquí es el de animarse.

Sobriedad.- Muy probablemente la entidad con el tema de sobriedad está enfrentando algún tipo de adicción. El reto en este caso es el de evitar los extremos. Quizá la entidad ha conquistado la actual adicción pero todavía está luchando con los residuos de los sentimientos involucrados. La clave para combatir el fanatismo que con frecuencia caracteriza a aquellos con la sobriedad como tema es la moderación —verdadero significado de sobriedad—.

Tolerancia.- Las entidades que escogen la tolerancia como tema deben ser tolerantes con todo —asuntos del mundo, parientes, hijos, política y así sucesivamente—. La carga es tan pesada que con frecuencia ellos escogen un área de tolerancia, permaneciendo muy cerrados de la mente ante el resto. Mediante el reconocimiento de su tema, estas entidades pueden enfrentar el reto y de ese modo crecer más y más grandiosamente.

Víctima.- Estas entidades han escogido ser los corderos de sacrificio. Mediante su ejemplo —dramáticamente presentado por la prensa— nos hacemos conscientes de la injusticia. Jack Kennedy es un ejemplo de alguien que persigue un tema de víctima —no sólo por sus medios de salida, sino por su dolor de espalda, su apellido y las presiones impuestas por sus padres—. Muchas víctimas después de haber desempeñado su papel, pueden escoger escribir futuros guiones cambiando sus tendencias masoquistas.

Victimario.- El líder del Templo de la Gente Jim Jones fue un gran ejemplo del tema de victimario en acción. Dentro del marco de trabajo del propio punto de vista dentro de la vida, es casi imposible ver el propósito total de la manifestación del tema de Jones, sin embargo es obvio que muchas vidas, lo mismo que muchos temas de vida actuaron en forma interpuesta con él. En las cosas de la vida, el papel único de Jones pudo haber estado enfocado a la atención pública en el abuso del culto.

Guerrero.- Las entidades con el tema de guerrero son tomadores de riesgos sin miedo quienes asumen una variedad de retos físicos. Muchos van dentro de algunas formas de servicio militar o ejecución de leyes. Con el humanitario como segundo tema, pueden ser particularmente efectivos. Aunque es importante controlar la agresión, es verdad que sin los guerreros nosotros seríamos presas de los tiranos.

Riqueza.- Este tema suena como la gran elección, pero invariablemente es más como una carga y conduce a comportamientos destructivos si no se controlan. Como siempre, la meta de este tema es el de superar los aspectos negativos y la riqueza es una tentación que actúa como una adicción —es muy difícil tener el control en este tema—, y generalmente se vuelve en el maestro de uno. La gente estará obsesionada por adquirir riqueza, acrecentarla y acapararla. No se preocuparán por los métodos de adquisición ni por las consecuencias de sus acciones en su búsqueda de mayor riqueza. Los valores morales no son importantes en este tema. Por lo general toma varias vidas superar este tema debido a su poderoso efecto en una persona. Cuando alguna persona finalmente se hace maestra de la riqueza, entonces la encontrarás dando libremente sus bienes, sin esperar nada a cambio.

Triunfador.- A diferencia de aquellas entidades con infalibilidad como tema, para quienes todo viene fácil, los triunfadores se sienten obligados al logro. Ellos se esfuerzan para ganar con gran tenacidad, con frecuencia jugando o entrando a concursos. Optimistas perennes, siempre tienen la certeza de que el siguiente trato, el siguiente trabajo, incluso el próximo matrimonio será el mejor. Todavía no acaba de caerse el negocio cuando ya se están levantando ellos mismos para seguir adelante hacia lo que ellos saben será una situación ganadora. El presidente Eisenhower fue un ejemplo positivo de este tema. Como general, su firme optimismo fue inspirador y como presidente, su confianza tuvo un efecto tranquilizador. El reto para estas entidades —mismo que Eisenhower parece haber cumplido—, es tomar un enfoque realista para triunfar.

∾

A diferencia de algunas teorías del Oriente, Sylvia no cree que la reencarnación evoluciona constantemente a través de la eternidad. Ella está segura de que termina cuando una entidad ha aprendido todo lo necesario en este planeta. Su propia vida actual es la última en la tierra. Sylvia considera, —pero pone énfasis en que esto no significa en forma alguna su propia perfección—, que después de muchas vidas, ha aprendido sus lecciones en la Tierra y buscará su perfección en la otra dimensión, en donde asistirá a algunas otras entidades en calidad de espíritu guía.

∾ ∾ ∾

CAPÍTULO ONCE

La medicina y la médium:
La técnica de laboratorio

El doctor está frustrado. Su paciente no responde al tratamiento. ¿Qué hacer?

Para el interno, la respuesta puede ser quizá, "Hay que hacer otra serie de exámenes".

Para el psiquiatra, "Recuéstese en el sofá".

En cualquier caso, el paciente debe pasar más tiempo y gastar más dinero antes de que logre curarse.

Ahora, por fin, hay una alternativa, el psíquico.

El enlace de Sylvia con la comunidad médica fue forjado en una forma inesperada. Justo antes de someterse a una cirugía menor en el hospital El Camino en Mountain View, California, ella miró a su anestesista y le informó. "Su esposa va a tener un accidente automovilístico. La veo estrellándose contra algo. Creo que es una caseta de teléfono. Ella estará bien, pero uno de los lados del auto quedará muy golpeado".

Era obvio que el doctor no estaba impresionado. "Bien, muchas gracias", replicó. "Ahora relájese . . . " La última cosa que Sylvia recordó antes de desvanecerse fue la sonrisa condescendiente del médico.

Pero el que ríe al último ríe mejor.

Cuando Sylvia volvió en sí de la anestesia algunas horas después, el doctor estaba sentado a su lado. "¿Cómo lo supo?" le preguntó el hombre asombrado. Al parecer, una vez que dejó la sala de cirugía, recibió una llamada de su desconsolada esposa. Acababa de chocar contra una caseta de teléfono.

Desde entonces, Sylvia ha hecho lecturas para casi la mitad del personal del hospital El Camino.

No había pasado mucho tiempo cuando los propios doctores estaban mandando a sus pacientes con *ella*. Jerrod Normanly, un neurólogo de Sunnyvale refirió a varios de sus pacientes con Sylvia. "Recibí una llamada de teléfono de una paciente que le envié hace algún tiempo", le escribió a Sylvia. "Ella expresó su gratitud acerca de la ayuda que usted le prestó. Tenía problemas de tensión crónica y sencillamente no estaba respondiendo a los diferentes medicamentos ni a otros tratamientos."

"Debo decirle que considero su presencia en la comunidad como un recurso valioso porque hay ciertos pacientes que responden mucho mejor a la forma en la que usted trata con ellos que a la medicina ortodoxa".

"Aprecio sus referencias de pacientes hacia mí; han sido casos complejos hasta el extremo y espero que usted haya estado en condiciones de hacer algo con los resultados de mis consultas".

Sylvia ahora participa en un servicio de intercambio de pacientes con unos 75 doctores. Si, mientras hace una lectura para un cliente, ella detecta un problema de salud específico, está en condiciones de recomendar al especialista más apropiado. Por su parte, los doctores también consultan a Sylvia acerca de sus diagnósticos y algunas veces prescriben a sus pacientes lecturas psíquicas con ella.

Una y otra vez, el don intuitivo de Sylvia le ha permitido inspirar a aquellos quienes han perdido toda esperanza, dándoles la oportunidad de desafiar a la medicina convencional buscando nuevos caminos y posibilidades.

Casi todos los días llega alguien con algún tipo de problema de salud al cuarto de lecturas de Sylvia. A principios de 1988, una mujer de mediana edad entró. Antes de que abriera la boca, Sylvia la paró en seco. "No se siente. Tiene que ir a ver un urólogo de inmediato. ¿Conoce a alguno?"

Cuando la mujer sacudió la cabeza con desconcierto, Sylvia le recomendó a un doctor con el que había trabajado antes y se ofreció a llamarle.

Alvin Rutner de Mountain View acordó ver a la cliente de Sylvia inmediatamente. Dos horas después, el doctor la llamó. "La mujer está seriamente enferma. Si no hubiera venido cuando lo hizo, se hubiera encontrado en una situación muy grave. ¿Cómo lo supiste? ¿Qué viste en ella que te indicó que algo andaba mal?"

"No te lo puedo decir, Al", respondió Sylvia. "No fue nada relacionado con la forma en la que *ella se veía*". Luchó por dar una explicación, pero se rindió. "Simplemente lo supe —¿cómo es que puedo saber *cualquier cosa*—?"

Los archivos de Sylvia están atiborrados de testimonios. Karen Guy de San Rafael, California, es un ejemplo. Ella escribió, "Mi piel ha mejorado desde que me recomendó no tomar productos lácteos y me recetó L-Fenilalanina. Los exámenes de laboratorio muestran que tenía demasiado hierro en mi sangre tal y como usted lo diagnosticó. Y no fue hasta que llegué a casa que me di cuenta que usted tenía razón en lo que me dijo, yo tengo períodos 'de suerte'".

Una madre escribió. "Mi hija quería un bebé más que a nada en el mundo pero no podía embarazarse. Ella anduvo de doctor en doctor, pero nadie pudo determinar la causa. Finalmente, fue con usted para una lectura psíquica. Usted le dijo que el problema era un quiste en un ovario y le sugirió que fuera con el doctor Nola. Efectivamente, este doctor descubrió quistes en el ovario y ha iniciado un tratamiento para ella".

Pat Silva de Sunnyvale ha escrito otro testimonio. "Sylvia fue muy precisa con relación a mi necesidad de niacina y sulfato ferroso", escribió. "Mis dolores de cabeza casi han desaparecido. Asimismo, mi memoria está mejorando desde que he comenzado a tomar el hierro que usted sugirió".

Y Jean Turner de Fremont, California, escribió, "Tenía razón acerca de mi alergia a los productos lácteos. Desde que dejé de tomarlos me veo y me siento mucho mejor".

Un caso más dramático fue el de Sue Lange, quien había asistido a un seminario ofrecido por Sylvia en Santa Rosa, California. Durante una sesión de preguntas y respuestas, Lange hizo una pregunta sobre su salud. Sylvia la sorprendió aconsejándole que se examinara la tiroides. El cuerpo inflamado de Lange y la falta de concentración había sido atribuida, hasta ahora, al síndrome de Sjogren, una rara enfermedad de la sangre. Como resultado de la sugerencia de Sylvia, Lange supo que efectivamente su glándula tiroides estaba muy baja, pero podía tratarse fácilmente, aliviando con ello varios problemas que se pensaba eran incurables".

En otra ocasión, cuando Sylvia estaba dando lecturas en hipnosis terapéutica en el Condado de Marin, California, una ex paciente llamada Sue D., surgió de la audiencia y describió como una bola debajo de su brazo había desaparecido mientras Sylvia trabajaba con ella hipnóticamente en un problema de alcoholismo.

Raramente Sylvia está en condiciones de ayudar a miembros de su propia familia, pero una excepción dramática ocurrió el 29 de noviembre de 1980. Su sobrino, Crisjon, había sido llevado al Hospital Kaiser en Santa Clara, en donde su condición fue diagnosticada como osteomelitis. El tratamiento duraría tres semanas de continuas inyecciones intravenosas en el hospital seguidas por tres semanas de reposo absoluto en casa.

Sin embargo, Sylvia comenzó a tener un fuerte presentimiento de que algo andaba mal. "Todo está mal", le dijo a Sharon. "Crisjon no tiene osteomelitis. Lo que tiene es necrosis aséptica, el tratamiento no debe ser tan extremoso. Sáquenlo de ahí. Se van a sentir mejor si lo llevan con un doctor llamado Marvin Small, pero les prometo que la enfermedad seguirá su curso en diez días. El sólo va a estar fuera de la escuela por dos semanas".

Sharon y su esposo Richard tuvieron éxito al sacar a su hijo del hospital Kaiser luego de muchas objeciones por parte de los doctores. Crisjon fue llevado con el Dr. Small, sus rayos X confirmaron el "diagnóstico" psíquico de Sylvia. El niño tenía necrosis aséptica. En diez días estaba completamente recuperado y cuatro días después se encontraba de regreso en la escuela.

La curación puede tomar muchas vueltas inesperadas. Una mañana, Sylvia estudiaba a la mujer que se acababa de sentar frente a ella y vio que se encontraba mortalmente enferma. "¿Usted sabe, verdad, que tiene cáncer? Una afirmación más que una pregunta.

"Sí", asintió la mujer, "pero lo que no sé es cuánto tiempo me queda". El doctor tiene algún tipo de tratamiento radical que quiere que intente. Los efectos secundarios son muy desagradables. Si no hay esperanza, prefiero que me dejen en paz y disfrutar mis últimos días".

"Si usted toma el tratamiento, tendrá seis meses más de vida", le dijo Sylvia sin dudar. "Si no lo toma tiene tres".

La clienta suspiró. Una decisión difícil fue tomada repentinamente. Declinaría el tratamiento.

Su muerte fue fácil, sus últimos meses sin complicaciones, sin un tratamiento costoso que solamente le hubiera ocasionado dolor. Ella y Sylvia hablaban con frecuencia de la transición. Cuando llegó, la mujer estaba lista para caminar dentro de la luz.

Winifred Woods recibió consuelo de otra naturaleza muy diferente.

En 1978, a Woods, quien tenía distrofia muscular le habían dicho que podía morir en cualquier momento. Había tenido una serie de resfriados y al final sufría de influenza, la cual había evolucionado a un caso severo de neumonía. Apenas se había recuperado un poco cuando los doctores le dijeron que la siguiente enfermedad podría ser fatal.

Una mañana, Woods estaba recostada en la cama viendo uno de sus programas de televisión favoritos, *People are talking* (La gente está hablando). El rostro que vio en la pantalla sonriéndole a ella era el de Sylvia Browne. Por un momento, se olvidó de sus numerosos problemas viendo las "lecturas" que Sylvia hacía a miembros de la audiencia.

Un hombre había levantado la mano y estaba desafiando a Sylvia. "Usted le dijo a mi esposa algunas cosas, fueron más o menos ciertas, pero yo todavía no creo en esto. Mi padre y yo no hemos hablado en años . . ."

"Y eso no va a cambiar", lo interrumpió Sylvia. "El es una de esas personas que siempre tienen que tener la razón de modo que automáticamente usted está equivocado. Además, hay otra persona involucrada, un miembro masculino de la familia. Se trata de un conflicto que involucra el ego de tres personas".

El hombre la miraba sorprendido. "Sí, eso es cierto", admitió.

"Por supuesto que es cierto, de modo que ahora estoy en lo cierto con relación a su esposa y estoy en lo cierto con relación a usted así que cállese y siéntese", le dijo Sylvia, sonriéndole con picardía, él también se rió.

Un poco de la depresión de Winifred desapareció mientras se encontraba a sí misma riéndose junto con ellos. Antes de que se diera cuenta, se encontraba viendo con entusiasmo y cuando el programa terminó, escribió la dirección de la Fundación Nirvana mientras aparecía ante ella en la pantalla de televisión. El doctor le había dicho que podía morir en cualquier momento pero, ¿no sería bueno saber cuánto tiempo realmente le quedaba? Winifred pensó en las cosas que tenía que arreglar, los asuntos que podía poner en orden. Impulsivamente, alcanzó una pluma y papel junto a su cama.

Pocos días después, llegó la respuesta. Para su sorpresa la carta era todo, menos la sentencia de muerte que había imaginado.

"Tu muerte está lejos, muy lejos en el futuro", le había escrito Sylvia. "Ni siquiera pienses en eso. Tienes más que hacer en esta vida".

Woods levantó la vista de la carta y vio su imagen en el espejo. La mujer que vio tenía los ojos vidriosos por los medicamentos, su cuerpo demasiado hinchado. Se sentía como un dirigible sin ayuda. ¿Pero cómo podía no sentirse de esa manera? Desde el principio, su doctor le había dicho que su padecimiento iría progresando y empeorando hasta que estuviera completamente inválida. Ahora, había llegado al punto en donde su mano tenía dificultad incluso para sostener un tenedor y su mano izquierda era demasiado débil para levantar un sandwich. Y su último asedio de enfermedades respiratorias la habían dejado física y emocionalmente exhausta.

Winifred Woods estudió su imagen en el espejo, tratando de encontrar a la mujer que una vez había sido. *Si no me voy a morir, significa que voy a vivir ña vivir realmente*, razonó. *Yo tengo que comenzar a tomar el control de mi propia vida.*

Sus ojos se agacharon hasta fijar la vista en la cobija sobre sus rodillas. La orilla estaba descosida y había estado esperando que alguien se la arreglara. La siguiente cosa que Woods sabía que tenía que hacer, se arrastró a sí misma en la silla de ruedas hasta el armario en donde guardaba su vieja canasta de costura, encontró una aguja e hilo y aseguró la bastilla sola. El pequeño incidente demostró ser un momento decisivo.

Woods culpó de su cansancio e inmovilidad a la medicina que había estado tomando. *Es mi vida, decidió, ¡a la fregada con el doctor!* Sin consultarlo redujo la dosis y a los pocos días comenzó a sentirse optimista y con la mente despejada. Pocas semanas después, había bajado de peso de una talla 22 a una 14 y se veía y sentía mejor que en muchos años. Los dedos que antes tenían dificultad para manejar utensilios se mantenían ocupados tejiendo un cubrecama. No se sentía "enferma" ¡para nada!

Maravilloso como parecía todo, no era suficiente. Sylvia había dicho que Winifred Woods tenía algo que hacer. La mujer se preguntaba que podría ser . Aunque todavía pasaba mucho tiempo en la silla de ruedas, estaba superándolo haciendo algo del trabajo de su casa y atendiéndose a sí misma en una forma que nadie lo hubiera creído posible. Woods comenzó a meditar. No pasó mucho tiempo antes de que un viejo anhelo resucitara. Años atrás había escrito una columna para un periódico y planeaba escribir algún día novelas de misterio, en lugar de eso, se casó y la familia reclamó toda su atención. Ahora tenía mucho tiempo libre pero, ¿podría escribir?

Las meditaciones continuaron hasta que le llegó una idea y comenzó a trabajar. La novela de misterio estaba a la mitad cuando Sylvia visitó esa área para un seminario. Con ayuda de su hija Woods asistió. Durante la sesión de preguntas y respuestas seguida de la lectura, la aspirante a autora fue una de las seleccionadas para preguntar. Estaba tan emocionada que se olvidó de mencionar las predicciones sobre su salud, en lugar de eso preguntó, "¿Será un éxito mi proyecto?"

"Sí, tu *libro* será un éxito", le contestó Sylvia. Mientras escribía esto, Winifred había terminado su libro y estaba listo para su publicación.

❧

Sylvia ha estado en condiciones de ofrecer iluminación ante problemas mentales y emocionales lo mismo que para males físicos. Thomas Peters, psiquiatra de Campbell, California, ha trabajado con Sylvia desde 1975. "Nos consultamos uno al otro libremente acerca de familias, adolescentes y niños que necesitan ayuda psicológica y emocional", dice el doctor hoy en día. "Su enlace con la profesión médica ha sido sobresaliente. En las áreas de psiquiatría y psicología, la intuición de Sylvia me ha sido particularmente útil en términos de diagnóstico y para entender mejor la dinámica familiar".

Algunos años atrás, Sylvia se dio cuenta que sus ojos se estaban deteriorando rápidamente. "¿Qué me está pasando?" le preguntó a Francine.

La respuesta fue muy sencilla. "Hay muchas cosas que no quieres ver", le dijo Francine. Luego de muchos años de diagnósticos físicos, Sylvia está felizmente de acuerdo con la teoría de que muchas enfermedades son causadas por factores emocionales. Una vez que esto es reconocido, se pueden tomar los pasos para corregir la condición y sanar, o por lo menos aliviar el problema médico. *¿Qué significa eso de que yo no quiero ver?* se preguntó a sí misma cuando el problema de los ojos parecía acelerarse.

La respuesta parecía muy clara —los problemas a los que se enfrentaba diariamente Sylvia en su cuarto de lecturas—.

Quizá en algún nivel estaba cansada de guiar a otros a su alrededor y quería que alguien o algo la guiara a *ella* hacia un cambio. Pero dado que este es el trabajo elegido por Sylvia, todo lo que puede hacer es reconocer la presión y hacer un esfuerzo consciente para alejar su yo interno de eso. La condición ahora se ha estabilizado.

Sylvia esta segura, también, que los problemas de peso que ha sufrido por muchos años son el resultado de andar "cargando" a otros en su esfuerzo por protegerlos. El fumar, una adicción que ha vencido, representa para ella un deseo subconsciente de mantener lo malo a raya

—un reemplazo moderno de las antiguas hogueras—.

Esta provocativa teoría se extiende a muchas áreas de posibilidades. Sylvia percibe los achaques respiratorios como una respuesta inmediata a un trauma. Tú "lloras" y sollozas con una gripa, pero si no tienes éxito en "sacar de tu pecho" el problema, se puede desarrollar algo más serio, tal como una neumonía o incluso cáncer del seno.

Insuficiente "azúcar" o amor puede resultar en bajo nivel de azúcar en la sangre o hipoglucemia. Demasiada azúcar —una actitud poco realista de *Polyana* hacia la vida— podría resultar en lo contrario, diabetes.

¿Problemas de la espalda? ¿A quién o qué estás cargando?

¿Artritis? ¿Será que tu energía se está abultando en tus coyunturas?

¿Te han *roto* el corazón? Ten cuidado, podría resultar en un ataque cardiaco.

¿Problemas en la boca? Hablas de más. ¿Te hierve la sangre a veces? Más vale que te calmes; puede resultarte presión alta. Y así sucesivamente.

Una vez que Sylvia asistió al Congreso Nacional de Regresión Terapéutica, ella y James Fadiman, presidente de la Asociación de Psicólogos Transpersonales, estaban hablando sobre sus problemas de salud. "He tenido una infección en la vejiga que va y viene por cuatro años", se quejó Sylvia. "Qué piensas, qué puede estar provocándomela?

"Eres suficientemente inteligente para encontrar la respuesta", le recordó el psicólogo". "¿Qué piensas tú?"

"No lo sé. Lo he intentado todo, un especialista tras otro, y sigo con esta infección de cistitis una y otra vez".

"Está bien, si no puedes encontrar la respuesta ahora, déjalo. Sin embargo, dime, ¿cómo está su familia?"

"¡Terrible!" Sylvia explotó justamente. "¡Esa madre mía, realmente me fastidia!"

"¡Bueno, pues ahí tienes!"

Los dos amigos se vieron uno al otro y se soltaron riendo, pero al instante en que Sylvia dijo aquellas palabras supo que sus problemas con la vejiga habían terminado. Una vez que su mente logró hacer la conexión, dio lugar a la curación.

Sylvia ha estado en condiciones de usar esa perspicacia una y otra vez para ayudar a sus clientes. "¿Quién es tu dolor de cuello? ¿Tu esposo? ¿Tus hijos? ¿Tus padres? pregunta ella, con frecuencia con resultados sorprendentes.

La lista es interminable. ¿Mareos? ¿Qué es lo que te está desequilibrando?

¿Problemas de espalda? ¿Quién está sobre tu espalda?

¿Ulcera? ¿A quién no soportas? Las posibilidades de curación son interminables.

Sylvia está convencida que la ansiedad causa estas reacciones debido a la necesidad que tiene el alma de expandirse. La reacción instintiva de la mente consciente ante el reto del espíritu es, *No, tú no*. Responde, cree ella, al temor ante lo desconocido.

La solución llega, cree Sylvia, cuando nosotros conscientemente permitimos al alma dar a luz a un nuevo yo. Cuando el mal es nombrado —cuando se acepta la enfermedad y se reconoce la conexión— puede comenzar el proceso de curación. Todo llega, está segura, para asumir poder personal. Sólo para ilustrar qué tan fácilmente podemos deshacernos de esto, tenemos el caso de un cliente quien, al momento de recibir una inyección de penicilina, inmediatamente se sintió mejor hasta que le informaron que la medicina no le haría efecto en por lo menos 24 horas.

De acuerdo con Francine, el dolor crónico se te incrusta continuamente para enviar su señal mucho después de que la inflamación ha seguido su curso. El método sugerido por ella para enfrentarse a un sistema nervioso traumatizado es el de responder a él diciendo: "He recibido la señal; Ahora yo misma produzco mi propio anestésico". Es como hablar con Dios y decirle, "Es suficiente. El surco es muy profundo y ya no quiero tener que soportar eso".

El espíritu guía de Sylvia también hace un llamado para prevenir el dolor antes de que empiece; simplemente se tiene que ser más centrado, más cuidadoso con uno mismo. "El hacer esto", dice Francine, por una semana, el hacer todo lo que usted desea hacer —sólo para usted—. Inténtelo por una semana. Le garantizo que al final de esa semana no sólo estará siendo usted mismo, sino que estará haciendo más por otra gente que lo que ha hecho hasta ahora. La recompensa de ser uno mismo toma muy poco esfuerzo y en cambio brinda una gran cantidad de amor que comienza a emanar en todas direcciones".

En respuesta a la sugerencia de Sylvia en el sentido de que esto podría ser "egoísta", Francine respondió que eso del egoísmo no existe, se trata sólo del miedo que hace que una persona se haga introvertida y se aparte de otros.

Para poder ayudarnos a todos nosotros a no solamente hacer la conexión necesaria para buscar la causa de nuestras enfermedades, sino de efectuar la curación, Francine ha transmitido la Técnica de Laboratorio.

"El Lab", dice, "es un lugar especial a donde se puede ir para recibir curación, asesoría o ayuda con cualquier tipo de problema. Como ustedes saben, en mi plano, los pensamientos son cosas. Cuando mentalmente construyan su propio laboratorio, nosotros en nuestro lado podremos verlo y acudir a ustedes para ayudarles a resolver sus problemas. *Pero deben crear esa realidad para nosotros".*

ↂ

La Técnica de Laboratorio

En los ojos de su mente, construya un cuarto rectangular del tamaño que usted sienta cómodo y adecuado. Deje la pared más lejana abierta. A través de las ventanas usted tendrá una hermosa vista de agua —del mar o quizá de un lago— la cual agregará poder a la curación. También visualice tres paredes de un color verde suave. En el centro del cuarto, coloque una mesa, suficientemente larga para que se recueste en ella. Dé carácter a la tabla, ya sea tallada o con algún otro tipo de adorno. Mientras más detalle le de a su cuarto, más fuerte será su existencia para usted. De modo que decórelo con muebles, pinturas y otros objetos de arte que le gusten. Ahora, ponga una ventana de vitrales en la pared abierta. Esta puede ser de cualquier diseño, pero los colores deben ser brillantes —azul, morado, dorado y verde en grandes bloques o bandas—.

Después de haber terminado de construir mentalmente el laboratorio, camine a través de él. El mejor momento para hacerlo es en la noche mientras se dispone a dormir. Pero por favor complete el laboratorio antes de que se quede dormido; de otra manera no habrá ningún laboratorio que usar. Cuando entre al cuarto, colóquese enfrente de la ventana de vitral y permita a cada uno de los colores penetrar a través de su mente y de su cuerpo.

El azul ofrece tranquilidad al alma y al espíritu, aumentando la conciencia. El dorado es para fortalecer la dignidad y el intelecto, el verde ayuda en la curación y el morado permite aumentar la espiritualidad.

Deje que los colores brillantes lo envuelvan en su calidez y felicidad. Trate de ver a cada uno como si en realidad entrara a usted y limpiara su alma. Ahora, pida que la luz blanca del Espíritu Santo lo rodee y lo sane. Siéntase a usted mismo como un ser completo, con un nuevo sentimiento de estabilidad, fuerza y control de su vida.

Vaya a la mesa y acuéstese, todavía envuelta en el resplandor del amor de Dios. Pida a los maestros y doctores del otro lado que trabajen en un área específica de su cuerpo. Aunque usted siempre puede pedir ser aliviado de presiones emocionales y mentales, trabaje solamente en un problema físico en cada sesión. Entréguese totalmente a esos ayudantes espirituales, ellos vienen directamente a usted de parte de Dios. Una vez que ha creado el cuarto, acostado en la mesa e identificado su problema, está bien quedarse dormido. En realidad, es posible que tenga dificultad para mantenerse despierto debido a que el Lab por sí solo tiene un efecto anestésico.

Use el Laboratorio para cualquier problema en su vida. También puede llevar a él a un ser querido que necesite curación. Primero, construya mentalmente el cuarto. Después, coloque a su persona en la luz blanca del Espíritu Santo y luego ponga a su *paciente* en la mesa. Pida a los maestros que le ayuden con el problema.

No hay límite para lo que puede hacer usando este fenómeno. El único obstáculo que podría encontrar sería el de tratar de ayudar a un individuo que no desea ayuda . Si usted encuentra que éste es el caso, libérese usted mismo del trauma aceptando la libre decisión del otro.

CAPÍTULO DOCE

El detective psíquico:
El Templo de quietud

El investigador del Condado de San Mateo, Bob Jesson tenía mucha hambre. La última cosa que hubiera querido hacer era consultar a una psíquica. "El jefe dijo que la llamáramos", admitió con aparente irritación en su voz. "Hemos encontrado dos cuerpos sin ninguna identificación".

"Sí, sí, ya veo", lo calmó Sylvia. "Una mujer de corta estatura y rechoncha, la otra es alta, morena con un tatuaje de corazón en el pecho izquierdo".

"Dónde está usted?" demandó Jesson, mirando hacia el teléfono, en el piso, luego al techo. "¿Qué clase de chiste es éste?" "¿En dónde se está escondiendo?"

"Tranquilícese. Escúcheme un minuto. Estoy tratando de ayudarle", le aseguró Sylvia.

"¡Pero ni siquiera le he dicho que se trataba de dos mujeres!", le contestó Jesson con enojo.

Su confusión se desvanecía mientras escuchaba a Sylvia decir, "Solamente ponga atención mientras yo lo resuelvo por usted. La joven, una morena. Su nombre es Vivian, ajá, Vivian. No puedo obtener el apellido —busque en el archivo de personas desaparecidas de Petaluma—. En cuanto a la mujer de baja estatura —su nombre es Clover—, es de Monterey".

En menos de 24 horas, Jesson había verificado ambas identidades en los condados de Marin y Monterey. Dos casos de personas desaparecidas habían sido resueltos.

Gary Boozer, un sargento de la oficina del Sherif del Condado de

Santa Clara, era otro escéptico. Había buscado de mala gana la ayuda de Sylvia para resolver un caso de homicidio. "Olvídese de eso por un minuto", le había aconsejado Sylvia. "He obtenido algo mucho más cerca de casa, oficial —más cerca de *usted*—. Se trata de drogas". "Yo estoy en homicidios, no en narcóticos", le recordó el policía. Sylvia se encogió de hombros. "Qué le puedo decir, usted va a hacer un arresto espectacular de drogas. Hay un edificio café de dos pisos con una clase de reja descuidada. Es un lugar que se ve horrible con las paredes rayadas con *grafitti*. Hay una calle que tiene el nombre de algún pájaro. Sale a la calle Evelyn. No hay pasto ni nada en frente —sólo tierra— es una porquería". Sylvia hizo una pausa advirtiéndole. "Tenga cuidado, podrían matarlo ahí".

Dos semanas más tarde, Boozer fue inesperadamente transferido a la división de narcóticos. Pocos días después, mientras manejaba por una calle, disminuyó la velocidad para leer una dirección. Era Lark Street, notó, Más adelante se encontraba la esquina con Evelyn, a la derecha un edificio café de dos pisos con una verja. Recordando lo que Sylvia había dicho, Boozer decidió que no era el lugar adecuado para entrar solo. Se alejó manejando, con la intención de investigar el edificio más tarde con su compañero.

Una hora después, Boozer recibió una llamada. Se había registrado un tiroteo en la casa; un hombre había resultado muerto. Inmediatamente se fue al lugar de los hechos con refuerzos y descubrió un alijo de drogas dentro del establecimiento. Los arrestos que hizo ese día hicieron temblar al mundo del narcotráfico.

Como resultado de dicha hazaña tan exitosa, Sylvia fue invitada a hablar ante varios grupos de policías que resultaron en muchas relaciones de trabajo con diferente oficiales. Gary Robinson del Departamento de Policía es uno de ellos. Robinson estaba tan impresionado con la presentación de Sylvia en una junta de investigadores de homicidios en Sunnyvale, que la llamó con relación al famoso "violador de la máscara de esquiar", un hombre que había estado aterrorizando a toda el área de la bahía de San Francisco durante tres años.

Veintiséis mujeres, entre las edades de 16 a 83 años habían sido brutalmente violadas, aunque la policía creía que había muchas víctimas más quienes habían quedado tan aterradas que no se atrevían a presentar una denuncia. Equipos de policías a través del área estaban frustrados en sus múltiples intentos de aprehensión porque el criminal nunca dejaba huellas ni usaba un automóvil que pudiera ser rastreado. Decía poco de sus víctimas y sólo dos de ellas le habían visto la cara, invariablemente usaba una característica máscara de esquiar azul.

Al creciente terror se sumaba el hecho de que el violador inexplicablemente tocaba la puerta cuando su víctima se encontraba sola. Los asaltos ocurrían más frecuentemente en los patios de las escuelas, pero algunas mujeres habían sido violadas en sus casas, en oficinas vacías de edificios y, en el caso de una anciana, en el confesionario de una iglesia. Invariablemente, el violador amenazaba a sus víctimas apuntándoles con una pistola, rodeándolas y, después de atacarlas sexualmente en una variedad de formas, les exigía dinero, joyería o tarjetas de cajero automático.

"¿Qué me puede decir acerca de él?" le preguntó Robinson a Sylvia.

"¡Lo puedo ver!" exclamó, abrumada, como siempre, emocionada ante su visión. "Es fornido, de pelo obscuro, blanco pero parece algo negroide. No puedo obtener el nombre, pero sé que el apellido comienza con una S". Hizo una pausa momentánea, después continuó más lentamente, "Me doy cuenta que es un poco chistoso decir que un violador es caballero, pero en cierta forma lo es".

Robinson levantó la vista de su cuaderno de notas, mirándola fijamente. "¿Qué quiere decir?"

"No lo sé realmente. Es como ya dije, loco como suena, es como muy educado para eso".

"De verdad suena loco", acordó Robinson, "Pero varias víctimas nos han dicho que aun cuando el tipo amenazó con matarlas y mostró cada evidencia de lo que eso significaba, les pidió disculpas. "Ya he matado antes y no quiero volver a hacerlo, pero siento lo que pasó. Nunca se ha comentado nada de este detalle en los periódicos, pero es un tema que sale una y otra vez en cada una de las descripciones de las víctimas". Robinson se mostraba ansioso ahora, inclinándose hacia adelante. "¿Algo más? Piense en eso . . . algún pequeño detalle. Olvídelo si suena fuera de la realidad".

Sylvia asintió con la cabeza. "Sí, hay algo más. Trabaja para la ciudad".

"Eso es muy ambiguo. Yo mismo trabajo para la ciudad. ¿Qué quiere decir?"

"No sé exactamente qué es lo que hace. Es como si dibujara líneas en la calle —o quizá trabaja debajo de la calle—. Ajá, debajo de la calle, pero hay líneas conectadas con ella en algún lugar. Hace algo con líneas. No lo tengo".

"Tampoco yo", dijo Robinson mientras sacudía la cabeza. "¿Algo más?"

"La próxima vez va a ocurrir en Redwood City", le dijo. "Más vale que comiencen a reforzar la vigilancia en Redwood City, porque es el lugar en donde lo van a detener. El está pensando en Redwood City. Quiere violar a alguien ahí, pero ustedes se lo van a impedir".

El 30 de noviembre de 1987, una fría noche de invierno, la policía capturó a George Anthony Sánchez —el hombre con la inicial S que Sylvia había "visto". El técnico de alcantarillas había irrumpido en un hogar de Redwood City en donde vivía una mujer sola. Una investigación en la casa y el vehículo de Sánchez descubrió posesiones que pertenecían a las víctimas del violador de la máscara de esquiar, así como una máscara similar a la que usaba el criminal.

Al hombre se le encontró culpable de 101 delitos y actualmente cumple una sentencia de cadena perpetua.

Aunque Sylvia siente como una obligación el usar sus dones psíquicos para asistir a la policía cuando le es posible y no les cobra por sus servicios, está consciente de los riesgos involucrados. Por esta razón trata siempre que sea posible de mantener una actitud discreta.

Francine, quien frecuentemente actúa como un manto protector, le ha sugerido a Sylvia que comience cada día con la siguiente oración:

Dios mío, te pido que la Luz Blanca del Espíritu Santo me rodee y proteja durante este día y todos los días. Te pido que limpie y purifique mi alma. Entrego a la luz ahora cualquier negatividad como tanto humo obscuro sea absorbido por la Luz Blanca, sin causarle daño a nadie. No permitas que nada, aparte del amor y energía positiva cruce hacia adentro o hacia afuera esta burbuja protectora.

Sylvia tuvo dificultad para sentir verdaderamente esta oración hasta que recordó a Glinda, la bruja buena de la historia de *El Mago de Oz*, quien siempre aparecía dentro de una burbuja transparente. Con esta imagen en la mente, fue más fácil para ella imaginar un casco similar alrededor de su persona y así invocar a la Luz Blanca. Ahora Sylvia incluye a su familia dentro de esta burbuja protectora.

Aunque Sylvia pasa mucho tiempo asistiendo a oficiales de la policía en la captura de criminales —ella lo llama ser una detective psíquica—, prefiere localizar a personas desaparecidas. La tarea con frecuencia aquí es "simplemente" un asunto de ofrecer consuelo a los seres queridos angustiadas.

Un día, Mary Ellen Stewart de San José contactó a la médium. Frenéticamente describió los detalles de la desaparición de su hija Marion. "¿Está bien? ¿Dónde está? ¿Algún día va a regresa?"

Sí, le aseguró Sylvia. "La veo, la veo claramente. Ella se fue por su propia voluntad y regresará cuando esté lista. Va a regresar en marzo".

El 29 de marzo de 1983, Mary Ellen Stewart llamó otra vez con una voz quebrada por la emoción. "Usted tenía razón", le informó a Sylvia "Marión regresó a casa esta mañana".

Algunas veces Sylvia está en condiciones de proveer información tangible que facilita la búsqueda. En 1987, Maria Elena Ulery le llamó acerca de su hija perdida. "Tiene 15 años, con el pelo rubio rojizo, frenos en sus dientes.."

"Sí, seguro. La veo", la interrumpió Sylvia. "Ella está con dos amigos —una niña rubia, creo que se llama Kathy y el novio de Kathy—.

El muchachito tiene pelo obscuro y ojos azules. Los padres de Kathy no la dejan verlo. Usted sabe de quién estoy hablando, esa niña rubia, Kathy?"

"¡Sí! ¡Sí!, lo se", dijo Ulery con un grito ahogado.

"Hable con los padres; ellos saben algo que le ayudará", le aconsejó Sylvia.

Poco tiempo después, la médium recibió una nota de la madre mucho más aliviada: "Muchas gracias por su ayuda en el momento cuando más la necesitaba. Lo que usted me dijo era cierto. Usted me ayudó durante los momentos más terribles de mi vida. Mi hija ha regresado y espero que pueda encontrar la manera de guiarla y ayudarla".

Algunas veces la policía usa la información que le da Sylvia para encontrar a un niño desaparecido. Uno de estos episodios involucró a Sarah Jane Dalitz, quien había estado perdida por dos años a pesar de repetidos esfuerzos de la policía por localizarla. La desconsolada madre había perdido todas esperanzas de volver a ver a su hija hasta que Sylvia le dijo: "Sarah Jane fue secuestrada por un nombre a quien parece tenerle mucho cariño".

"¿Lo puede ver?" le preguntó el detective, quien había acompañado de mala gana a Dalitz a la oficina de Sylvia, pero que se mostraba repentinamente ansioso.

"Descríbalo, ¿cómo es?"

"Sí . . . es corto de estatura y fornido con mucho pelo rubio castaño", replicó Sylvia.

"¿Qué?" . . . ¡ese es mi ex esposo!" respondió Dalitz, chillando justamente.

¿Nunca se le ocurrió que podía haber sido él?" le preguntó el detective.

"No, realmente nunca pensé que le importara mucho . . . es un alivio saber que Sarah Jane está a salvo, pero la quiero de regreso. Imagínenselo, ¡haciéndome pasar por todo esto!"

¿Usted sabe dónde está?

"No", dijo Dalitz, sacudiendo la cabeza, "no tengo la menor idea.

Ha pasado mucho tiempo desde la última vez que supe de él".

Un mapa comenzó a aparecer ante los ojos de la mente de Sylvia. "Ella está en el noroeste". Un estado comenzó a tomar forma y finalmente una ciudad. "Es en Seattle", anunció. "Seattle, Washington".

Dalitz se veía pálida. "Hasta donde yo sé, no hay absolutamente ninguna conexión con mi marido. Nunca trabajó ahí, no tiene familia ni amigos allá".

"¿Por qué no intentarlo?" dijo el detective encogiéndose de hombros. "Ya hemos probado todo. Vamos a buscarlo".

Dos días después, los dos volaban a Seattle. En una semana, Sylvia recibió una llamada. "Usted estaba en lo cierto", reportó la feliz madre. "Estaba en Seattle viviendo con su padre, pero ahora está en casa conmigo".

No todas las investigaciones psíquicas tienen un final feliz. Siempre es difícil para una médium tener que reportar una tragedia a un ser amado lleno de esperanzas, pero por lo menos existe la conciencia de que la espera, la incertidumbre, tienen un final. Uno de estos casos recibió atención de la prensa nacional.

A finales de la primavera de 1982, Milton Tromanhauser se internó en el desierto para meditar. El contratista de construcciones de 53 años de edad originario de Martinez, California era un hombre profundamente religioso. Había viajado extensivamente por la India y el Medio Oriente y conocía la Biblia a fondo. Tromanhauser había ayunado en áreas aisladas muchas veces, convencido de que esta práctica mejoraba las meditaciones y lo llenaba de entendimiento sobre los problemas que acosan a la humanidad. Cada año el místico hacía un peregrinaje. Ese verano, la meta de Tromanhauser era la de ayunar por 40 días y 40 noches. Nadie conocía su destino.

El peregrino había comenzado el 10 de mayo de 1982. Cuando pasaron 40 días, Terri Ball, una amiga cercana de Tromanhauser, comenzó a alarmarse. Primero llamó al guardabosques de los Parques regionales de East Bay quien la refirió al Departamento del Sherif del Condado Contra Costa, lo cual a su vez la envió a la división de seguridad de East

Bay Regional Parks, lo cual sólo sirvió para aumentar su frustración al sugerirle que fuera nuevamente con el Sherif. Esta vez, el Sherif la mandó al Departamento de Policía de Martinez. Ahora estaba realmente desesperada.

"Quizá alguien podría hacerme caso si les pudiera decir dónde buscar exactamente", le dijo a Sylvia. "Parte del problema es que él nunca me dijo a donde iba. El año pasado escaló la montaña Tamalpais en el Condado de Marin. ¿Supone usted que . . . ?

"No", la interrumpió Sylvia. "No en Marin, se fue hacia el este —al Condado de Contra Costa—. Al lugar en donde se encuentra le llaman algo como diablo . . . ?"

"Quiere decir Mount Diablo?"

"Sí, eso es", exclamó Sylvia, después dudó por un instante. "Lamento mucho tener que decirle esto, pero el está muerto. Lo ha estado por algún tiempo. Encontrará su cuerpo en el agua".

Cuando el Departamento del Sherif de Contra Costa se mofó de la idea de la visión de una psíquica y se rehusó a darle seguimiento al caso, Terri Ball buscó la ayuda de dos rancheros, quienes se internaron en el desierto a caballo. En tres horas habían encontrado el cuerpo de Tromanhauser flotando en un pequeño manantial en las pendientes de Mount Diablo.

La vigilia agonizante de Terri Ball había llegado a su final.

Aunque Sylvia cobra por las lecturas psíquicas y las regresiones hipnóticas, se rehusa a aceptar cualquier pago por su trabajo con la policía o por sus esfuerzos por localizar a personas desaparecidas, creyendo que es su obligación como psíquica el ayudar a aquellos en necesidad. "¿Cómo es posible hacer dinero a costa de la pena de otros?" se pregunta.

En otro proyecto voluntario, Francine proporcionó información para una de las asignaciones únicas de la médium. William Yabroff, un psicólogo y profesor asociado en la Universidad de Santa Clara, se acercó a Sylvia con este reto. Una de sus estudiantes graduadas estaba trabajando en un proyecto que involucraba víctimas de suicidio.

Todo lo que la estudiante sabía acerca de las diez personas involucradas era lo que había leído en los documentos y los detalles eran muy someros. Un hombre pudo haberse disparado a sí mismo, ¿pero dónde? ¿en la cabeza, en el pecho? Una mujer podría haber muerto de una sobredosis ¿pero cuál era la droga que usó? El propósito del estudio era el de conocer más. ¿Cuáles eran los motivos detrás del hecho y exactamente cómo ocurrió la muerte?

De modo que Yabroff llevó a su estudiante a la oficina de Sylvia en la Fundación Nirvana. El entonces esposo de Sylvia, Dal, la puso en un profundo trance. Muy lenta y gradualmente comenzaron a sentir otra presencia, era por supuesto Francine.

Cuando el espíritu indicó su disposición, solamente le dieron los diez nombres de las víctimas, uno por uno. Todo lo que Sylvia, Yabroff y la estudiante sabían era que los nombres pertenecían a víctimas de suicidio, pero no tenían otra información. Esta falta de información de su parte era intencional e importante. Eliminaba la posibilidad de leer la mente.

Al mencionar cada nombre, Francine describía, sin la menor duda y en detalle, las circunstancias del caso. No sólo estuvo en condiciones de decir exactamente cuándo y en dónde ocurrió la muerte, sino que también señalaba la motivación y su evolución y el método usado exactamente, incluyendo en un ejemplo, el componente complejo de una droga.

Después, poco después del trance, Francine habló directamente a la joven estudiante graduada. "George está aquí conmigo en el otro lado", le informó el espíritu. "Está muy ansioso de que sepas que su muerte fue un accidente. Su pistola se disparó por accidente. No había absolutamente nada que tú hubieras podido hacer para ayudarlo".

La joven estudiante lanzó un grito ahogado de asombro. Había lagrimas en sus ojos cuando ella y Yabroff se fueron. Más tarde, Yabroff describió a Sylvia su partida. "¿De qué se trata todo esto?" le pregunto el profesor mientras manejaban de regreso a la universidad.

"Supongo que esa es la razón por la que me involucré en el estudio sobre suicidio", le dijo la estudiante. "Yo era voluntaria en el centro de crisis. Una noche un nombre llamado George llamó y me dijo que se iba a suicidar. Me aseguró que tenía una pistola en su mano. Hablé con el por un buen rato y pensé que lo había disuadido. Luego repentinamente escuché el ruido, fue horrible. Sabía que se había disparado. Muchas veces he pensado que fue mi culpa, si lo hubiera hecho mejor, si alguien más hubiera hablado con él, quizá no hubiera ocurrido, él no lo hubiera hecho. Me he sentido tan culpable".

Era una joven muy feliz la que estuvo en condiciones de verificar las descripciones de Francine en la oficina del procurador del Distrito de San Jose. Francine estaba completamente en lo cierto en cuanto al tiempo, lugar y motivaciones para cada una de las muertes. Nueve de los diez casos coincidían en cada detalle. En el caso del décimo, Francine había dicho que el hombre se había disparado en la cabeza, cuando en realidad había sido en el pecho.

En situaciones tensas, esas que involucran demandas inusuales, Sylvia con frecuencia recomienda retiros en su propio "templo de quietud", una técnica especial de meditación, un último refugio. Ella lo considera de particular valor en casos de personas desaparecidas.

El templo de quietud

Comience por llamar a su espíritu guía y suplíquele que lo lleve al templo. Mientras se aproxima, verá una escalera corta ante usted. Suba esa escalera, después entre a la eminencia del templo.

El piso al principio parece como de bloques de mármol, pero mientras avanza hacia el centro del cuarto, verá que cada bloque emite un rayo de luz que se centra en usted. Cada uno es muy hermoso. Algunos son rosas, otros malva, azules y verdes.

Cuando llegue al centro del templo, pida que su dilema sea resuelto. Mientras dice su petición, un cristal octagonal colocado en la pared frente a usted emitirá un rayo de luz dentro de su tercer ojo. Mientras esto ocurre, las circunstancias del

---

problema serán reconstruidas ante sus ojos y se le revelarán todas las opciones disponibles.

Usted puede ingresar al templo con cualquier clase de problema —la pérdida de un ser querido, conflictos en el trabajo, pruebas, finanzas, relaciones personales—. Usted puede programar la resolución de los problemas en la forma que más le satisfaga, pero primero revise todas las opciones.

Por ejemplo, supongamos que pierde su trabajo. ¿Cuál es la siguiente opción? ¿Qué hay sobre un empleo mejor? ¿O posiblemente la oportunidad de cambiar de carrera? Pida que se presente ante su tercer ojo una variedad de opciones tal y como en una pantalla de cine. Después seleccione la solución que sienta es mejor para usted.

Cuando se trate de manejar una situación muy tensa, quizá quiera decir, "Cuál es la peor cosa que puede pasar?" Se dará cuenta que lo "peor" no es en realidad tan terrible e incluso esa posibilidad puede ser reprogramada para algo mejor.

Recuerde, usted siempre puede reconstruir personajes y situaciones en una manera que contribuirá a su desarrollo. Asegúrese, sin embargo, de considerar el factor desarrollo en su planeación. Recuerde que todos estamos interconectados y cada uno de nosotros tiene derecho a tomar determinaciones de acuerdo con la libre voluntad. ¡Cada persona es su propio director!

☙ ☙ ☙

CAPÍTULO TRECE

Novus Spiritus:
Los principios de Novus Spiritus

El 12 de abril de 1986, Sylvia miraba el gentío que abarrotaba el Flint Center en Cupertino California. Era el momento de la sesión de preguntas y respuestas.

Una pequeña mujer de cabello canoso levantó la mano, "¿Mi matrimonio durará para siempre?"

"Aguántese ahí", le aconsejó Sylvia. "Septiembre será el momento del cambio. Tenga un poco más de paciencia. Valdrá la pena a largo plazo".

Una mujer más joven, rubia, se puso de pie entre la audiencia. "Mi esposo está comenzando un negocio . . . " comenzó a decir, pero Sylvia la interrupió. "¿Hay otras dos personas involucradas, un hombre y una mujer?" Cuando la mujer asintió con la cabeza emocionada, Sylvia fue muy enfática. "¡No, no, no lo haga! ¡No permita que lo haga!"

Una mujer de baja estatura y pelo negro en sus 20s agitaba su mano ansiosamente. Cuando Sylvia asintió hacia ella, repentinamente se mostró renuente. "Sí, sí, adelante", le urgió Sylvia, "me puede preguntar cualquier cosa".

Un rubor tiñó las mejillas de la muchacha mientras hablaba con vacilación. "Mi, mi novio . . . el y yo tenemos un hijo. Usted piensa que alguna vez nosotros . . . "

"¿Se casen?"

La mujer asintió con la cabeza vigorosamente, después su cara se iluminó con una amplia sonrisa mientras Sylvia continuaba. "Sí, sí lo van a hacer y pienso que más vale que se den prisa porque hay una niña en camino".

"¿Quiere decir que estoy embarazada?"

"Si no ahora, lo estarás en los próximos diez minutos", le dijo Sylvia y la audiencia estalló en carcajadas. *De verdad*, sólo estoy bromeando a medias. Más vale que te cases pronto. Es un poco más agradable de esa forma, mejor para los niños, más fácil para ellos en el futuro".

"¿Y qué hay con usted Sylvia?" le preguntó un hombre sentado en el fondo del auditorio. "Qué es lo que le depara el futuro?"

La respuesta de la médium fue característicamente pragmática. Mirando hacia más de 2,000 rostros anunció, "En el camino hacia aquí, decidí comenzar una nueva religión".

Y lo hizo.

En ese momento, Sylvia inició el capítulo más importante de su vida hasta la fecha. El resultado simbiótico de su devoción a Dios y a su don profético es Novus Spiritus, o "espíritu nuevo". La organización religiosa fue fundada para servir a individuos que no encuentran una explicación razonable para la vida, quienes buscan otra dimensión a su fe, o quienes están confundidos o hechos a un lado por la religión tradicional.

Dal estaba furioso, "Qué me estás haciendo?" No podemos iniciar una iglesia. Las cosas están yendo de maravilla ahora. ¿Por qué estás haciendo esto? Yo no tengo tiempo para dirigir una iglesia y además Nirvana".

"¡Cómo te atreves!" replicó Sylvia. "Todo lo que haces cada día es entretenerte con juegos de video en tu oficina. Incluso has contratado gente para que haga el trabajo que tú debes hacer y dado que yo pago todas estos gastos realmente éste no es asunto tuyo".

"Bien. Lamento el no ser psíquico para poder hacer algo de dinero".

"Deja de compadecerte a ti mismo. Tú elegiste dejar tu trabajo para ayudarme, ¿pero cuándo he obtenido alguna ayuda de ti? Mi padre de 75 años trabaja más duro que tú".

"Además de eso, Dal", Sylvia continuó, "Fui muy negligente al haber esperado tanto para comenzar la iglesia. Hace unos 15 años yo había dispuesto su estructura básica, después, Larry hizo la incorporación y estaba todo listo para comenzar. Pero una vez más tú dijiste no y estoy muy enojada conmigo misma por dejarte ganar. No esta vez, ¡no me vas a bloquear otra vez!"

❧

Novus Spiritus difiere de la teología de Occidente en tres áreas principales. Primero que todo, representa el regreso a la creencia en la reencarnación, la cual fue una parte integral del cristianismo previo a su drástica reestructuración bajo el Emperador Constantino en el Consejo de Nicea durante el siglo cuarto.

Segundo, la iglesia de Sylvia es única en el sentido de que es la primera religión en más de 2,500 años en otorgar a la deidad aspecto femenino lo mismo que masculino. La Madre Diosa está viva y bien en Novus Spiritus. Ella es co equitativa con la parte masculina, esto es, ella es la dimensión sentimental opuesta al puro intelecto de la parte masculina principal. En combinación, forman la Divinidad

Finalmente, y quizá la característica más importante, la nueva religión proporciona un foro para la expresión del amor y el júbilo de Dios sin temor, sin culpa o castigo. A través de su iglesia, Sylvia espera dar al mundo un significado de entendimiento del Dios de la vida y la existencia humana siempre benigno.

"Para su información, Dios es inocente", le recuerda a su congregación. "Ella/El no es propenso a los tratos humanos de venganza, odio o simplemente por mal genio. El/Ella es un ser constante, puro, un intelecto amoroso. Dios no está sentado todo el día y de repente envía daño en una persona desesperada. *Nunca.*

No hay lugar en su ser perfecto para dicho disparate. Inherente en la perfección de la deidad hay un amor estable para su creación, una compasión inmutable y una compañía constante a lo largo del camino. Cualquiera que sea su experiencia, Dios, también, la ha sentido, justo a su lado. Dentro de ti brilla una chispa de la divinidad. Dios es sencillo, la gente es complicada".

Es dentro de su complejidad que surge el mal. "El mal *no es*", enfatiza Sylvia, "una creación de Dios. De la simple adversidad, el mal ha evolucionado al concepto del diablo, completo, con cuernos y cola —un ser mitológico en competencia directa con Dios—. En realidad, el mal es meramente un opuesto lógico al concepto de lo bueno".

"Dado que cada persona tiene un conocimiento innato de Dios, es inevitable que cada uno deba poseer una conciencia de su opuesto directo. Todos a lo largo de nuestras vidas estamos constantemente eligiendo entre los dos modos de expresión. La parábola de Satanás tentando a Eva —Eva significa 'vida' en hebreo— para adquirir conocimiento coincide mucho con la interpretación de Novus Spiritus. Sólo escogiendo la vida y haciendo frente a la adversidad se puede perfeccionar el alma, esto es, conocer la diferencia entre el bien y el mal".

"¿Por qué una iglesia Sylvia? ¿No estás ya suficientemente ocupada?" preguntaron muchos en los primeros días de Novus Spiritus. La respuesta fue sí, por supuesto que lo estaba y lo está. Sylvia realiza entre 15 y 20 lecturas por día y recibe más de mil cartas y llamadas a la semana. Adicionalmente, participa en numerosos proyectos de investigación, personas desaparecidas y realiza trabajo voluntario con la policía. También da clases de hipnotismo, apoyo psicológico y desarrollo psíquico.

La Fundación Nirvana tiene ahora más de 25,000 miembros y 14 personas asisten a Sylvia. Un miembro muy importante del grupo es el hijo menor de Sylvia, Chris, quien ha heredado su don psíquico y ha estado haciendo lecturas tiempo completo en la fundación desde 1983.

Novus Spiritus surgió de una necesidad. "No puedo encontrar lo que busco en ninguna religión", se quejaban los clientes ante Sylvia una y otra vez. "Yo crecí en la filosofía de Sylvia Brown. Es en lo que yo creo", dijo una muchacha joven una noche en una junta de la Fundación, después hizo la pregunta que hizo pensar a todos. "¿No debería estar al alcance de más gente?"

"No es mi *filosofía*, por lo menos no originalmente," le recordó Sylvia rápidamente. "Yo soy solamente el canal. Lo que he compartido con ustedes durante los años es la sabiduría de Francine, el conocimiento del más allá". Esa noche Sylvia estuvo despierta un buen rato. Desde

1974 había recibido miles de páginas de información extraídas de cientos de profundos trances hipnóticos. Estas transcripciones, catalogadas e investigadas por miembros de la Fundación Nirvana, habían formado un tremendo conocimiento base no disponible en ninguna otra fuente. ¿Acaso no era su obligación compartir este conocimiento espiritual único con cualquier persona que pudiera descarlo?"

La responsabilidad parecía enorme. El sólo hecho de ser una médium era con frecuencia un obstáculo. La gente imaginaba que ella era perfecta. Como fundadora de una nueva religión seguramente sus seguidores esperarían una santa.

"Tú siempre vas a ser tú misma, Sylvia", le recordó Francine. "Nadie crece recargándose en alguien más, sin embargo, cada persona parece estar buscando un gurú que la dirija. Tu eres muy honesta acerca de tus debilidades ante cualquiera que quiera oírlas —en la radio, en la televisión y desde la plataforma de las lecturas—. ¿Cómo podría alguien exponerte a la crítica? ¡Tú sola ya te has expuesto!"

Eso era cierto, se dio cuenta Sylvia. Ella siempre estaba insistiendo en el hecho de que ella, como cualquier otra persona, tenía necesidades y emociones propias que enfrentar. Ella era *muy* humana. Toda su vida se había visto obligada a seguir su plano día con día, tal y como cualquier persona. Las revelaciones que había recibido de Francine eran siempre para entendimiento espiritual de otros, no para ella misma.

Finalmente le pareció muy claro a Sylvia que la nueva religión era la realización del sueño humanitario que había tenido por largo tiempo, la promulgación de su tema kármico. No había duda sobre eso. Después de haber absorbido tanto de la perspectiva del otro mundo de Francine, le parecía obvio que las religiones tradicionales no atendían más las necesidades del mundo actual. La revelación fue tan sorprendentemente clara que se preguntaba por qué no se había dado cuenta antes. La suya fue una clara llamada para refinar y promulgar la sabiduría que había recibido de Francine. Quizá un grado de su propia perfección y refinamiento podía venir del tener que enfrentarse con la crítica que indudablemente se presentaría por seguir este camino tan controvertido.

Los principios básicos de la nueva fe fueron revelados por Francine. Primero, por supuesto, estaba la tarea práctica de formar un credo por sí sólo. Muy pronto Sylvia se dio cuenta que podía hacer esto coincidentemente con el principio de su ministerio. "Nuestra cultura no puede vivir con reglas establecidas hace 2,000 años", señaló durante su primer servicio, o "celebración". El mensaje de Sylvia reflejaba su confianza.

"El hecho es que el intelecto humano crece y la capacidad de aprendizaje crece con él. Necesitamos bases intelectuales para Dios. Novus provee esta base. ¿Importa realmente si usas o no joyería? ¿Importa realmente si practicas control de natalidad? ¿Hay realmente alguna diferencia si vas a la iglesia cada domingo? ¿Es la danza en realidad un instrumento del demonio? ¡Vamos, piensen! ¿Dichas restricciones importan un ápice en el gran esquema de la vida o, en ese sentido, en la evolución de su alma? Novus Spiritus piensa que no. Hace dos mil años Nuestro Señor dijo: "Amar al prójimo como a sí mismo". Todos tenemos la parte del prójimo. No siempre lo hacemos, pero todos están de acuerdo en que *debemos* hacerlo. La parte que ignoramos es la interna, el *yo* porque equivale a egoísmo. No significa que para nada. El amarnos a nosotros mismos no significa nada más que la conciencia esencial del Centro de Dios dentro de nosotros mismos y de nuestra conexión interna con Dios y con los demás".

Lo que hace a la iglesia de Sylvia verdaderamente única es la ausencia total de miedo o culpa, porque Sylvia —y Francine— creen que la culpa va en contra de la vida así como de una religión que esté viva y respirando.

Novus Spiritus es práctica, de filosofía portátil, un sistema de creencias viables aplicables a todos los obstáculos y triunfos de la vida cotidiana, una religión que puede acompañarlo a uno en cualquier lugar del mundo. Aunque es tranquilizador el disfrutar de la camaradería de los servicios en las iglesias y el responder a la inspiración de los sermones, uno no necesita, de acuerdo con los principios de *Novus Spiritus*, tener que ir a la iglesia para encontrar salvación. La salvación existe cuando ese fructífero esfuerzo es alcanzado completamente dentro del propio corazón.

La forma de toda la paz es escalar la montaña del yo. El amor al prójimo hace el descenso más fácil. Vemos todas las cosas obscuras hasta que el amor ilumina las lámparas del alma.

Esas palabras componen el primer principio de Novus Spiritus. Dentro de ellas descansa la filosofía básica de la iglesia. La vida es descubrimiento; un largo, largo viaje de descubrimiento en el que cada uno debe encontrarse y amarse a sí mismo, superar los temores individuales y aprender la gran verdad acerca del amor. Es un proceso de perfección de lo innato, la belleza del alma otorgada por Dios.

Para la mayoría, el viaje para alcanzar esta meta dura muchas vidas. Novus Spiritus acoge la reencarnación. "Cómo podría ser de otra forma?" pregunta Sylvia. "El perfeccionamiento del alma es la tarea más importante que cada uno de nosotros debemos desempeñar. Es más que una tarea, es un continuo proceso de vida. Consideren cómo la mayoría de nosotros aprendemos. ¿Acaso no es casi siempre mediante ensayos y errores? Hacemos una misma tarea en forma repetida hasta que la hacemos correctamente, incluso la mayoría de las tareas más triviales requieren repetición. ¿Acaso alguien ha logrado amarrarse los zapatos en el primer intento?"

"Y después, ¿podemos suponer que Dios no nos tiene paciencia? ¿Estará Ella/El enojado si no logramos ser perfectos luego de apenas una vida? ¿Nos condenaría su enojo a quemarnos en el infierno porque nos tardamos un mes completo en aprender a amarrarnos los zapatos? Nosotros pensamos que no. La reencarnación es el concepto más razonable para explicar las desigualdades de la vida bajo la luz de un Dios todo amoroso. La alternativa —un Dios rencoroso— simplemente no es sostenible".

Cada persona, por cierto cada ser sensible, puede ser comparado con un reportero de prensa trabajando para Dios, el editor. La razón completa de la vida es la de presenciar como testigo todo el conocimiento de Dios —esto, por cierto, *es* vida—.

Junto con el viaje por la vida debemos aprender el significado de ser bueno y, al hacerlo, perfeccionar nuestra alma.

El concepto de perfección es una parte importante del credo de Novus Spiritus, tal y como el conocimiento de que cada uno de nosotros estamos obligados a perfeccionar nuestra alma. Nadie espera alcanzar la perfección última de Dios. La idea es que todas las personas alcancen el nivel de perfección que han elegido, con la cual estarán satisfechas a través de la eternidad.

Francine ha usado la analogía del dedal y la cubeta para ilustrar esta idea.

Un dedal y una cubeta se encontraban vacíos. Cada uno conocía su potencial completo. La cubeta comienza su viaje por la vida. Mientras las aguas de la experiencia se agregan, la cubeta se llena lentamente. Entonces el pequeño dedal comienza su viaje. En poco tiempo se llena y se siente satisfecho. Sin embargo a la cubeta le falta mucho trabajo por hacer hasta que, también, logra su propósito. Ahora. bien, ¿Cuál de los dos está más lleno?

La respuesta, nos recuerda Francine, es ninguno. Ambos están llenos hasta el borde y eso es suficiente. El hecho de que la cubeta contenga más agua no es importante. La meta es buscar y encontrar el nivel de perfección más adecuado para ti. Una vez alcanzado ese nivel, estás lleno —tan perfecto como puedas ser—.

Naturalmente, debemos dar total reconocimiento a la cubeta. Obviamente ha aprendido algo grandioso —lo cual es muy importante para la cubeta—. En el curso de sus labores, disfrutó de un rico entendimiento de muchas cosas. Mayor revelación, más belleza y más conocimiento están disponibles para la cubeta. Sin embargo, esto no significa que el dedal esté incompleto o infeliz. Por cierto, el dedal ni siquiera puede concebir aquellas cosas que la cubeta más atesora. El dedal está completamente feliz con su propio nivel de perfección y no puede ser más feliz. Es realmente un asunto de capacidad.

Mucho del sentimiento de la iglesia puede encontrarse en esta oración de comunión:

Querido Dios Madre y Padre:

Te pedimos que presencies esta comunión, la cual es un símbolo para encontrar nuestro propio centro de Dios y conciencia de Cristo.

Al hacer este acto de tomar el pan y el vino estamos —en nuestra más alta conciencia— dedicando nuestras vidas a la voluntad de Dios.

El símbolo de esta comunión para nosotros a través de Novus Spiritus significa nuestro deseo de nacer dentro de un nuevo espíritu de verdadera espiritualidad y dejar ir toda la culpa y los karmas de nuestras vidas pasadas y comenzar frescos y nuevos. De ahora en adelante, estaremos en el camino correcto llenando nuestros temas y caminando con el aura bendita de la Luz de Dios.

Hacemos esto como una activación de nuestra voluntad para simbolizar ante nosotros mismos y ante el mundo que caminamos en la gracia y libres de toda negatividad.

Pedimos esto en Tu nombre.

Amén.

Los servicios son cálidos e íntimos. Hay oraciones sencillas e himnos. Los sermones son prácticos y directos, invariablemente relacionados con asuntos de preocupación personal y nacional, tales como esposas golpeadas, sida o embarazos en la adolescencia. Una parte integral del servicio es la meditación, durante la cual la congregación se sienta en silencio con las palmas hacia arriba mientras Sylvia o uno de sus ministros señala el camino hacia la auto-curación, cumplimiento de la meta u otros caminos deseados.

Otra parte importante del servicio es la curación que se otorga a todos aquellos que la buscan. Aquellos que desean curación pueden también pedir que se agreguen sus nombres a la lista de oración. Hay un grupo que se reúne cada miércoles por la noche en la iglesia para rezar y enviar energía curativa a todos aquellos en la lista.

Los archivos de Sylvia están atiborrados con cartas de hombres, mujeres y niños quienes han sido ayudados en esta forma. Un ejemplo es Eleanor Moore de San José. Moore había sido diagnosticada por su ginecólogo con una úlcera en la uretra. Fue enviada con un urólogo quien le informó que era necesario operarla e incluso se fijó una fecha para la intervención. Pero mientras el día llegaba Moore, aunque estaba con un dolor muy fuerte, asistió a uno de los servicios de Novus Spiritus y pidió curación. Casi inmediatamente se sintió mejor. Al final de la semana, llamó a la iglesia y solicitó una curación por parte del grupo de oración.

Días después, regresó con su doctor para el examen programado. "Sabía que había sanado", dijo después, "pero igual seguí con el procedimiento. Mi doctor confirmó mis sentimientos pero insistió en que fuera examinada nuevamente por el urólogo. Yo estuve de acuerdo y una vez más ambos doctores coincidieron, sólo que esta vez su decisión fue: 'no operación'. No la necesitaba, estaba completamente curada".

Además de celebrar servicios semanales y reuniones de oración, los ministros de Novus Spiritus mantienen una línea de crisis las 24 horas, ofrecen ayuda espiritual, terapia a base de hipnotismo, clases de meditación y proporcionan hogar para visitantes convalecientes, servicios de auto compartido para ancianos y discapacitados. Los planes ahora son los de fundar un hospicio para víctimas de sida.

La muy especial asociación de Sylvia con Francine continúa desarrollándose día con día. Novus Spiritus es en todos los sentidos una religión viviente en donde la palabra de Dios es con frecuencia revelada a diario. Mientras aumenta la habilidad para comprender, se manifiestan nuevas y más profundas verdades. Durante años Francine ha estado diciendo, "Si piensas en una pregunta, encontrarás la respuesta".

El reto de Sylvia es proporcionar esas respuestas.

Principios de Novus Spiritus

I   *La forma de toda paz es la de escalar la montaña del ser. El amor al próximo hace el descenso más fácil. Vemos todas las cosas obscuras hasta que el amor enciende las lámparas del alma.*

II   *Lo que ames, te amará.*

III   *No des a Dios ninguna mezquindad humana como venganza, ira u odio. La negatividad es exclusiva del hombre.*

IV   *Crea tu propio cielo, no un infierno. Tú eres un creador hecho de Dios.*

V   *Transforma tu poder de modo que fluya hacia afuera, no hacia adentro, ahí brilla la luz y la forma.*

VI   *En la fe, sé como las campanas de viento, sosténte estable hasta que la fe, como el viento, mueva tu gozo.*

VII   *Debes saber que cada vida es un camino hacia la perfección. Lo difícil es cada paso, no la totalidad del viaje.*

VIII   *Sé sencillo. No permitas que ningún hombre te juzgue, ni siquiera tú mismo. Porque tú no puedes juzgar a Dios.*

IX   *Tú eres una luz en el desierto solitario y obscuro que ilumina a muchos.*

X   *No permitas que nadie te convenza de que eres menos que un Dios. No dejes que el miedo encarcele tu crecimiento espiritual.*

XI   *No permitas que la creencia infundada de demonios obstaculice tu comunión con Dios.*

XII   *El cuerpo es un templo viviente de Dios, donde alabamos la chispa de lo Divino.*

XIII   *Dios no crea las adversidades en la vida. Mediante tu propia elección ellas existen para ayudarte en tu perfección.*

XIV   *El karma es simplemente la acción de pulir la rueda del desarrollo. No es retribución, sino sólo un equilibrio de experiencias.*

XV   *Dios da a cada persona la oportunidad de perfeccionarse, ya sea que necesites una o cientos de vidas para alcanzar tu nivel de perfección.*

XVI   *Dedica tu vida, tu alma y tu propia existencia al servicio de Dios. Sólo ahí le encontrarás significado a la vida.*

XVII   *La guerra es profana, la defensa es obligatoria.*

XVIII   *La muerte es el acto de regresar al Hogar; debe hacerse con gracia y dignidad. Se puede preservar esa dignidad rechazando el uso prolongado de sistemas de apoyo de vida artificial. Dejemos que se haga la voluntad de Dios.*

Discusión de los Principios

I La forma de toda paz

. . . es el escalar la montaña del ser. Tu viaje a través de la vida es, con mucho, uno de auto descubrimiento. La vida está diseñada para probar el coraje de tu alma. El mayor obstáculo es el propio yo con todas sus dudas, preocupaciones e inhibiciones. Para ser verdaderamente tú mismo es necesario romper las limitaciones que nos han impuesto. La mejor forma de hacer esto es enfocando energía hacia otros. Mediante la acción de dar algo de ti mismo a otros, te encontrarás a ti mismo.

II Amor

El amor es una fuerza; es la perfecta emanación de lo bueno definido por Dios. Ningún amor se desperdicia jamás. Si tú pones amor dentro del mundo, es absorbido inmediatamente por alguien o por algo que pueda usarlo. El amor también tiene una forma de regresar a ti, aunque no siempre puedas verlo. El amor siempre llegará a su meta. Aunque la gente pueda elegir ignorar al amor, éste siempre deja una huella. Puedes probar esto por ti mismo. Has un esfuerzo consciente para mandar un rayo de amor a alguien. ¿Reaccionó? ¿Algo cambió? Tarde o temprano así será. Trata de enviar amor a extraños, mirándolos de cerca. Tú siempre puedes amar la chispa de lo Divino dentro de la gente, aún cuando alguien no te caiga bien en particular.

III Pureza

Dios es puro y constante en Su amor, aunque los humanos sean erráticos y sujetos a un comportamiento mezquino. Nunca le atribuyas a Dios dicha mezquindad, porque no está en Su naturaleza. La negatividad abunda en el mundo. ¿Dios la creó? No. La gente sola es responsable por ella. A través del libre albedrío, alguna voluntad invierte lo bueno para crear negatividad. El elegir entre la luz y la obscuridad es un aspecto de tu camino hacia la perfección.

IV Creador

Tú eres una parte verdadera de Dios, llevando dentro de tu alma una chispa de lo Divino. Esta chispa tiene habilidades maravillosas, largamente sin explotar, para realizar milagros. La necesidad más apremiante en este mundo es la de convertirla en tu cielo. Llama a la fuerza interior, permitiendo a esta bondad y belleza innatas moldear el mundo a tu alrededor. Deja que tu centro de Dios vea la vida como un cielo y controle la negatividad; no permitas que te controle a ti.

V Poder

Invoca la chispa de la Divinidad y considérala una fuerza verdadera a tu disposición. La mayoría de nosotros hemos experimentado el uso del poder hacia el exterior, quizá cuando tu corazón se vuelca hacia alguien en necesidad o cuando amas a alguien —con frecuencia a una mascota—. Tu puedes en realidad sentir una emanación que sale de tu ser. Ese es el verdadero corazón de Dios en movimiento. Cultiva ese don, libéralo y ayuda a otros con él.

VI Fe

La fe es una herramienta. Cuando el mundo está más obscuro y te encuentras luchando por sobrevivir, la fe puede salvarte de lo peor. La mejor aplicación de fe es confiar en tu propia fuerza y en Dios, quien es tu compañero constante. Ten suficiente fe para voltear hacia Dios y pedirle ayuda y siempre ten presente esto: tú nunca vas a tener que soportar más de lo que tu alma pueda resistir. Cada oración es contestada.

VII Vida

La vida es una morada, por lo general sola, durante la cual perfeccionas tu alma para Dios. El resultado de todo tu sufrimiento es el de estar satisfecho contigo mismo, conociendo el verdadero significado de la bondad. Por voluntad propia no descansarás hasta ese momento. Mientras tanto, simplemente sobrevive cada día y finalmente tendrás éxito. Aprende de cada paso, mejora tú mismo en el siguiente paso y recobrarás tu perfección perdida.

VIII Juicio

El alma no puede ser juzgada por nadie; únicamente por Dios. No permitas que ninguna persona trate de dominar tu espíritu. Podemos juzgar las acciones humanas que están sujetos a leyes sociales, pero ninguno de nosotros está calificado para juzgar al alma.

IX Luz

Deja que la belleza innata de tu alma sea un faro de luz para otros en este mundo de obscuridad. Muéstrales como vivir y se un ejemplo para ellos. Elige el gozo, muestra entusiasmo por la vida, ama al prójimo y crea tu propio cielo. Enciende tu lámpara para que todos la vean. Encontrarás que puedes cambiar tu camino y acelerar tu perfección.

X Crecimiento

Extiéndete y alcanza a Dios, después encuentra al Dios que hay en tu interior y júntalos. Funde la unión entre tu Creador y tú mismo. Vive y actualiza esta unión. Al hacer esto, tu espíritu se elevará, el miedo desaparecerá y la vida se convertirá en un camino lleno de júbilo hacia casa. Deja que el amor de Dios entre en tu espíritu y magnifique Su presencia.

XI Comunión

Purga toda noción de demonios, diablos, pecado, o del coco. Los únicos demonios en este mundo son la duda, la inseguridad y el miedo de no merecer a Dios. Dios es amor perfecto y nosotros somos sus hijos; en consecuencia, cada uno es digno de Su amor y del propio. Es cierto que tenemos imperfecciones, pero aquellas serán confrontadas con el tiempo. Dios no reserva Su amor para aquellos que alcanzan la perfección, Ella/El sería un Ser muy solitario si este fuera el caso.

El concepto de "pecado" tiene una historia muy trágica. Novus no cree en el pecado (o karma) tal y como lo conciben la mayoría de las religiones. El miedo a pecar ha causado siglos de dolor y problemas para la gente. Es hora de corregir esa definición.

Sentimos que el "pecado" sólo puede ser cometido en contra *de nosotros mismos*. Ocurre cuando un individuo con premeditación y alevosía procura herir a otro. Ciertamente la víctima resulta herida —y esto es desafortunado— pero el alma de la víctima no está lastimada, mientras que el alma del perpetrador queda con una cicatriz y sólo Dios y ese individuo pueden determinar la propia restitución. No hay condenación ni fuego del infierno eterno. El alma por sí misma busca rectificar cualquier injusticia, con la guía de un Dios amoroso.

Desafortunadamente, algunas iglesias claman que cualquier separación intencional de Dios, aunque sea pequeña, es un "pecado" y pondrá en peligro al alma. Esto no tiene sentido, implica que Dios es tan vengativo como para rechazar emociones humanas normales tales como el coraje, el sufrimiento y el dolor. La naturaleza fundamental de Dios es amor, la cual implica por sí misma perdón. ¿Acaso puede un momento de pasión emocional ser un "pecado" para Aquel que nos creó? Nunca, nosotros creemos en un Dios todo amoroso.

XII Divino

Dios nos creó con un cuerpo, el mecanismo para vivir en este mundo. Lo glorioso es que dentro del cuerpo descansa una parte de Ella/El —ese aspecto de nosotros llamado alma—. Esa chispa Divina es digna de todo el respeto otorgado a Dios.

XIII Perfección

¿Te envía Dios venganza y dolor? Nunca. ¿Te envías tú mismo esas cosas? Sí, para proveer obstáculos que ayuden en la perfección de tu alma. Aquellos que tienen muchos obstáculos en la vida han elegido perfeccionarse más rápido. Otros, por supuesto, pueden elegir ir más despacio, pero el resultado final es el mismo. Todos llegaremos a un punto de auto-satisfacción y permaneceremos para siempre con Dios en nuestro verdadero hogar, el cual está en el otro lado.

XIV Karma

El karma es un simple equilibrio de experiencias. Si fuiste pobre en una vida, tal vez quieras intentar ser rico en otra. Si has experimentado ser feo, puedes escoger ser hermoso en otro momento. Un ex inválido puede regresar como un atleta. Cada persona seleccionará el equilibrio de experiencia necesario. No hay tal cosa de "karma malo" impuesto sobre nadie. El único juicio viene de ti mismo y de Dios y sólo ustedes dos pueden equilibrar cualquier injusticia.

XV Reencarnación

La meta principal de vivir es la de perfeccionar el alma. Este es el trabajo individual más importante que desempeñamos. ¿Suena lógico tener sólo una oportunidad —aprobar o fallar— para toda la eternidad? No, no si tú aceptas a un Dios amoroso. Por cierto, la mayoría de los "misterios" de la religión desaparecerán cuando la reencarnación sea agregada a la mezcla. Y esto es precisamente por lo que los primeros Padres de la Iglesia, en el Consejo de Nicea en el año 325 D.C. quemaron referencias ostensibles a la reencarnación, temiendo que ésta minara sus poderes.

Novus Spiritus cree que Dios es todo-amoroso y provee una forma de corregir nuestros errores, porque el camino hacia El/Ella es áspero y variado y con frecuencia tropezaremos a lo largo de ese camino. Un Dios todo-amoroso tomará nuestra debilidad en cuenta y nos ayudará a hacernos íntegros.

Dios no condena a los bebés y a quienes no son cristianos al infierno por no ser " salvados" antes de morir. Cada persona tendrá muchas oportunidades de vivir en este mundo. Cada vida nos acerca a la perfección hasta que eventualmente no necesitemos más vidas futuras. El verdadero concepto de ser salvado es el de alcanzar ese nivel de perfección dispuesto entre tú y Dios.

XVI Significado de la vida

¿Necesitas un significado en tu vida? La mayoría tiene alguna vaga noción de la necesidad de servir. ¿Pero cómo? Algunas personas subliman esta urgencia trabajando para alcanzar el éxito en sus negocios, sin embargo pueden encontrar sus logros vacíos. Otros buscan la realización en poder político o en la riqueza. Todos estos son secundarios a la razón de vivir. Por cierto, una simple fórmula para el éxito es la de vivir para Dios, el amor a otros y ser un faro de esperanza para el mundo. Dentro de esto descansa el logro.

XVII Guerra

Un acto de guerra es equivocado, porque la matanza abierta profana el templo de Dios. Sin embargo, cuando se es atacado, es compulsivo el defender este templo. Nunca tengas miedo de devolver el ataque cuando tu vida, tu forma de vida o tus seres queridos estén amenazados.

XVIII Muerte

La muerte es la recompensa por vivir. Tú has pasado tiempo en el mundo físico con su negatividad, dureza y soledad. Ahora viene la parte buena, el momento de regresar a casa, a la verdadera existencia y ser recibido de vuelta dentro de la directa y omnipresente gracia de Dios.

Nunca temas morir. Incluso si sientes que te espera la condenación, *no es así*. La gracia de Dios te asistirá y te sanará. Después, cuando sea el momento apropiado enfrentarás otra vida para equilibrar tu alma.

Evita prolongar el uso de sistemas de apoyo de vida artificial. Permite que el espíritu se vaya cuando el cuerpo se ha gastado. La muerte nunca es un accidente.

꩜

EPÍLOGO

Actualizándose unos 12 años después

Este libro fue escrito por primera vez en 1986 y yo escribí este capítulo final en julio de 1998. ¡Cómo cambian las cosas con el tiempo! Pudieron haberse dado cuenta que mi apellido es un poco diferente, es que le agregué una "e" al final, de modo que ahora soy Sylvia Browne. Pero antes de adentrarme en esa pésima parte de la historia, permítanme traerles algunos acontecimientos que han hecho de mi vida un lugar hermoso para estar.

❧

Mi iglesia, Sociedad de Novus Spiritus, va muy bien y está creciendo a nivel internacional. Mi hijo psíquico, Christopher Dufresne, me ha dado dos maravillosos nietos, Angelia (de 6 años pero que mentalmente parece de 30), quien es verdaderamente psíquica; y William (de 7 meses ¡y 30 libras!), quien es la persona más feliz sobre la Tierra. Mi primer hijo, Paul Dufresne, adoptó un niño pequeño de nombre Jeffrey (de 5 años), quien es un bodoque divino. Yo simplemente me deleito con mis nietos y me doy cuenta ahora que ellos son la recompensa por las enormes dificultades confrontadas cuando criaba a mis propios hijos. Mi carrera marcha a toda velocidad con numerosas apariciones en el programa de Montel Williams. Además, tengo otro libro en progreso, un esposo nuevo y sigo haciendo lecturas en todo el país. ¿¡No es fabulosa la vida¡? Sí que lo es, pero todos —incluso yo— debemos pagar el precio.

Por lo que respecta a la parte triste de la historia, mi ahora ex-esposo. Dal Brown, junto con mi anterior asesor financiero, hicieron todo lo posible por frenar mi trabajo. ¡Ellos no tuvieron éxito! Pero por supuesto me costó mucho dolor y momentos muy difíciles. Sin mencionar el hecho de que algunas personas ignorantes dirían, "Bueno, si tú eres tan psíquica, porque no . . . " Y la respuesta ha sido dada muchas veces: No soy una psíquica para mí misma. Como ustedes, yo también, debo aprender las lecciones ásperas de la vida. Después de todo, no hay almuerzo gratis en este planeta. De modo que obtuve una dosis del dolor que acompaña a la traición en manos de aquellos que amas y de quien cuidas. Como muchos otros eventos en mi vida, éste me derrumbó, pero tal como ese payaso de plástico que sirve para boxear, simplemente me levanté y seguí con mi trabajo.

Después mis padres, ambos, murieron en 1995. Realmente me dañó la partida de mi papá. El siempre fue mi "sección de porras", y me dio el punto de enfoque para mi trabajo ("Esto hará sentirse orgulloso a mi papá", solía decirme siempre a mí misma). Por supuesto, él siempre estuvo muy orgulloso de todo lo que yo hice, lo cual me inspiraba a tratar de hacer mejor las cosas cada día. Hoy en día, cuando algo maravillosos me ocurre, me descubro a mí misma tratando de alcanzar el teléfono para llamarle. Cuatro meses después de que murió, mi mamá también se fue. No fue una pérdida real, pero repentinamente me convertí en la anciana de la familia —¡y eso no me gusta!— Todavía quiero ser aquella niña pequeña que se sentaba en las piernas de la abuela para leer libros. Realmente resiento lo que el tiempo le hace a nuestras vidas.

¿Qué es lo que me ha enseñado todo este trauma? Supervivencia. Y realmente trae a colación algo que se me dijo en mi juventud: *Hay muchas formas de ser crucificado.* Junto con esto hay un dicho que me enseñó mi amada abuela Ada: *Si vives lo suficiente, lo experimentarás todo.* Y mientras miro fijamente hacia mi cumpleaños número 62 que se acerca, me paro como testigo de esas perlas de sabiduría. Por supuesto, siempre fue parte de la perfección de mi alma el pasar por todas estas experiencia, tanto por mejorar mi alma como por el conocimiento de Dios. Ahora entiendo y aprecio verdaderamente el hecho de que Jesús se dirigiera hacia Dios tres veces pidiéndole un indulto a sus propias tribulaciones y por supuesto Dios dijo no las tres veces. De modo que cuando la vida te lleve a una derrota, simplemente recuerda que estás en compañía de Dios.

Otra bendición de Dios llegó en la forma de mi nieta Angelia. Como todos ustedes saben, yo simplemente adoraba a mi abuela Ada, quien fue el único refugio y consuelo que tuve en mi niñez. No importaba lo que hiciera, no importaba mi comportamiento, no importaba el punto de vista del mundo a mi alrededor, para la abuela yo nunca podía estar equivocada. Y como resultado de eso, yo era muy cuidadosa para aprender acerca del mundo a través de sus ojos de modo que nunca violara su confianza implícita en mi carácter. Ada era mi vida entonces y ha vuelto a mi vida como Angelia.

Incluso con la absoluta dicha de tener a Ada de regreso, hay, extrañamente un pequeño vacío. Siempre tuve la certeza de que Ada estaba en "el otro lado" dándome apoyo, amor y fuerza cuando lo necesitaba. Llegué a sentir en realidad su presencia durante momentos de tensión y fue tremendamente consoladora. Ahora, Ada no está allá para ayudarme, pero en lugar de eso ella está ahora mirando hacia mí en espera de todo ese apoyo. Y gustosamente acepto todo esto por el gran júbilo de tenerla otra vez en cuerpo físico para amarla, abrazarla y besarla. Uno de mis más grandes dolores de mi niñez fue el no haber sido suficientemente grande, suficientemente rápida, para cuidar de mi abuela. Ahora me tengo que preocupar de vivir el tiempo suficiente para cuidar de la abuela. En realidad la vida es únicamente círculos, dentro de círculos, dentro de círculos . . . .

Hablando de círculos, otro círculo se completó cuando mi amigo de mucho tiempo, Larry Beck, regresó a mi vida en 1986 después de una ausencia de siete años. Resulta que estaba enamorado de mí desde que nos conocimos en 1973, y todo el mundo lo sabía menos yo. Pero él y yo compartimos hace muchos años el sueño de formar una iglesia oficial basada en una teología espiritual. De modo que llamé a Larry y le dije que había llegado el momento de hacer nuestro sueño realidad; regresó para ayudarme a crear una nueva iglesia. Fue justo en ese tiempo cuando Dal comenzó sus maquinaciones diabólicas y en poco tiempo destruyó todo por lo que había trabajado durante más de 20 años. Así que Larry regresó a trabajar conmigo en la iglesia, justo cuando las cosas se ponían color de hormiga. Y todo se derrumbó.

Algo chistoso es que la gente siempre le pregunta a Larry si yo sabía que algún día nos casaríamos (lo cual hicimos el 11 de septiembre de 1994). Durante su primera lectura en 1973, le dije algo acerca de su futura esposa y el todavía conserva el cassette de esa sesión. Si alguna vez ustedes me han visto trabajar, sabrán que me gusta describir a la gente en detalle, soy muy buena para eso y ayuda a un cliente a saber realmente que doy en el blanco. Cuando le dije a Larry sobre su (última) esposa, le dije que se trataba de una mujer mayor que él, con dos hijos, pelo rojo obscuro y uñas largas y aparecería tarde en su vida. Incluso le comenté que, por alguna razón desconocida, no podía ver su cara. De modo que incluso si fuera psíquica sobre mí misma, ¡no lo hubiera sabido! (Y ahora todos ustedes saben cual es el verdadero color de mi pelo).

En una noche húmeda de 1988, Dal me dijo que teníamos que declararnos en quiebra. Lo hizo al siguiente día. Fiel a la realidad, nunca discutió ninguna situación financiera conmigo. La regla era simple: Yo hacía el dinero y el era responsable de pagar las cuentas con ese dinero. Resultó que esta bancarrota "rápida" fue un intento para esconder sus acciones ilegales, las cuales fueron descubiertas de todos modos. Como se lo he repetido muchas veces, a mucha gente, yo simplemente no puedo ser psíquica con relación a mi propia vida. Sin embargo, mientras Dal estaba erosionando todo a mi alrededor, obtuve un sentimiento de malestar —pero no un mensaje claro— y fui a consultar a dos abogados para preguntarles si las cosas parecían legales. Ellos me conocían e ignoraron mi inquietud con una carcajada, luego me recordaron que yo no soy psíquica sobre mí misma. Por lo tanto (tontamente) acepté su consejo y dejé que las cosas siguieran su curso.

Por casi una semana, sentí pena por mí misma, después, simplemente extendí mis manos y le dije a Dios que lo tomara todo y me permitiera volver a levantarme. Incluso con aquel dolor tan grande en mi alma, hubo dos fuerzas que me mantuvieron en pie —Dios y Larry— los dos son responsables de la continuidad de mi presencia en este mundo.

Por supuesto, le hice la pregunta a mi espíritu guía, Francine: "¿Por qué tuve que pasar por todo esto?" La respuesta, la cual ya conocía pero me negaba a aceptar fue, "Porque te permite tener compasión por otros quienes están en una situación semejante". Y también me permite ofrecer un consejo duramente aprendido a aquellos que están pasando por lo mismo. Así que cuando veo a una mujer que está siendo timada me le enfrento y se lo digo en su cara con furia para evitar que resulte dañada.

Hablando de Francine, ella siempre me ha dado motivo de reflexión, en muchas ocasiones, cómo ella puede ser una fuente virtual de conocimiento para otra gente, sin embargo, mi vida es un libro cerrado para ella, de la misma manera que yo no soy mi propia psíquica. Con frecuencia me dice, "Todo va a estar bien". Y con el tiempo así es, pero Francine simplemente no puede ver los detalles para advertirme de algún modo —por lo menos en esas cosas que se supone debo experimentar por mi misma—. Oh y aquí hay una queja: la gente cree que yo soy una mujer rica. ¡No! Ciertamente la tarifa que se cobra por una lectura es alta, pero yo me quedo con muy poco de eso. Mis lecturas son la única fuente de ingresos para mi organización. Tengo que mantener a 12 personas que trabajan conmigo tiempo completo, una iglesia con 50 ministros, gastos gigantescos para manejarlo todo y cada centavo es barrido inmediatamente para cubrir uno u otro gasto. Mi nuevo (y agarrado) esposo me ha asignado un salario de $33,000 por año. ¡Creo que debo ponerme en huelga! Ni modo, de regreso a la historia . . . .

Mientras estaba en medio del caos, Dal huyó a esconderse dejándome enfrentar sola todos los desafíos legales y financieros. Pero dije, "Ya iba siendo hora" y comencé a hacer las cosas correctamente (tales como cambiar la forma de deletrear mi apellido para distanciarme de él). Larry, mientras tanto, estuvo a mi lado dándome el apoyo amoroso que necesitaba para sencillamente poner un pie enfrente del otro. Ahora, rápidamente al presente, estoy pisando el acelerador a toda velocidad (bueno, más rápido que Larry a cualquier velocidad). Y nunca mirar hacia atrás a lo que fue —sólo hacia lo que puede ser—.

Si tuviera el poder de hacerlo, no cambiaría nada de estas malas experiencias. Han hecho de mi lo que soy hoy, estoy orgullosa de mí misma y me encuentro en un estado constante de agradecimiento por tantas bendiciones que Dios ha derramado sobre mi. Mi compromiso con Dios se hace más fuerte cada día. Yo sirvo a Dios al servir a Su gente todos los días y mi mensaje espiritual al mundo se hace más audible cada día. Verdaderamente, les digo, como me dijo Ada, he vivido el tiempo suficiente para experimentar todo y todo es hermoso. . . .

— Sylvia Browne
Julio, 1998

∞ ∞ ∞

ACERCA DE SYLVIA BROWNE

Millones de personas han presenciado los increíbles poderes psíquicos de **Sylvia Browne** en programas de TV tales como *Montel Williams* y *Misterios sin Resolver*. Ha sido presentada en numerosos programas de noticias nacionales; y sus acertadas lecturas psíquicas asombran a la audiencia en donde quiera que se presenta. Sylvia es la presidenta de Sylvia Browne Corporation y la fundadora de la iglesia llamada Society of Novus Spiritus, localizada en Campbell, California.

Sylvia Browne Corporation
35 Dillon Ave.
Campbell, CA 95008-3001

(480) 379-7070 mensaje • (480) 379-8129 fax
Website: www.sylvia.org
e-mail: office@sylvia.org

El website es el mejor lugar para encontrar información sobre las presentaciones de Sylvia por TV, lecturas privadas y presentaciones públicas.

∞

Society of Novus Spiritus
35 Dillon Ave.
Campbell, CA 95008-3001

(408) 379-7070 voz • (480) 379-8129 fax
Website: www.novus.org
e-mail: office@novus.org

Ayuda espiritual gratuita vía e-mail: counseling@novus.org
Información acerca de los Grupos de Estudio de Novus:
studygroup@novus.org

∞

❦

Esperamos que haya disfrutado este libro de Hay House.
Si desea recibir un catálogo gratis con información adicional
sobre otros libros y productos de Hay House, o si desea información
acerca de Hay Foundation, por favor diríjase a:

Hay House, Inc.
P.O. Box 5100
Carlsbad, CA 92018-5100

(760) 431-7695
(760) 431-6948 (fax)

Por favor visite el sitio electrónico de Hay House:
www.hayhouse.com

❦